U1068720

医药新零售

王浩　刘小东　主编

電子工業出版社
Publishing House of Electronics Industry
北京 · BEIJING

内 容 简 介

作为受数字化冲击较为明显的行业——零售业面临着巨大的挑战，不过传统市场仍然有巨大潜力待挖掘的医药零售行业在数字化转型浪潮中仍然保留了抵抗能力。与此同时，医疗服务的线上化、患者购药行为的线上化、创新支付，以及资本驱动下日益繁盛的数字医疗新生态正在冲击传统的医疗与购药模式。医药零售人该如何看待正在发生的行业变化？如何在变化中认清自身的定位？关于后者，本书并不能为读者提供答案，这应该是成熟的经营者基于对行业变化的理解、基于对自身优势与劣势认知基础上的战略抉择。关于前者，这正是本书向读者展示的内容——揭示医药新零售变化背后国内外医药零售演化的本质。

图书在版编目（CIP）数据

医药新零售 / 王浩，刘小东主编. —北京：电子工业出版社，2021.7

ISBN 978-7-121-41327-8

Ⅰ. ①医… Ⅱ. ①王… ②刘… Ⅲ. ①医疗器械－销售管理②药品－销售管理 Ⅳ. ①F763

中国版本图书馆 CIP 数据核字（2021）第 116226 号

责任编辑：李　冰　　　特约编辑：田学清
印　　刷：三河市华成印务有限公司
装　　订：三河市华成印务有限公司
出版发行：电子工业出版社
　　　　　北京市海淀区万寿路 173 信箱　　　邮编：100036
开　　本：787×1092　1/16　印张：14.75　字数：359 千字
版　　次：2021 年 7 月第 1 版
印　　次：2021 年 7 月第 1 次印刷
定　　价：75.00 元

凡所购买电子工业出版社图书有缺损问题，请向购买书店调换。若书店售缺，请与本社发行部联系，联系及邮购电话：（010）88254888，88258888。

质量投诉请发邮件至 zlts@phei.com.cn，盗版侵权举报请发邮件至 dbqq@phei. com.cn。

本书咨询联系方式：libing@phei.com.cn。

推荐序一

零售没有新旧，只有不断迭代

1998 年春天，当我还是一个刚入行的小白，大家都叫我小柏的时候，我第一次走进西单金象大药房。我清晰地记得当时我是被客流簇拥而入的，开放式的货架和宽敞明亮的陈列让人有一种高大上的感觉（尽管当时还没有“高大上”这个词）。那时候，西单金象大药房和王府井医药器械商店是北京医药零售的标杆，因为业务的关系我认识了李庆福、刘京华、关玲、王宏颖、包平、张健等众位医药零售行业前辈。我——送货员小柏，每天挥汗如雨地蹬车送货，同时还要扮演业务经理的角色，将“小护士”护理床送到北京主流医药零售卖场寄售。那时候，我最大的梦想就是未来能拥有属于自己的门店，因为当时那些企业尽管已经开始有现代零售业的场景，但培训店员销售很简单的产品却还是一件困难的事。

几年以后，北京忽然出现了天天好、百姓阳光、德威治等平价大药房，这些医药零售的新贵们要么具有一定的行业背景，要么是在南方验证了平价的优势来北京复制成功模式。这些药房利用平价和买赠的优惠吸引了大量客源，经常见到的场景是一大早老太太们每人提着一个篮子排号进入药店，出门的时候半篮子药半篮子鸡蛋，买药和买菜一样。买药赠鸡蛋也似乎成了全国通行的引流方法。从 2001 年开始，江西开心人、湖南老百姓、湖南益丰、云南一心堂、广东大参林等群雄并起，几乎一夜之间，卖药和卖家用电器一样，平价成了通用的方法。激烈交锋之后，大家都在努力扩大规模，而且基本上都是在用供货商的货款进行扩张。

每个时代都有属于自己时代的英雄，而那个时代最让人称道的是海王星辰。海王星辰在朱丹先生的带领下，率先开始了全国连锁之路，统一的店面、价格、服务流程让人耳目一新，同时也获得了资本市场的青睐，很快就在美国上市了。海王星辰在管理和资本上的标杆意义可以说是空前的。很快，海王星辰用高毛利的自有品牌规避了平价大药房的冲击，毛利率达到了出人意料的 50%左右，这虽然解决了“价格战”引起的问题，却也埋下了“伤客”的种子，直到今天，在药店货架上顾客找不到想要的名牌药依然很普遍。当海王星辰因为利润持续下滑导致股价下跌的时候，国大药房又重拾一代强人三九药业赵新先先生“万店连锁”的战略，借助自己供应链和资本的优势启动了全国范围内的连锁并购。尽管国大药房的并购一直比较稳健，但还是让无数药店从业者有了新的选择——可以卖药挣钱，也可以卖药店挣钱。

平价战斗持续10多年以后，似乎顾客对药品的低价不再那么敏感了，主要原因是药店越开越多，药品的可及性迅速改善，大家几乎出门就可以买到想要的药品，很少有人在家里囤积药品了。尤其是2007年海王星辰上市以后，中国药店行业的毛利率开始大幅度回升，那时候房价的涨幅还没有过多传导到房租上，人口的红利还在，整体成本是可控的，于是中国药品零售行业的快速发展期就来了。几年之间，全国多个省、市甚至县都崛起了属于自己区域的龙头连锁药店。

国大药房的收购走走停停，并购之后的消化是它持续要面对的最大问题，往往是并购之前“看上去很美”，并购之后“伤痕累累”，甚至很多企业收购之前利润不错，收购之后开始亏损。出现这种情况的主要原因无外乎以下几个方面：第一，大部分企业合规成本太高，一旦规范管理利润就没了；第二，这个行业还处在半创业半职业的人治时代，没多少可以做“一把手”的职业经理人，零售又是“力不到不为财”的勤行，老板“上岸”以后，操心的人就减少了，“跑冒滴漏”只会更甚；第三，连锁的规范化和信息化还不够，管理的效率在并购以后更低了，于是就造成连而不锁，规模效益出来的时间又滞后了。这些学费，不仅是国大，包括后来上市的一心堂、老百姓、益丰、大参林等行业龙头企业，几乎无人幸免，就连10年后入场的并购之王高瓴，也依然在数以亿计地交着，甚至交得更多，只是在他们交的学费里行业认知税占更大比重。

在医药零售行业迅猛发展的黄金年代里，伴随着互联网在各行各业的深化，医药行业作为最后一块没有被互联网化的价值洼地成了热土。药房网、金象两家公司分别拿到了B2C的“互联网药品交易服务资格证”，夏语、康凯、牛征罂、孙健、史文禄、邱洪波、郭明、李洪波、秦国良、王哲、凌浪、邵清、李彩芬、张移兵等京派医药电商的先驱们开始登场。2009年的南昌是医药电商人第一次大聚会的地点，海王星辰的张福祥总经理对新事物热情拥抱的态度让人印象深刻，用会议组织者张勇的话说就是“他带领着大家打响了医药电商挑战传统药店的第一枪”。在任光会和徐军两位老板的支持下，医药电商人于2010年在北京成立了中国医药电商理事会。这两次会议几乎汇聚了当时中国医药电商行业的所有顶级人才，这些人基本主宰了后来多年医药电商行业的市场格局，相当多的人也会继续耕耘在未来医药新零售行业里。岁月更迭，激情仍在，当10多年后我再翻出那两次会议照片的时候，脑海里依然能清晰地还原会场火热的画面，那是属于医药电商人独有的激情岁月。

从独立B2C到平台登场再到平台下场，从药店触网到B2B再到O2O，从非药品到OTC

再到处方药。市场在政策的不断调整中快速增长。“青山遮不住，毕竟东流去”，医药电商也已经走出了不确定性时代，处方药网售的政策在大家不相信“狼真的会来”的时候最终还是来了。遗憾的是大部分企业没有坚持到这个时候，这是商业的残酷性使然。

零售没有新旧，只有不断迭代。在医药行业，立足于存量市场微创新是能够创造价值的。比如2019年9月成立的西柚健康，这家以帮助药店做好器械销售为阶段性使命的初创公司，仅仅18个月就获得了8家机构的三轮投资，业务迅猛增长。同时，在医药行业聚焦单病种解决方案，缩短药品交付链路，做好慢性病用药的依从性管理，这种转基因的创新也是可以成功的。比如，德开医药是医药电商行业里起步最晚、增长最快、盈利最多的公司之一，其6年时间实现了百倍的增值。

2015年春天，我从北京南站接了刚从健一网辞职的何涛来康复之家，想说服他加入德开医药做CEO，他给我讲了一套有关医患药险、齿轮咬合相互助力线上线下的多维打法，婉言谢绝了我的邀请后自己创办了圆心科技。遗憾的是，我因为担心同业竞争，错过了这个可能收益万倍的投资机会。5年后，当我再次和他深聊的时候，他的公司已经是估值百亿元的公司了。最让我震撼的还是他始终坚持自己最初的想法，同时在实现目标的道路上不断迭代。他的长期主义，以及专注、坚持、不跟风、不动摇的战略定力是所有创业者都应该深入学习的。而这种对行业和顾客的深度理解，是和他在三九药业从事药品流通且在华润健一网期间的工作经历分不开的。由此可知，能够跳出画面看画、跳出行业看产业的人，才是改变这个行业的最重要的力量。

柏煜
康复之家董事长
中国医药物资协会副会长、医疗器械分会会长

推荐序二

医药新零售，东风已来

很高兴接受作者的邀请分享我对医药新零售的看法，然而当我看到书名的时候，仍然思绪万千。我在南方医药经济研究所（简称南方所）工作了36年，是南方所早期的主要创始人之一，参与创办了南方所医药信息中心，目前已市场化运营；主持创办了国内首家医药经济信息网站——米内网（www.menet.com.cn），牵头设计了多个医药经济数据库和会员制的网站运营模式；组建了“中国药品零售研究系统”，该系统覆盖全国27个大城市5000多家样本点的数据资源。目前，每年由米内网发布的医药经济数据仍然是医药行业最具价值的重要信息标杆。

众所周知，国内医药市场一直以医疗机构销售占主导地位。但是近年来，零售药店销售处方药的比重正在提升，零售渠道也越来越受到医药工业企业的重视。在2016年的杭州云栖大会上，阿里巴巴创始人马云首次提出“新零售”的概念，受到社会各界的广泛关注。作为新经济的重要战略领域，医药新零售同样备受关注。

在第十二届中国制药工业百强年会暨2017年全国药店周上，我曾指出：“……新一轮技术变革的核心是智能化与信息化。在互联网展示魔力的时代，人类与信息互动的方式及其背后的数据革命，诞生了不可估量的需求。不难预见，以智能化为核心的新制造和以O2O为路径的新零售，在融合中催化新实业的转型重构，新的平台正在向未来打开……”近年来，在医药零售行业诞生的一系列新物种，正是这一理念的忠实践行者。

在新冠肺炎疫情期间，以叮咚买菜等C端服务为主的新商业模式的用户数量呈现出爆发式增长势头。在“互联网+医疗健康”领域，叮当快药在2020年10月宣布完成10亿元的B+轮融资，成为医药零售领域新晋的知名独角兽企业之一，为行业注入了一针强兴奋剂。在资本市场，京东健康登陆港股主板，上市首日市值突破3400亿港元，远超当日A股四大传统药店的市值总和，医药新经济向社会展示出了其独特的魅力。

2020 年 11 月，国家药品监督管理局发布《药品网络销售监督管理办法（征求意见稿）》，要求“处方来源真实、可靠，并按照有关要求进行处方调剂审核，对已使用的处方进行电子标记”。2021 年 4 月，国家正式发布相关规定：在确保电子处方来源真实、可靠的前提下，允许网络销售除国家实行特殊管理的药品以外的处方药，这预示着医药新零售渠道的变革正式拉开帷幕。全面放开网络销售处方药，就意味着患者买药可能不只是去药店或医院，还可以线上购买，这大大增加了患者的“获得感”。医院使用针剂较多，网络销售以口服剂型为主，也许传统线下药店因此将受较大影响，其经营模式可能发生巨大变革。

然而，无论是新技术还是新需求，无论是传统的线下门店销售还是新兴的在线服务购买，最终都要回归到零售的本质，回归到以患者为中心的宗旨。深度挖掘和满足用户健康服务需求，通过对商品品类和用户健康行为管理，实现双方共赢。

如今，各行各业的成本优势正逐渐消失。此时，规模也将近黄昏，因为在一定规模的基础上，所有的商品都同质化，最可怕的是同质化的过剩。我们应该再次反思：当下全球化、中国制造、互联网、非均衡的四大红利正在消失，新中产、新工匠、新技术、新零售的四大红利已经到来。企业是立足于增量市场还是存量市场？在新实业普遍在各个细分领域开花结果的未来格局下，每一个企业能够提供的独特价值是什么？特色化的定位是什么？我认为，医药行业互联网+大健康、新实业+新技术、新制造+新零售、传统与新锐、科技与人文，正在与这个时代浪漫而美妙地相遇，孕育着中国医药产业的广阔未来。

最后我建议，作为改革开放中国医药经济快速崛起的时代见证者，如果你有兴趣了解医药新零售业务实践和战略思维方式在医药零售领域的新方向，或者你本身是“互联网+医疗健康”领域的实践者，感同身受处在快速变化的时代浪潮中，不妨看看作者对医药新零售立体化发展的思考，也许对你大有裨益！

医药新零售时代万事俱备，东风已来。

陶剑虹

国家药品监督管理局南方医药经济研究所原副所长、《医药经济报》原总编辑

国家药物政策与医药产业经济研究中心特聘研究员

中国医药商业协会副会长

自　序

如果说回到本书开始写作的 2018 年，那么对于无论是传统医药零售行业从业人士，还是互联网及其他行业从业人士来讲，医药新零售都是一个不知如何定义的词汇。到了 2021 年，大家几乎有了共识——医药新零售是不同于传统零售，不同于简单医药电商模式的所有业态、业务模式、产业发展方法等的统称。

如果探究零售的本质，无论是沃尔玛的山姆·沃尔顿、亚马逊的杰夫·贝索斯，还是 7-11 的铃木敏文，他们认为零售的核心都是对消费者心理的洞察、对顾客需求的把握。因此，很多知名零售企业家更多关注的是零售企业应该有的价值观，他们谈论的是如何实现卓越的企业运营，如何构建组织、培养人才。零售高手关注的并不是新旧零售，而是企业经营的本质。

如果追溯零售发展的轨迹，我们就会发现每一代零售巨头的崛起都与当时时代的技术发展息息相关。零售业的第一次大发展得益于铁路、电视机、冰箱等产品技术的出现（铁路使工厂可以生产供全国使用的产品，电视机促进了全国性品牌的诞生从而为大规模连锁提供了必需的商品，冰箱使连锁能够将品类从日用百货拓展到规模更大的食品），超市型零售公司凯马特和高档百货公司梅西百货正是那个时代的产物；而家用汽车的普及则让沃尔玛等不以核心地理位置为竞争关键的连锁企业得到了大规模的发展，私人卫星通信系统得以让沃尔玛建立实时的商业情报系统，并让每日低价成为可能；互联网技术的发展催生了亚马逊、阿里巴巴、京东等线上零售巨头。我们可以说，没有零售的时代，只有时代的零售。

这样的思路能够让我们更好地以更宽广的视角来洞察医药新零售，医药新零售概念的提出及外部纷纷扰扰的变化并没有改变无论哪一类的医药零售企业（如传统零售、电商等）以消费者需求为核心的战略本质，也没有改变医药零售企业卓越运营、组织优化、人才培养等方面的经营本质。“新零售”是电商企业在线上流量见顶后，融通线上线下寻找新的生意增长点而创造出来的新概念，也是商家寻求新竞争优势的必然，更是体验经济时代消费者对创新体验追求的必然。医药新零售的出现及相关市场的发展，是外部环境变化与医药零售企业内生式发展诉求相结合的产物，而本书正是致力于向读者呈现外部环境究竟出现了哪些变化，以及内生式的发展诉求又在哪里。

医药零售行业作为整个医疗产业的末端，其利润受上游工业企业及商业批发企业的挤压，在终端又与影响力更为庞大的医院体系存在一定竞争且又非常依赖医院，这注定了医药零售行业发展的艰难。位于头部的医药零售企业在微薄的净利润下尚有一定的自主战略空间，位于腰部和底部的医药零售企业的生存却战战兢兢、如履薄冰。因而，少有作者愿意为这样的行业来写书，行业的知识流动远远慢于互联网等高速发展的行业。

我与刘小东结识于5年前，他一直在知名流通企业九州通从事研究工作，并活跃在诸多与零售相关的社群，以及诸多产业论坛的分享中，因此积累了丰富的行业洞察。我一直在厂家从事与数字创新相关的工作，早先因个人兴趣开始研究医药电商产业，并和朋友一起撰写了《医药电商：传统模式终结者》，因而与医药零售行业结缘，近两年在从事医药新零售的创业过程中有了更多一线的体验与感受。我们因关注而产生了对这个行业的热爱，虽然都不再直接从事与医药零售行业相关的工作，但热爱之心从未消退。因此，我们期待以二人的微薄之力从多个维度记录整个医药零售转型时代，帮助医药零售行业的从业者、与医药零售行业的产业链上游有关的从业者及其他对这个行业感兴趣的读者了解这个行业正经历的变化。“不畏浮云遮望眼，自缘身在最高层”，愿知识的普及在医药零售行业更为容易，愿医药零售行业的明天会更好！

王浩
2021年1月

目 录

第 1 章

漫谈新零售

2020 年，一场突如其来的新型冠状病毒肺炎疫情（以下简称“新冠肺炎疫情”）打乱了人们正常的工作、生活节奏，我国的餐饮、旅游、文娱等行业受到了巨大的冲击。在新冠肺炎疫情最严重的时候不少行业选择了停业歇工，而社会秩序并未因此而混乱。撑起稳定秩序的背后，零售行业功不可没：社区门口的小菜场、便利店、药店，离家不远的大型超市，阿里巴巴、京东等电商平台都保持着有序运转，人们的日常所需均能从这些零售渠道中获得，基本生活不受影响，人们可以安心静待新冠肺炎疫情缓解。

在抗击新冠肺炎疫情的关键时刻，感受凛冬已至的寒气，不觉自 2016 年兴起的新零售已悄然融入我们的生活。例如，通过社区群里组织团购的虫妈、家乐福超市的 App、门口的小超市（微信公众号下单）均可实现送货上门，以及在阿里健康、京东、饿了么等 App 上都能找到身边的药店下单购药，还有略远处商业广场里的天使之橙自动果汁贩卖机、友畅自助式 KTV 等，生活中已随处可见新零售的身影。

新零售源起 2016 年知名的云栖大会，在那场大会上阿里巴巴创始人马云首次提出了“新零售、新制造、新物流、新技术、新能源”的“五新”概念，而这“五新”中“新零售”离我们的生活最近。

如果仔细研究零售行业的发展史，我们就可以发现早在 1919 年到 1926 年，美国在进行现代零售行业的大规模市场整合时，“新零售”这个词当时就已经在美国出现了，甚至那时美国已经出现了无人便利店。可以说，“新零售”这个词每次出现都昭示了零售行业变革的即将来临。

在当今这样的时代，对于医药人来说，我们究竟应该如何理解新零售？如何把握其中的要点？如何找到拥抱时代变革的机遇？读懂新零售特别是医药新零售，就让我们从一家总部位于河南省郑州市的医药连锁企业的新零售故事开始吧。

1.1 张仲景大药房和支付宝开出了“未来药店”

河南张仲景大药房股份有限公司（以下简称“张仲景大药房”）是河南省当地最大的连锁药店，张仲景大药房早些年一直处于稳扎稳打状态，2015 年达到了 200 多家门店的水平。随着 2016 年新零售的兴起，高瓴资本、基石资本等进入医药零售行业，张仲景大药房有了“弄潮儿”的模样，张仲景大药房明显加大了新门店的拓展力度，到 2018 年已经拥有线下门店 700 多家。

2018 年 5 月 20 日，张仲景大药房和支付宝在郑州市开了一家“未来药店”，这家药店给人的第一感觉是装修温馨清雅、灯光明亮通透。店内以蓝、白、绿色系为主，再辅以原木色；药品摆放在类似超市的开放式货架上；店内被分为药品区、处方药区、保健食品区等，每个区域都用蓝底白字的灯盒清晰地标出；药品的价格标签为白底黑字；价格部分用红色标出，设计感十足；原木色的中药区域古色古香，充满国医味道。

对于见惯了各种新鲜事物（如盒马鲜生）的人们来说，这样的药店也许觉得体验冲击力不够，不过在 2018 年，对于当时千篇一律、设计乏善可陈的药店零售业来说，已是了不起的进步。

这家药店作为全国首家智慧药店，其内景如图 1.1 所示。药店顶部黑色的通气管道与刻意被漆成黑色的后现代工业风格天花吊顶、黑色钢架纵横交错，每处货架中央顶部有蓝、白色两条光带散发出温暖柔和、令人愉悦的光。从装修风格上，这家药店首先就与传统药店的装修风格截然不同，它更吸引人驻足；再加上门口如同银行 ATM 机的自助售药机，店内具有各种功用的各类 iPad 屏幕……单从顾客赏心悦目的体验来看，这家“未来药店”大概也能称得上是新零售药店。

图 1.1　全国首家智慧药店内景

带有时代气息的装修提升了用户体验，可吸引顾客在店内停留更长的时间，进而带来更高的销售额。不过，如果仅仅是装修风格的改进，那么还很难真正称其为“未来药店”，即使作为新零售药店的代表也颇为勉强。张仲景大药房“未来药店”更值得外界关注的是通过和支付宝合作引入的服务，以及背后支撑这些服务的创新科技与创新理念。

首先值得一提的是 24 小时自助售药药房，两台自助售药机里陈列了不少家庭常用药品，通过支付宝扫码或扫脸即可完成购买。这些体验现在已经较为普遍了，不过在 2018 年，在医药零售这个相对于大型超市、食品零售、美妆零售等其他零售业态有些落后的零售业态里，自助药房及扫脸支付的概念还是比较领先的。

自助售药机既提供了夜间紧急售药服务，也为有隐私顾虑的顾客解决了隐私问题。店里面有一台较为吸引人的解决医疗服务问题的在线问诊设备。顾客到店时如果有驻店执业药师解决不了的问题，可以通过在线问诊连接远程医师来解决。此外，对于药店来说，也可以解决顾客到店购买处方药时合法处方来源的问题。

顾客常见的一个需求是购买感冒药，特别是含有伪麻黄碱的感冒药，如康泰克、泰诺等品牌感冒药。按照国家有关部门的监管要求，购买含伪麻黄碱的药品需要登记身份证，店员也要检查身份证，不过药店经常遇到顾客忘带身份证的情况。在这家“未来药店”，如顾客忘带身份证，只要他的手机里安装了支付宝 App，就可以直接使用支付宝人脸验证身份代替手工登记身份证信息。

同样的信任体系还被延展到医疗器械的租赁上，只要支付宝的芝麻信用分符合一定的要求就可以免租金租赁医疗器械，如血压计、雾化泵等。其实，这也是支付宝信用战略的一部分，让芝麻信用分变得更有价值。租充电宝、租手机、租电脑、租电饭煲、租医疗器械等，条件就是用户的信用分满足相应的要求。

张仲景大药房这家“未来药店”的选址是通过考量的，与其他药店围绕老年人较多的社区布局不同，“未来药店”所在地的郑州南彩路是年轻人所居住社区的集聚地。老年人对新事物的接受能力相对差些，如果“未来药店”开在老年人居住的社区附近，试点成功的可能性会很小。

相应地，“未来药店”在品类安排上也主要围绕年轻人的需求，其中就有不少国外品牌的优质保健品，未来选品还可以与阿里巴巴产品创新合作，依据大数据来选品。天猫医药馆平台的年度活跃用户已达 2.5 亿人，阿里健康自营大药房年度活跃用户也已超过 6500 万人。这些活跃用户购买背后的大数据能够告诉张仲景大药房哪种商品更适合在“未来药店”销售。

用户并不在意是新零售、传统零售、电商，还是其他销售方式，这些概念更多的是从产业视角进行定义的。对于用户来说，更多的选择、更低廉的价格、更快捷的物流、更好的服务、更好的体验比什么都重要。亚马逊创始人贝佐斯从电商的角度表达过他对用户的认知，他认为在未来 10 年、20 年、30 年，甚至 50 年，用户依然喜欢低价的东西，喜欢送货速度更快，希望有更多的选择。没错，不管是传统零售还是新零售，用户期望的仍然是这些内容。

张仲景大药房这家“未来药店”代表了传统医药零售企业与互联网企业合作进行的一次有意义的探索，它创造了一种更为愉悦的购药环境，提供了夜间无人售药、远程医生问诊、刷脸支付、芝麻信用分免租金租赁医疗器械等方面的新服务。从这个角度来看，它具备了“新零售”的特征，但同时我们也对其中一些服务的深度存有疑问：仅仅 80 个 SKU（单品）的夜间无人售药服务是否能够满足周边用户常用药械等方面的需求？远程医生问诊，确定每次过来想咨询医生就能得到答复吗？远程医生的水平怎样？无论如何，张仲景大药房都进行了一次有意义的尝试，此后医药零售行业里的创新故事将会越来越多，且不断渗透到行业的每个角落。

1.2 新零售起源

在 2016 年的云栖大会上，阿里巴巴创始人马云提出了“五新”概念，在他的讲话内容中有两处对新零售做了阐述。

第一处，马云提出纯电商时代很快会结束，未来的 10 年、20 年不再有电商一说，只有新零售，线上线下和物流必须结合起来，线下的企业必须走到线上去，线上的企业必须走到线下去，线上线下与现代物流合在一起才能真正地创造出新零售。

第二处，马云表示“五新”的第一新是新零售，他认为传统零售行业正在受到电商或互联网的巨大冲击，根本原因在于传统零售企业没有把握未来的技术，传统零售企业要适应新技术，要和现代物流合作，要利用好大数据。

2016 年云栖大会以来，这“五新”中讨论最多、引起反响最大的是新零售，这是因为相比新制造、新物流、新技术、新能源，它更贴近我们的生活。零售是发生在每个人身边的事，打个比方来说，无人超市的突然出现会成为朋友圈争相转发的内容，但制造工厂或物流方面的改进却很难受到大家的关注。

马云看到了我国零售产业面临的在时代变化中蕴藏的机会，其他的巨头迅速地跟进。不久，京东就提出了“无界零售”，腾讯、苏宁等提出了“智慧零售”，再加上盒马鲜生、永辉超级物种、各种无人超市等“新零售物种”的爆炸式涌现，新零售开始了其快速产业融合之旅。

1.2.1　从阿里巴巴投资布局解读阿里新零售

应该说战略眼光超前的阿里巴巴在其线上业务发展得如火如荼的时候就意识到，未来必须开拓其业务成长的“第二曲线”，进而其眼光放到了线下零售市场。早在 2014 年 3 月，当阿里巴巴线上交易持续增长的时候就以 53.7 亿港元对浙江商超公司银泰商业进行了战略投资。通过投资银泰商业，阿里巴巴可以以其为模板来探索线上线下结合的新零售业态。很快，以银泰商业为基地，阿里巴巴陆续推动淘品牌入驻位于银泰商业百货店内的实体店——集货，并陆续推出了线上线下打通的家居用品店——生活选集、ONMINE 零食体验馆、in junior 潮童体验馆等。

银泰商业只是一个开始，2015 年 8 月阿里巴巴以 238 亿元人民币战略投资拥有线下布局的苏宁云商，占发行后总股本的 19.99%，成为苏宁云商第二大股东（同时，苏宁云商也以 140 亿元人民币认购 2780 万股阿里巴巴新发行的股份，完成二者的利益绑定）。阿里巴巴投资苏宁云商的战略考虑是多重的：首先，阿里巴巴在电子数码电商领域一直略逊于以电子数码产品起家的京东，而苏宁是以家电起家的，两家达成合作后可以在电子数码领域对抗京东；其次，阿里巴巴正在构建的菜鸟物流系统需要线下网点的支撑，而苏宁物流网络当时有 5000 多个服务站，可以直接接入菜鸟系统；最后，苏宁拥有全国 1600 多家门店是阿里巴巴最为看重的，实现支付宝的介入、线上线下整合式体验的打造都可以依托苏宁的线下门店来开展。

2016 年 1 月，阿里巴巴以 1.5 亿美元领投盒马鲜生，盒马鲜生后续的成功可以说是零售行业的颠覆式创新的成功，盒马鲜生是真正激发产业对创新零售业态进行打造的“催化剂”。后来，京东推出 7FRESH、永辉超市推出超级物种、新华东推出海物会、联华超市推出联华鲸选，它们无不受到盒马鲜生的“刺激”与启发。

2016 年云栖大会后，阿里巴巴通过投资布局线下零售的步伐明显加快，2016 年 11 月以 21.5 亿元人民币收购了总部位于浙江的上市公司——三江购物俱乐部股份有限公司（以下简称“三江购物”）。三江购物是浙江省大型连锁超市品牌之一，拥有门店 147 家，自 2010 年开始三江购物开始重点布局生鲜品类，使生鲜商品占其总销售额的 1/3。对于阿里巴巴来讲，生鲜是新零售必须抢占的市场，同以银泰商业为代表的百货业态一样，以三江购物为代表的大型线下连锁超市业态也是新零售必须打通的业态。此后，阿里巴巴打通了旗下食品、生鲜配送平台“淘鲜达”与三江购物的部分门店，并对三江购物的门店开始了数字化改造。根据阿里巴巴在 2019 年云栖大会上发布的数据，至 2019 年三江购物共完成了 43 家门店的数字化改造，约占全部门店的 20%，上线“淘鲜达”的 30 家门店中，部分门店的线上销售占比已超过 15%。

2017 年 1 月，阿里巴巴继续加码银泰商业，阿里巴巴以 198 亿港元完成了对港股上市公司银泰商业的私有化，私有化完成后阿里巴巴控股 73.73%，成为银泰商业的控股股东。

2017 年 2 月，阿里巴巴在上海宣布了与百联集团的战略合作，首席执行官张勇出席。百联集团是在上海有影响力的大型国有商超集团，这次战略合作引发了产业界的轰动，带来了巨大的想象空间，相关概念股大涨。2018 年 11 月 28 日，两家公司成立了合资公司——上海逸刻新零售网络科技有限公司，2019 年 3 月 11 日，新公司开了首家新零售门店——逸刻便利。

逸刻便利内景如图 1.2 所示。逸刻便利采用"便利店+餐饮"的业态组合模式，餐饮业态占据了店内整体面积的 60%左右，主要提供咖啡、热饮、快餐、关东煮及烘焙等。店内其他场地主要提供包装食品、饮料、保健品、网红商品及一些常规便利店商品。此外，店内还安置了货架来陈列水果和蔬菜。上海逸刻新零售网络科技有限公司旗下还拥有"啡刻咖啡""逸刻烘焙""逸刻热厨""逸刻生鲜"等子品牌。同时，逸刻用户可以下载"逸刻"App，享受最快半小时送达的服务。

2017 年 5 月，阿里巴巴获得百联集团旗下上海知名连锁超市品牌——联华超市 18%的股份，成为联华超市的第二大股东。阿里巴巴入股联华超市的意义不仅在于入驻上海这个全国零售的"桥头堡"，更在于"啃下"国资背景的连锁超市。中国领先的零售集团多以国资背景为主，阿里巴巴新零售必须克服国企合作这一关。联华超市的母公司百联集团属于老牌国企，国企改革的复杂度和困难度难以想象，阿里巴巴入股联华超市是在这个战场攻坚战的开始。

图 1.2　逸刻便利内景

2017 年 9 月，阿里巴巴宣布了入股以百货、超市为主的上市公司新华都实业，与其一致行动人杭州瀚云新领股权投资基金合伙企业一起共同持有新华都 10%股份，成为其第二大股东。新华都是福建省内仅次于永辉超市的上市公司，通过与新华都合作，阿里巴巴可以抢占福建的超市市场，同时阿里巴巴还可以借助新华都在福建的网络加速盒马鲜生在福建的落地。

2017 年 11 月，阿里巴巴以约 224 亿港元入股直接或间接持有高鑫零售 36.169%的股份，成为高鑫零售的第二大股东。高鑫零售是大型超市欧尚和大润发的控股股东，凯度消费者指数数据显示，在快消品领域高鑫零售和淘系（淘宝+天猫）用户之间的重合度只有 10%，特别是大润发的布局基本都在三四线城市，这与阿里巴巴线下零售体系（如盒马鲜生等）布局一二线城市商业中心几乎是完全错位与互补的。通过与高鑫零售旗下 400 多家线下实体店的合作，阿里巴巴不仅可以试点更多的新零售合作模式，还可以吸纳并转化更多的高鑫零售的用户到淘系，获得更多三四线城市消费升级的红利，实现对不同层级城市的全覆盖。

进入 2018 年，阿里巴巴在线下零售的布局仍在继续，除了大型百货与商超，阿里巴巴开始纵深向垂直零售领域切入。2018 年 3 月，阿里巴巴及关联投资方以 54.53 亿元人民币收购专注家居领域的连锁企业居然之家 15%的股份，成为其第二大股东，此外阿里巴巴还推出了自己的家居品牌家时代（Hometimes）。

2018 年 4 月，阿里巴巴联合蚂蚁金服以 95 亿美元完成了对外卖平台饿了么的收购，通过整合饿了么与口碑网的服务，阿里巴巴志在将其打造成本地生活平台以与新美大（美团大众点评）形成抗衡。饿了么对于阿里巴巴新零售战略的价值至少有两点：首先，饿了么连接了全国数以十万计的零售餐饮门店；其次，饿了么拥有并管理着庞大的线下配送团队，在“最后一公里”物流上拥有独特的价值。

阿里巴巴在线下零售的收购布局并没有结束。2019 年 5 月 15 日，阿里巴巴以 43.594 亿元人民币全额认购了知名家居商场品牌红星美凯龙发行的可转股债券，这些债券如果全部转换成股票，那么将占红星美凯龙不低于 10%的股份。同时，阿里巴巴还在港股二级市场收购了红星美凯龙 3.7%的股份。2019 年 9 月，阿里巴巴还以 5 亿元人民币战略入股了以家居设计为核心业务的三维家，加上此前入股居然之家，阿里巴巴在家居新零售领域的“触角”正在不断延伸。

2019 年 11 月 20 日，阿里巴巴宣布以 1.5 亿元人民币获得蒙牛旗下新零售公司天鲜配 50%的股份。天鲜配的主要业务为将传统奶箱改造成消费者楼下的智能冰柜，用户可以通过线上平台（手机淘宝、天猫）扫描冰柜二维码或直接搜索就可以支付购买，或者加入配送计划。这种“线上平台订奶，线下智能冰柜取奶”的方式，与阿里巴巴主推的新零售战略不谋而合。

阿里巴巴在新零售领域的布局看似杂乱，背后的主线却是相对清晰的。图 1.3 是阿里巴巴对其新零售布局的阐述，很好地说明了这条主线。其中，在每个领域的布局仅罗列了主要的布局，并没有罗列所有的内容，以显示其核心内容。例如，在快消商超领域的布局中仅罗列了盒马鲜生和大润发，三江购物就没有放进来。

阿里巴巴将新零售分成了品牌数字升级主阵地、家电数码、服饰百货、快消商超、家居家装、本地生活服务、城市小村双路通、社区小店升级，共八个方向，其支撑基座是淘宝和天猫，底层提供基础设施服务的是阿里云、菜鸟网络和蚂蚁金服（支付宝）。其中，大部分的内容在前面阿里巴巴的投资案例中都有提到，这里仅就未提到的部分略做说明。

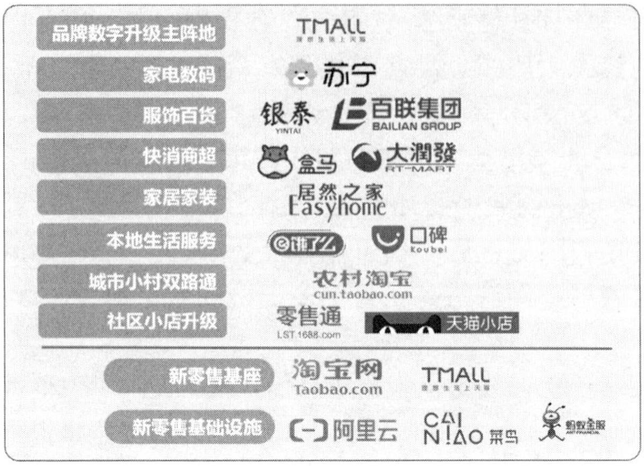

图 1.3　阿里新零售的八纵布局

品牌数字升级主阵地最重要的是依托天猫平台，典型的案例是天猫产品创新中心帮助不少品牌加速新产品的研发，提高成功概率。2019 年 9 月，欧莱雅发布新品“零点面霜”就是与天猫产品创新中心合作的典型案例。欧莱雅通过天猫平台招募了一千多名消费者，收集她们对面霜的构想，以及护肤的需求与痛点，了解到消费者渴望一款针对熬夜人群的抗老提亮且质地轻薄的面霜。通过深度洞察和可行性分析，欧莱雅将数个产品概念投放到共创社区，与消费者讨论定价并模拟购买路径，来测试消费者是否真的感兴趣并愿意为此买单。最终，欧莱雅、天猫和消费者共创出“零点面霜”的概念，并将其推向市场。

农村淘宝是阿里巴巴向农村进行渗透的重要平台，在阿里巴巴平台城市人口注册数量几乎见顶的今天，抓住农村市场是形成新的增长点的关键。

同时，我国约有 600 万家社区小店，这些夫妻店、杂货铺、便利店、小超市等成为我国零售行业的重要组成部分，如何将其纳入阿里巴巴的新零售版图无疑也是重要的一个环节。阿里巴巴通过零售通平台为小店店主提供一站式采购平台，并同时搭建品牌主与小店之间的信息通路，提高整个环节的经营效率。除零售通平台外，天猫小店则采取加盟形式，商家可以加盟天猫小店经营社区店，同时可以获得天猫品牌授权、天猫货架入驻、店内环境改造、专业经营指导、智能设备支持等多方面的支持。

1.2.2　阿里巴巴新零售战略的背后

阿里巴巴布局新零售来源于一种对未来的洞察，阿里巴巴 B2C 电商从 2003 年起步时的年交易额 1 亿元到 2014 年的 16780 亿元，年复合增长率高达 142%。但早在阿里巴巴每年保持 GMV（成交总额）高速增长时，马云就意识到单纯线上零售的“天花板”早晚都会来临。对于有强烈的互联网零售基因的阿里巴巴来说，向线下零售渗透、改造线下零售、形成线上线下零售的融合成为必然的趋势。我们可以从 2014 年到 2019 年阿里巴巴 B2C 电商平台（天猫+淘宝）的年度 GMV 增速变化趋势，来体会阿里巴巴拥抱新零售的紧要性。

从图 1.4 可以看到阿里巴巴 B2C 电商平台（淘宝+天猫）历年 GMV 变化，阿里巴巴自 2014 年上市以来，尽管到 2019 年总 GMV 高达 5.72 万亿元，但增速已从 2014 年的 55.80% 降低到 2019 年的 18.82%。阿里巴巴在上市之前的增速每年基本保持在 100%左右，不少年份业绩增长率甚至超过 150%，但上市后增速放缓的趋势非常明显。

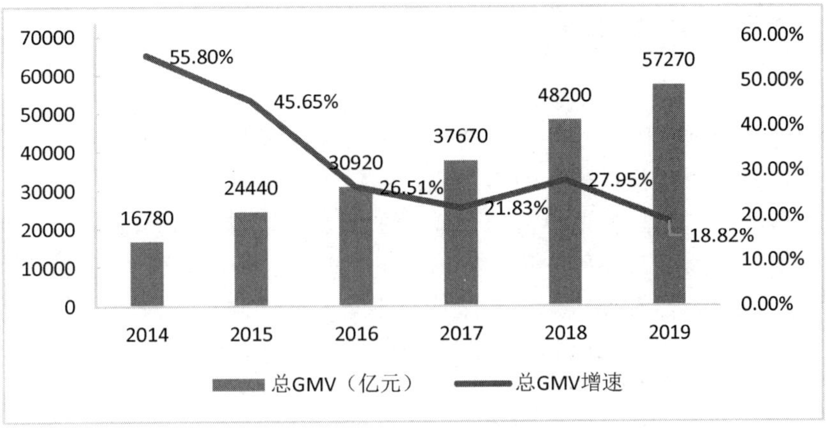

图 1.4　阿里巴巴 B2C 电商平台历年 GMV 变化

从另一个维度来看，电商发展之初以低成本来吸引商家和用户，而电商发展到今天，对于商家来说，线上的获客成本与留客成本都变得异常高昂。2015 年，获得一个新用户在淘宝平台要花 166 元，在京东平台要花 142 元。而到了 2019 年，为了获得一个新用户，在淘宝平台要花 536 元，在京东平台要花 757 元。2016 年，异军突起的拼多多通过社交电商创造了低价获客的奇迹，拼多多获得一个新用户仅需花 10 元，近年来其获客成本已经上升到 140 元左右。与线上相比，以往被诟病低效率的线下获客成本反而变得划算，且线下客户的忠诚度比线上客户的忠诚度往往更高，向线下渗透成为电商平台的新选择。

如果仔细推敲就会发现，阿里巴巴在线下开展业务的时间线还可以提前到 2010 年，这一年，知名的淘品牌麦包包在浙江基地建起了第一家展示店。2010 年 1 月，莲果化妆品还作为淘宝网商落地项目的第一批网络商户落地中关村购物中心的汇宝街。

2011 年，淘宝网宣布进军线下零售，授权副食店、超市、连锁店、社区店等成为淘宝网官方授权的线下代购店，为不会上网的消费者提供网购、充值缴费等电子商务服务。

2012 年 3 月，支付宝拟投 6 万台 POS 机布局线下支付；12 月，微淘启动与线下零售企业 O2O 合作试点，包括线下引流、会员管理、分成机制、成交转化、数据挖掘五项合作内容。

2013 年“双 11”期间，天猫联手 1000 多个县（市）3 万多家线下门店试点 O2O，同时银泰百货在全国的 35 家商场共同参与。

在与这些线下门店合作的过程中，阿里巴巴积累了丰富的对线下零售市场的理解，此后对银泰百货的投资、对盒马鲜生的投资等不是马云的“飞来神笔”，而是阿里巴巴顺其自然的决策。

阿里巴巴是一家崇尚自我闭环的互联网企业，它希望把核心的资源掌握在自己手中，以形成对整个链条的掌控能力，这也是阿里巴巴为何选择深度控股线下零售企业的原因。

阿里巴巴是否能借此形成持久的竞争力，将线上的领导权延伸到线下？在反垄断成为经济领域重要话题的今天，阿里巴巴的这些布局是否会遭遇限制？我们在拭目以待的同时，可以看看另一家互联网巨头腾讯是怎样来迎接新零售的。

1.3 腾讯智慧零售布局

新零售虽然源自阿里巴巴，不过这个理念很快席卷了整个产业，阿里巴巴的竞争对手腾讯很快跟进，提出“智慧零售”的概念，快速启动了一系列布局。下面我们就腾讯的典型布局案例略做说明，那些腾讯投资的企业且在新零售领域的布局没有腾讯参与的案例不在介绍之列，如京东的7FRESH、美团的掌鱼鲜生等，这些公司都有腾讯的股份。

2017年，在阿里巴巴开始大规模入股线下零售企业的同时，腾讯也迅速地开始了自己的投资布局。2017年，阿里巴巴和腾讯的投资团队几乎拜访了中国大部分具有一定规模的零售企业，最终，脚步略慢的腾讯在线下零售的布局在2018年开始陆续落地。

2018年1月23日，腾讯联手福建省知名的连锁超市上市公司永辉生活，宣布拟共同入股法国零售巨头家乐福的中国公司。不过可惜的是，面临巨大经济压力的家乐福公司没有等到腾讯的投资，而是最终在2018年6月23日被苏宁以48亿元收购了其中国公司80%的股份，但其中腾讯参股线下大型商超的战略方向清晰可见。

2018年1月29日，腾讯以1.875亿元认购永辉超市旗下永辉云创科技有限公司15%的股份。永辉云创科技有限公司是永辉新零售业态“超级物种”背后的重要推手。随后，2018年2月2日，腾讯以25亿元入股知名服装零售企业海澜之家并获得其5.31%的股份，同时宣布腾讯、海澜之家将与挚信投资共同发起设立目标为100亿元规模的产业投资基金。

2018年2月24日，腾讯以约8.87亿元收购有“中国民营超市第一股”之称的湖南步步高商业连锁股份有限公司（以下称“步步高”，此步步高并非生产电子产品的广东步步高公司）6%的股份，同时京东也以约7.39亿元持有步步高5%的股份。

腾讯在几乎所有的线下零售投资中持有的都是小股份，这表明腾讯并不会像阿里巴巴一样大股本进入后自己来改造并操盘运营线下零售。腾讯的风格更倾向于通过小股本和线下零售企业结成更紧密的连接并共同探索智慧零售。在这种风格主导下，加上微信天然对用户的吸引力，即使没有股东合作，也有更多的企业愿意参与到与腾讯共同开展智慧零售的过程中，典型合作案如沃尔玛、绫致集团、百丽、丝芙兰、屈臣氏、M.A.C等公司。

经过近几年的探索，腾讯总结出了自己的智慧零售方法论，首先我们看看腾讯对智慧零售的理解，图1.5来源于腾讯2020年发布的新书《超级连接》，这本书系统地阐述了腾讯对智慧零售或者说对新零售的理解，感兴趣的读者可以买来看一看。首先需要注意的是腾讯是从零售数字化角度来看智慧零售的，这意味着腾讯对线下的业态（如超市、餐厅等）并不关注，腾讯的注意力在于如何帮助零售行业做好数字化。

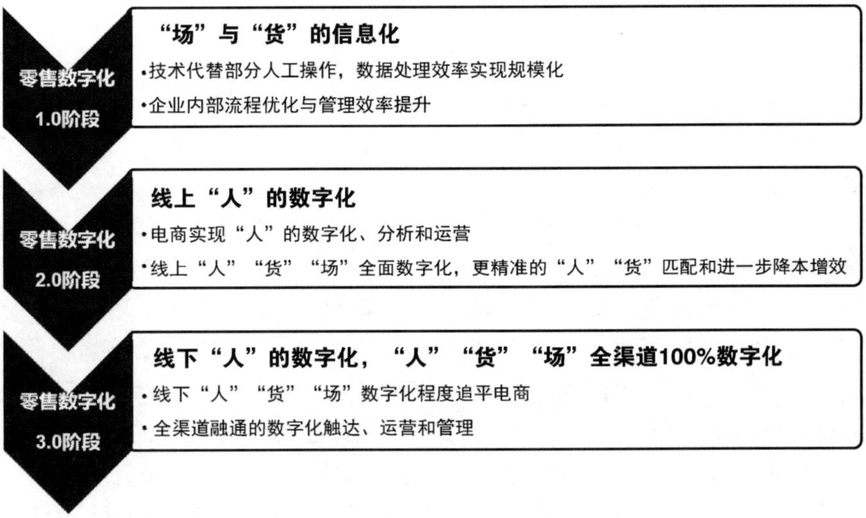

图 1.5　零售数字化的 3 个阶段

腾讯认为整个中国零售行业的数字化要分 3 个阶段，其中第一个阶段主要在于对“场”与“货”的信息化，用技术代替部分人工操作以提高数据处理效率，并导入 ERP/SAP 等系统提升企业内部流程与管理的运行效率；第二个阶段的关键点是线上“人”的数字化，这个阶段主要是电商平台主导的，借助技术平台将一切线上行为数字化并进一步洞察出有关用户的信息；第三个阶段是重点，也是腾讯智慧零售关注的地方，在这个阶段，腾讯认为要实现线下“人”的数字化，实现“人”“货”“场”全渠道融通的数字化。

线下“人”的数字化是最难的事情，“用户在线上是谁”“喜欢什么”“购买路径和频次是什么”一目了然，可一旦到了线下就“两眼一抹黑”。亚马逊推出 Amazon Go，基于计算机视觉、深度学习以及传感器融合等技术，跳过传统收银结账过程，尝试让用户在获取无人购物有趣体验的同时无感地留下数据痕迹，但其目前尚还高企的技术成本限制了规模化的可能性。

拥有 C 端用户优势、拥有“超级 App”微信的腾讯自有解法，用户的微信随时随地打开着，相应的用户是谁、他到过哪里、他喜欢什么等这些信息变得可以获取。以此为核心，腾讯整合内部资源构建了以微信为首的七大工具来帮助零售实现数字化。图 1.6（同样源自腾讯《超级连接》一书）展现了智慧零售的七大工具。

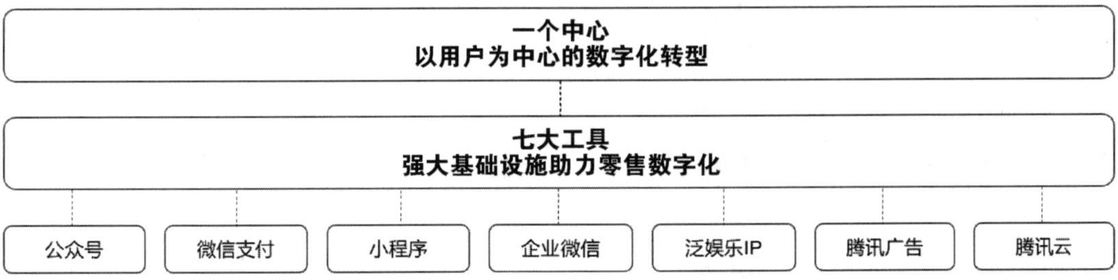

图 1.6　智慧零售七大工具图谱

七大工具整体可以分为两类：第一类是在微信生态内或围绕微信生态的工具，包括公众号、微信支付、小程序和企业微信，保障在前端最大化利用微信生态的连接力，让零售企业轻、易、快地触达更广泛的用户群体；第二类为泛娱乐 IP、腾讯广告、腾讯云，它们在中、后台夯实共线服务，提供开放的数字化能力和数字化内容，让零售商与用户的连接更多元、稳定、安全且有温度。

简而言之，腾讯公司将既有的腾讯体系资源与零售行业进行嫁接来构建服务零售行业的零售数字化底层能力。腾讯公司在一系列的合作探索中总结出“小程序官方商城”“官方导购”“超级社群”3 种方法，这 3 种方法具备可复制、可规模化、可持续化的特点。

小程序官方商城很好理解，不少零售商都从既有的微信 H5 微信商城升级为小程序官方商城，现在不少线下门店如肯德基、麦当劳都改为扫码通过小程序官方商城下单。据腾讯发布的数据，仅在 2019 年 11 月 1 日至 11 日，就有超过 1 亿人次的消费者访问各类商家的小程序官方商城，小程序官方商城 2019 年的交易总额已超过 8000 亿元。

官方导购是传统线下导购的线上延伸，零售门店的线下导购人员可以通过企业微信添加顾客微信、发布朋友圈以维护客户关系，实现线上客户触达、运营和交易的闭环。企业则可以批量管理导购，为他们提供经过筛选和编辑后的优质营销素材，用于管理业绩和顾客，这样即使导购离职也能够留存顾客信息。

超级社群则是私域流量的典型代表，相信很多读者朋友一定也在某些商家微信群里。这些群有些是营销群，主要通过分享折扣、抢购、秒购、裂变等方式来吸引用户，进而拉动销售；有些是内容群，主要以发布教程、话题、视频等触达用户，并持续解决疑问、满足需求，维持群内的活跃度和互动性，进一步寻求销售转化，这种做法在母婴、运动、服饰、美妆等领域经常使用；还有些则是服务群，主要通过完成售前咨询促进成交，订单完成后提供售后服务和拉动复购，这种做法在家电、3C 等领域较为常见。

当然除了这 3 种已经规模化的方法，腾讯还在不少领域进行探索，如帮助万达广场分析不同门店之间的关联程度，结果发现看上去完全没有关系的将太无二日料店和某服装品牌的消费者竟然有 11%的重合度。发现这个特征后万达很快做了一个尝试，在某服装品牌门店投放将太无二日料店的优惠券，结果当天将太无二日料店的业绩提升了 30%。腾讯还帮助大悦城在拿地环节提供区域选择建议，在业态规划环节帮助大悦城做区域用户画像分析，进而给出业态布局建议。腾讯甚至考虑为零售企业做战略顾问，帮助零售企业面向数字化转型梳理战略、调整组织架构及进一步的落地。

腾讯作为拥有较强数字化能力的一方，选择通过为零售企业实现数字化赋能来推动智慧零售的落地，进而为整个产业提供了一种不同的标杆。腾讯的做法是否具有可持续性，是否能够真正地加速零售企业数字化转型的步伐，我们也拭目以待。

1.4 新零售物种大爆发

物种，原是生物学上对种群的定义，如人种、马种、花种，如今物种的外延被泛化，具有一定特征的非生物也被称为严格意义上需要带引号的物种。随着新零售的火爆，如盒马鲜生、Amazon Go 等新零售业态进入一个爆发式发展阶段，这类新零售业态被形象地称为新零售物种或新物种。

新物种爆发很快，但也存在时间穿透力的问题，如各类无人货架、无人超市公司的倒闭，永辉超市因巨额亏损从上市公司剥离了超级物种就是一种警醒。本节对经过了一定时间的考验、取得了商业成功或很可能取得成功或具有代表性的案例进行阐述。

1.4.1　良品铺子的数字化转型

2020 年 2 月 24 日上午 9 点，一场云上市直播在上海证券交易所官网开幕，武汉企业良品铺子创始人兼董事长杨红春在直播中郑重宣布：良品铺子正式登陆 A 股市场。这场特殊的上市仪式，给新冠肺炎疫情笼罩下的中国零售商界打了一剂“强心针”。不久后良品铺子发布的 2020 年一季报更增强了大家的信心，季报显示良品铺子一季度营业收入同比增长 4%，线上渠道收入同比增长 25%，线上销售占比由 2019 年一季度的 45%增至 55%。同时，良品铺子积极推行外卖、拼团、社区团购等“门店+”业务，外卖销售占比与 2019 年同期相比增长了 118%。

良品铺子是一家自营高端零食的食品生产零售公司，迄今已拥有线下门店 2200 多家，产品超过 1000 种，良品铺子的成功数字化转型来自对数字化的多年的持续投入。早在 2008 年，创始人杨红春把成立不到两年的良品铺子的全部利润 1000 万元拿出来，上线了门店信息化管理系统。2008 年 6 月，良品铺子所有门店上线信息化管理系统，实现了门店在商品、价格、订单上的统一管理。2009 年，当良品铺子的门店增长到 300 家时，上线了仓库信息化管理系统，保证门店补货订单在仓库停留时间不超过 4 小时。2011 年，为了提升内部运营效率，实现精细化管理，良品铺子搭建了整个供应链信息化体系，升级 ERP 系统。2014 年，良品铺子投入 5000 万元与 SAP、IBM 合作，启动整体的信息化建设。此后不到两年时间，良品铺子的全渠道就基本完成了，打通了前、中、后端，整合了线上线下的所有交易数据和顾客数据，各渠道从以前割裂的状态，变成了一个信息互通的有机整体。

良品铺子自成立以来就十分重视数据，并且规定了一项原则——坚决不进驻无法形成数据回路的渠道。图 1.7 展示了良品铺子对零售变革趋势的理解，其中的核心之一就是“大数据驱动”。良品铺子在全域范围内，不仅能够触达消费者，而且触达的人群与效果都必须能够回到系统中，从而帮助良品铺子进行数据分析、评估，并据此做出决策和持续迭代优化。

为了实现业务的数据驱动，良品铺子还要实现业务的在线化，良品铺子根据自身的业务特点，将业务中台划分为七大块——会员、营销、商品、库存、订单、渠道、物流。根据这些业务的重要性和紧迫性，以及相关业务的成熟度，良品铺子制订了一个分步骤实施的计划，目前会员中台的建设已经完成，正在进行的是全渠道中台建设。

在此之前，良品铺子的会员是按照渠道划分的，彼此是割裂的。建成会员中台后，首先实现了对全渠道会员信息的共享，通过一个 ID 可对所有渠道的会员进行识别，由此会员等级、会员权益等信息也得到了共享。良品铺子非常看重会员权益一致性的问题。对用户来讲，不管在哪个渠道消费，认准的是良品铺子这个品牌，理应享受同等的权益。这对良品铺子提升用户体验、树立品牌高端形象非常有价值。

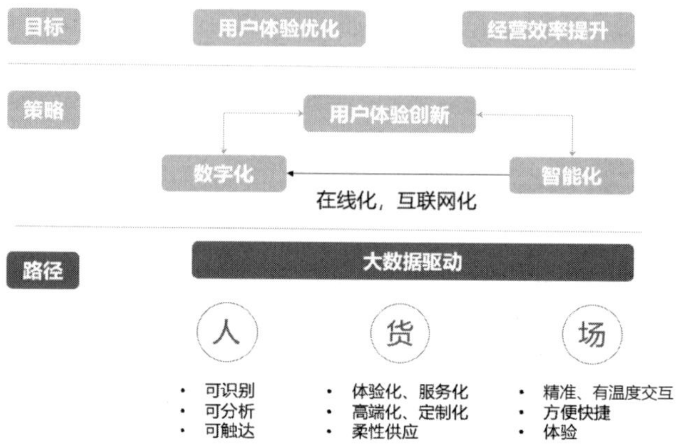

图 1.7　良品铺子对零售变革趋势的理解

订单中台则是由良品铺子全渠道的业务模式所决定的，随着良品铺子的渠道越来越多，各种渠道之间的融合将是未来发展的必然趋势。例如，用户在家点外卖，负责配送的可能是门店，也可能是轻店，甚至可能是从分仓出库或工厂直发，并且涉及的商品也更加丰富多样，有常规的配送，也有冷链配送等。基于良品铺子之前的系统架构，各种渠道的订单分配是相互独立的，而现在则要求能够灵活应对前端业务的多样性需求，并做出快速反应。订单中台能够把每一个订单都打上标签，从而匹配不同渠道，这是对过去按渠道建设系统的极大升级。

除此之外，良品铺子还驱动运营的数据化，在良品铺子看来运营数据有两个层面：一个层面是企业自己的运营数据化；另一个则是对广域数据的应用。良品铺子在商品规划阶段就开始通过大数据交互来支撑产品规划。2018 年“世界杯”期间，良品铺子通过全网舆情数据捕捉到“藤椒”这一热词，由信息部门整合自有和第三方平台的销售数据，圈选目标人群，分析喜好和需求，进行销售预测，最终确定了以川湘为目标市场，开发以“冷锅串串”为原型的“噜辣杯”，之后交付商品部门执行产品开发。同样的例子还有基于“吸猫”群体开发的喵爪鲍鱼、傲娇的小野喵零食礼包、吸猫棒棒糖等。

自 2018 年起，良品铺子就开始推进精准营销。精准营销，就是要把合适的商品在合适的时间，以合适的方式匹配给合适的用户。要应对零食零售用户的复杂性，只能把用户画像刻画得更加精准，经过一段时间的摸索，良品铺子的精准营销已经取得了初步效果。2020 年 3 月，良品铺子门店事业部制定了华东、华南地区精准营销策略，即以拓展新品渗透为主、老品引流线上消费为辅。营销针对人群为半年内购买过新品系列的用户，年龄在 25～35 岁且有新品偏好的女性，以产品自身卖点、口味、口感作为主要沟通内容并进行消息传达，尽量弱化促销形式的感知。最终，通过以货找人的方法，营销用户券核销 5.1 万张，核券平均客单价 119.8 元，较平均客单价提升 26%。

良品铺子在过去五年时间里营业收入一直维持着高速增长的态势，2015 年增长

31.49%、2016 年增长 42.89%、2017 年增长 54.24%、2018 年增长 63.78%、2019 年增长 77.15%。应该说良品铺子的零售方法论取得了成功。与传统零售商以线下店为主不同，良品铺子从开始就重视全渠道的建设，通过 B2C 电商、App、O2O、门店、社群、良品铺子+小程序等多渠道触达用户，并实现了超过 50%的销量来自线上，这也是新冠肺炎疫情期间支撑良品铺子业绩持续增长的核心。同时，良品铺子注重中台与后台业务在线化以及数据中台的建设，成为支撑其平台良性发展的基础架构。

1.4.2 线上线下一体化的盒马模式

盒马鲜生是典型的新零售物种代表。盒马鲜生的定位是一家生鲜类超市，传统超市的动线设计是为了增加顾客在门店内的停留时间，接触更多的商品，相应地，O2O 店内分拣效率就非常低。生鲜运营的最大难点是物流成本高、损耗率高。早在生鲜电商兴起之时，在经历巨大的资本投入后，单纯的生鲜 B2C 电商模式已逐渐被证明不可持续。

一方面，冷链物流成本很高，如牛奶、蔬菜、面包、水果这些消费者日常高频所需低价和短保质期的商品，B2C 生鲜电商都很难做，流量成本太高，客单价太低，很难覆盖物流成本；另一方面，B2C 生鲜电商短保质期商品的损耗无法有效控制，导致品类越走越窄，只能卖一些高价商品，而无法解决消费者日常消费的痛点。盒马鲜生最开始的设计就致力于解决 B2C 生鲜电商的核心问题。

盒马鲜生像一家超市，但在超过 4000 平方米的购物场景中，借鉴意大利 Eataly 超市和中国台湾上引水产模式设置了 30%～40%的餐饮体验区，消费者在店内选购了海鲜等食材后可以即买即烹，直接加工。这种模式不仅提升了消费者体验，提升了到店客流转化率，而且通过生鲜品类和餐饮制作的深度结合，解决了生鲜经营中最难的损耗问题。

盒马鲜生有 3000 多种商品，包括肉类、水产、水果、南北干货、米面粮油、烘焙、熟食、烧烤及日式料理等。为了配合精品超市的定位，店内还设有精品百货、鲜花等商品区，以满足人们的生活需求。从表面上看，盒马鲜生是一家门店，但门店背后还隐藏着一个物流配送中心。盒马鲜生门店的上方铺设了全自动悬挂链物流系统，这样能够第一时间分拣店中陈列的商品，快速送到后场出货。

门店的后场更是一个交织的传送系统，传送线上的保温袋在各自的轨道上行进，把会员线上选购的商品传送到集中的分拣台进行统一配送。盒马鲜生要求消费者必须下载盒马鲜生 App 才能进行消费；到店的消费者通过绑定支付宝即可成为会员；盒马鲜生通过电子标签技术保证线上与线下同品同价；通过自动化物流设备保证门店分拣效率；在盒马鲜生门店附近 3 公里内，消费者通过 App 下单后 30 分钟内即可收到商品。

2016 年 1 月，盒马鲜生在上海金桥广场开设了第一家门店，面积 4500 平方米，远小于沃尔玛等超市，但其很快实现了年坪效 5 万元，远高于传统零售 1 万元左右的年坪效。盒马鲜生的业绩指标设计也很有特色，共有 3 条：线上销售单数一定要超过线下销售单数；3 公里内的线上订单量要实现每天 5000 单以上；线下要为线上引流。

1.4.3 销售生活方式的茑屋书店

茑屋书店是一家创建于 20 世纪 80 年代的日本书店，在过去 30 多年的时间里许多日本的书店纷纷倒闭，茑屋书店却逆势发展，在日本拥有超过 1400 家门店，并通过与众多百货中心、超市实现积分卡连接拥有了 6000 多万名会员。日本 50%以上的人都是茑屋书店的会员，茑屋书店基于这些跨界会员数据构建了庞大的数据驱动的运营体系。2011 年，茑屋书店在东京代官山开的店被评为“全世界最美的二十家书店”之一。

茑屋书店的定位不是销售书籍的商店，而是销售一种生活方式。茑屋书店的主要元素有书、DVD/CD、咖啡馆及围绕书中的内容延展开来的商品。茑屋书店打破了传统书店按照新书、畅销书等进行销售的卖场模式。茑屋书店围绕生活方式将书店分为人文、艺术、建筑、汽车、料理和旅行六大领域。

每个领域除了相关的书籍、杂志等，还有与之相关的其他商品。例如，在介绍啤酒文化史的图书旁边就摆放着书里提到的精选啤酒品牌，看到就能买到，买到就可以在沙发区坐下品尝；在一本介绍日本武士刀的图书旁边会摆着一把真正的价值 500 万日元的武士刀。

按照内容来组织书籍也对茑屋书店的店员提出了很高的要求，为此茑屋书店配备了专家级的导购。例如，旅游类书籍的导购可能是一位出版了 20 多本旅游指南的记者；音乐类书籍的导购可能自己负责举办过 200 场演唱会；文学类书籍的导购可能是深受一流作家信赖的知名书店的骨干店员。

茑屋书店致力于打造充满艺术设计感的舒适空间，阳光充足的大窗户、利用绿色植物营造藤蔓满屋的意境、公共园区设计、餐厅等多种元素被组合在一起传递出艺术的生活方式，在儿童比较多的社区附近的门店里还会开辟专门的儿童游玩区。茑屋书店在代官山店还开设了儿童玩具店、包揽美容/医疗/下午茶一系列服务的宠物狗乐园、品类齐全的自行车商店、相机店、餐厅，还与星巴克合作开了星巴克全球第一家艺术星巴克门店。

茑屋书店是一家利用数据驱动决策的公司，拥有 6000 多万名会员且利用跨界数据的茑屋书店敢于不断地对实体零售店进行革新。在高端消费云集的日本银座，茑屋书店联合奢侈品巨头 LVMH 开了偏向艺术的 Ginza Six，由艺术性书店、咖啡馆、展厅和活动场所组成。在东京二子玉川开了茑屋家电，茑屋家电实际以书籍为主展开空间规划，按照书籍的种类分成厨电、生活类家电、美容类家电、健身类家电等不同区域。茑屋家电引进了东京最好的美甲沙龙之一的 Uka、Good Meals Shop 咖啡厅、星巴克、川崎 Solsa 城市时尚园林事务所经营的绿植店，闲逛中还能发现如 Apple、Arflex（奢侈品家具）、B&O（高端音响），甚至还有便利店和电动车商店。

茑屋书店拥有的最具价值的资源就是掌控消费者数据的“T-CARD”。日本的积分文化非常流行，积分等同于货币，而茑屋书店发行的“T-CARD”在日本使用得非常广泛，茑屋书店以自己的高质用户为核心与众多百货中心、超市实现连接。截至 2016 年年底，支持茑屋发行的“T-CARD”积分的加盟企业达到 159 家，店铺近 60 万家，几乎覆盖了日本所有生活领域的购买信息。

按照阿里巴巴“以消费者体验为中心的数据驱动的泛零售形态”的新零售定义，茑屋书店完全符合，这也再次提醒我们，虽然线上线下的融合代表了大多数新零售形态，但是切勿狭隘地仅用“线上线下融合”这样的概念去理解新零售。

1.4.4 科技创新的 Amazon Go

自亚马逊推出无人超市 Amazon Go 以后，“无人超市”的概念一下被炒热，成为新零售赛道下一个细分的创新领域，在国内演化出无人超市、无人货架、无人店等多样的形态，也吸引了大量的资本，出现了众多的创新企业。

目前，无人零售主要有 3 种技术流派：第一种是人工智能派，以 Amazon Go、阿里淘咖啡、简 24、Yi Tunnel 等为代表，主要采用机器视觉、深度学习算法、传感器融合技术、生物识别等技术；第二种是物联网派，主要采用 RFID 技术，代表企业有缤果盒子、EATBOX，由于 RFID 技术有成本和商品漏识等问题，不少使用 RFID 技术的无人零售技术都在陆续向人工智能方向转型；第三种是互联网派，以便利蜂、小 e 微店等为代表，主要利用二维码完成对商品的识别。下面以无人零售的“始祖”Amazon Go 为例展开说明。

亚马逊最早于 2016 年 12 月推出了测试版 Amazon Go，在经过反复测试与迭代后于 2018 年 1 月正式向公众开放，截至 2019 年年底，共开了 13 家 Amazon Go。在西雅图开的第一家正式 Amazon Go 占地约 167 平方米，店内主要出售即食早、中、晚餐，以及小食、酒水等。Amazon Go 店内有一个小厨房，厨师在小厨房内准备食品，酒水区有工作人员检查身份证（在美国年满 21 岁才能喝酒），在入口处有迎宾人员。

Amazon Go 的入口处如同地铁安检口，用户进入时需要打开亚马逊移动应用，登录后扫码进入，之后就不再需要使用手机了。用户可以在店内四处走动，可以选取想购买的商品，选好后如果犹豫了那么可以把商品放回去。当用户离开门店后，Amazon Go 店内的智能后台会自动计算需要支付的费用，并从用户的账户中扣除相应费用，同时将账单发送到用户的亚马逊应用中。如果有误扣的情况，那么用户可以申请退款。

亚马逊并没有对其无人超市技术做过多的说明，但是从 Amazon Go 店内流出的照片及亚马逊提交的专利申请文件来看，亚马逊通过多重技术来保障准确识别。首先，安装在 Amazon Go 店顶部密密麻麻的摄像头在用户进店后就能通过人脸识别对用户进行标识，同步建立用户的三维立体图像。摄像头通过识别用户拿起的商品图像来辨别商品，对于打包食品如三明治、沙拉等则通过连接在包装上的独特圆环来识别。此外，货架上还安装了红外感应器和压力感应器以判断用户是否从货架上拿走了商品，还用荷载传感器来判断用户是否放回了商品，店内的麦克风还能根据环境声音来判断消费者所处的位置，这些信息和具有图像识别能力的摄像头一起让识别变得更为精准。

1.5 新零售的本质

知名投资人、高瓴资本创始合伙人张磊在 2020 年出版的新书《价值》里对新零售做了很好的阐述。高瓴资本具有投资腾讯、京东、百丽国际等的一系列线上线下零售的成功投资经验，作为其创始人及 CEO（首席执行官），张磊的观点值得借鉴。

在《价值》这本书中，张磊从“前提”“关键”“结果”的逻辑链来分析新零售。

他认为，从“前提”角度看，零售企业所处的时代已经发生很大的变化，新一代年轻人的价值主张更加多元化、个性化和感性化，零售行业的底层逻辑不再是追求薄利多销的“流量经济”，而是关注个体差异化需求及全生命周期价值的“单客经济”。与此同时，伴随着个体消费者通过社交网络形成非常强大的交互，从而“聚沙成塔”，更好的消费体验会吸引更多的消费者，形成产业中的“头部效应”。

从“关键”角度看，零售的关键不仅在于商品，还在于体验，包括购买前、中、后的一系列体验，使消费者随时可触达、随时可决策、随时可终结。零售企业需要思考消费者的终身价值，好的商业模式能够从整个产业链来考虑，要求各个环节的生产者把提升消费者终身价值作为根本的行动指南。例如，在整体定位上，如何思考产品背后的精神实质，赋予生活更多仪式感，让消费者体会“更多”幸福感；在销售环节，如何从供应链的角度快速反馈、及时补货，丰富可触达的零售渠道和购买体验，可让消费者感觉“更快”；在推广环节，如何识别多样化的消费者，理解真正有量级的关键需求，不断推陈出新，花最少的时间做决策，让消费者感觉“更好”；最后，回到初始的研发设计环节，把消费者不需要的属性或设计去掉，降低成本、减少浪费，让消费者真正“更省”。这样的“多快好省”就是在遵循零售的本质，以消费者为中心。

从“结果”角度看，新零售的结果就是用数据把前端智能化，把后台中枢化，用后台的算法指导前端的场景，减少时间的错配、空间的错配和属性的错配。新零售的实现方式，就是用更加细分的场景满足不断变化的需求，好的消费场景是打造品牌的关键。在这种逻辑思维推动下，许多零售企业已经不把自己定义为零售商。例如，盒马鲜生把一个超级门店变成了线下购买的消费店和线上配送的前置仓，扮演着超市中心、餐饮中心、物流中心、体验中心及用户运营中心的多重角色。这其中，还有许多关于新零售的整体数字解决方案。因此，未来的零售不再是单一环节的物理交换，也不再靠规模驱动、功能驱动、供给驱动，而是靠个性驱动、服务驱动和需求驱动，价值链通过传感、数据和用户运营等技术平台融为一体，在消费者捕捉上化被动为主动，把科技元素、社交元素、文化元素和消费者体验结合起来，重塑多场景、全渠道、全链路的购物方式，把体验推向极致。实际上，实体零售的多维立体空间，创造了商家与消费者互动的无限可能。未来的消费者不局限于在哪儿沟通、买什么产品，零售的结果是一整套体验，从而帮助消费者实现“所想即所得”。

无论是阿里巴巴还是腾讯、高瓴，尽管这些巨头切入新的零售时代的方式不同、采取的操作手法也不同，但这些巨头对新零售的看法几乎是一致的，新零售的实现结果是消费者体验的不断提升、是个性化的消费者体验，新零售的实现方法是以数据为中心、是科技驱动。

新零售并没有改变零售的本质，数据驱动优化了企业内部的运作成本及供应链效率，使更低价且优质的商品成为可能；新技术与新模式的结合为用户提供了更多的选择，创造了更好的体验。传统零售企业面临的效率提升挑战，新零售企业同样要面对，在很多业态中，只有当新零售的效率高于传统零售时，新零售才有价值。

不管是传统零售还是新零售，用户数量、用户数量增长率、客频次、客单价、交易转化率、库存周转率、营业收入增长率、毛利率、净利率、销售费用率、管理费用率、人效、坪效等这些问题都需要回答。新零售能否做到在每个关键指标上都超越传统零售？如果做不到，再创新的新零售模式也无法穿透时间，只会昙花一现，就像“创业教父”俞敏洪所说的：一切以不以赚钱为目的的商业模式都是耍流氓。

从这个视角来审视超级物种的案例，永辉超市旗下的超级物种体验店定位高端超市、食材餐饮及基于永辉生活 App 的电商平台的新零售业态。超级物种的 1000 多个品种里不少品类孵化自永辉超市旗下的鲑鱼工坊、波龙工坊、盒牛工坊、麦子工坊、咏悦汇、生活厨房、健康生活有机馆、静候花开花艺馆，这些品类单听名字就洋溢着新零售的气息。以盒牛工坊为例，其依托永辉超市全球供应链资源经营进口牛肉，提供现切现煎服务，让消费者品尝到原汁原味的牛排。此外，超级物种还在管理上引入合伙人机制，以激发员工积极性。

自 2017 年 1 月 1 日首家超级物种开张以来，截至 2018 年三季度末，永辉超市一共开了 56 家超级物种。此外，永辉超市还孵化了另一个新零售物种——定位生鲜便利店的永辉生活，截至 2018 年三季度末，永辉超市共开了 400 家永辉生活。

看上去非常光鲜亮丽的超级物种和永辉生活却给永辉超市带来了巨额的亏损，永辉超市 2018 年第一季度净利润同比微涨仅 0.56%，第二季度净利润下滑 40.41%，第三季度净利润下滑 74.98%，其背后是超级物种、永辉生活这些新零售门店不断开张带来的销售费用与管理费用的剧增。

如果单看超级生物和永辉生活这两个新物种的表现，以这两家公司及永辉生活 App 为主业的永辉云创公司 2017 年亏损 2.67 亿元，2018 年前九个月亏损已增至 6.17 亿元。永辉超市作为 2010 年就上市的成熟公司，如何在核心超市业务的快速扩张和上市公司业绩之间寻找到合适的平衡点已经是驾轻就熟。但面对超级物种和永辉生活两个新零售业务不成熟的商业模式，永辉超市并不确定火候如何把握。

新零售的未来很美好，新零售的现实也很残酷，面对不断变化的时代，不升级既有的零售模式、不追逐用户的需求、不拥抱数据、不拥抱科技已经注定是一条没有未来的道路。在无数零售企业间残酷的竞争中，代表未来的新零售业态正在其中悄然生长，它们是今天的“新生儿”，它们也将是明天的零售巨头。

第 2 章

传统医药零售市场

阿里巴巴、腾讯、高瓴资本等巨头是新零售的超级引擎，它们向整个行业输出了新零售，阿里巴巴、腾讯、高瓴资本也各自在传统医药零售领域有较多的布局。其中，尤其以高瓴资本打造的高济医疗药店连锁平台为大，阿里巴巴和腾讯则各自在一些龙头连锁药店企业中有参股。巨头们不仅是和这些企业合作，更重要的是巨头们期待输出自己的理念以改造线下零售，进而升级至新的零售方式。要理解医药新零售，首先需要理解传统的医药零售模式。

2.1　我国医药零售行业所经历的历史阶段

中国医药零售行业历史久远，五大中药老字号已经成为中国传统文化的象征，包括诞生于 1669 年的北京同仁堂、诞生于 1874 年的杭州胡庆余堂、诞生于 1600 年的广东陈李济、诞生于 1649 年的方回春堂、诞生于 1650 年的湖南九芝堂。其中，最年轻的胡庆余堂是知名的“红顶商人”胡雪岩所开办的，早年胡庆余堂特制的“避瘟丹”“行军散”“八宝丹”广受欢迎，为胡雪岩赢得了“江南药王”的美誉。

我国医药零售市场真正开始现代化规模运作始于 2000 年前后，在如此短的时间里中国连锁药店走过了西方连锁药店几十年才走完的路程，成为中国医药产业链上影响力越来越大且最为市场化的一环。同时，医药零售行业也完成了从单体药店时代向连锁药店时代的转变，连锁药店的经营管理也完成了从粗放型管理到非理性化管理再到理性化、规范化、程序化和标准化管理的转变，连锁药店的经营规模和管理水平不断提高，市场集中度也不断提高。具体来讲，我国医药零售行业迄今经历了以下几个不同的发展阶段。

2.1.1　零售市场的史前时期

2000 年以前，药品零售主要集中在医院的药房，即 85%的份额在医院，零售药店的份额只占 15%，且零售药店大多数归属于各级医药商业公司，独立的药店少之又少。这期间整个医药零售行业呈现高利润率盈利模式，经销价差大、利润高，大多数产品都是相对的高毛利和低流量，药店依靠政策准入壁垒形成行业垄断获取利润，这个时期只要能开药店就能赚钱。

彼时，在药品流通领域中，我国长期实行药品专营，药品按照国家计划生产，统购统销，以上海、北京、天津、沈阳、广州五个一级站为主，然后调拨二级站、三级站，最后通过医院药房或零售药店到达患者手中。改革开放以后，这一逐级调拨供应体系被冲垮，代之以多渠道、少环节、多点购销、相互竞争的药品流通格局。这里既有工业自销、直销，又有商业经销、代理，并且有跨地区、跨层次收购供应，使药品经营由集中走向分散，但直到 20 世纪 90 年代中期，药品零售市场格局依然没有发生很大变化。

医院药房仍然扮演着药品销售终端的主角，零售药店的发展还没有引起足够的重视，零售药店的经营形式也没有太大的变化，仍然采用单店经营或独立药店的形式。究其原因是这段时期我国的医疗保障体制并未进行大的改革，基本沿用计划经济时期的公费医疗体制，而医保体制改革的滞后必然会减缓药品流通体制改革的深入进行，零售药店作为药品流通的最后一个环节，受到的影响最为明显。

此后，随着城镇职工医疗保险制度的实施，国家有关部门相继出台了一系列医改配套措施。其中，涉及药品流通领域的有《城镇职工基本医疗保险定点零售药店管理暂行办法》《城镇职工基本医疗保险用药范围管理暂行办法》《处方药与非处方药分类管理办法（试行）》等。根据这些规定，医疗制度改革全面启动后，国家将逐步推行医药分开核算、分别管理的政策。在逐步规范财政补助方式和调整医疗服务价格的基础上，医院门诊药房将逐步实现社会零售化，实现独立核算。

社会医药零售行业实行为城镇职工基本医疗保险参保人员提供处方外配服务的定点药店制度，从而改变了以往单纯由医疗机构提供医疗保险配药的局面，患者可以持处方在医院门诊药房购药，也可以在社会零售定点药店购药，这一举措给医药零售行业的发展带来了广阔前景。同时，药品实行分类管理后，乙类非处方药被允许在药店（药房）以外的特许场所销售，如特许的综合商场、超市等。

2.1.2 零售市场呈现萌芽发展的状态

在第十个五年计划期间，整个医药行业的各项指标大大超过了第十个五年计划。其间，药品市场连续高速增长，年均递增 19.2%，医药批发企业总数也由第十个五年计划初期的 1.6 万家精简重组至 2004 年年底的 7445 家，药店总数超过 20 万家，其中县及县以上药品零售企业 76295 家、县以下药品零售企业 94899 家。2005 年的药品零售额为 1762.5 亿元，我国的零售药店无论是在经营规模上还是在数量上都已经具有了一定的水平。

在零售产业蓬勃发展的同时，产业管理水平也在不断提升。2001 年，原国家药品监督管理局开始强制推行 GSP 认证，GSP 要求在药品流通过程中，针对计划采购、购进验收、储存、销售及售后服务等环节制定保证药品符合质量的标准。国家为此还给出了时间表，要求全国药品经营企业在 2004 年年底前分期、分批实施 GSP 认证，这进一步增强了药品经营企业的质量意识，淘汰了一批不合格企业，医药企业多、小、散、乱的局面有所改善。与此同时，连锁药店开始依靠大规模采购压低购进价格，以及凭借众多门店来收取广告位费用、陈列位费用、驻店促销管理费用等以增加营业外收入盈利，进销差价在经营利润中的比例开始减小。

2.1.3 平价大卖场催化市场升级

从 2004 年到 2006 年是平价大卖场主导的时代，我国零售药店商业化运作也真正开始于平价药店的横空出世和强势扩张。其实，早在 2003 年，平价大卖场业态便开始出现，但其规模还很小，到 2004 年此类业态的企业开始展示出巨大的潜力。

在 2004 年的“中国药店百强排行榜”上就有不少平价药店：山西万民排在第 46 位，

年销售额 1.187 亿元；北京德威治排在第 33 位，年销售额 1.57 亿元；西安怡康排在第 23 位，年销售额 2.2 亿元；江西开心人排在第 13 位，年销售额 4 亿元；湖南老百姓更是一鸣惊人，刚上榜便以年销售额 7.5 亿元位列全国药店第 3 位，仅次于辽宁成大方圆和重庆桐君阁。

而在 2005 年的“中国药店百强排行榜”中，平价大卖场型药店的优势更加明显，销售排名前 10 的企业里面有两家此类型企业，分别是湖南老百姓（第 1 位）与江西开心人（年销售额 8.652 亿元，第 6 位）。前 20 名中则有 4 家，除上述两家之外，还有湖南芝林（年销售额 4.52 亿元，第 15 位）、云南一心堂（年销售额 4 亿元，第 18 位）。前 30 位中更是有 6 家上榜，除湖南老百姓、江西开心人、湖南芝林、云南一心堂之外，还有山西万民（年销售额 2.912 亿元，第 24 位）、西安怡康（年销售额 2.8 亿元，第 25 位）。此外，北京德威治（年销售额 1.95 亿元，第 31 位）、湖南益丰（年销售额 1.82 亿元，第 36 位）、河南健康人（年销售额 1.8 亿元，第 38 位）、济南漱玉平民（年销售额 1.3395 亿元，第 46 位）等则跻身 50 强。

平价大卖场的横空出世给既有的市场造成了巨大的冲击，据当时的一些市场观察者反馈，某地有 160 多家药店，在当地平价大卖场开张后不到 3 个月的时间里，160 多家药店剩下的就不到 40 家了。医药零售市场以价格为主导的竞争态势，直到今天依然是市场的主要竞争模式。

从 2004 年到 2006 年的 3 年时间是平价大卖场时期，这个时期主要采取价格战和低毛利盈利模式，以药品超市的形式吸引大量客流，以平价为竞争利器、以大卖场药品的多样化大幅度提升客单价，以及利用多元化销售其他非药类产品、收取驻店促销管理费等各种非营业利润的方式，真正开始了连锁药店民营化进程，真正开始了洗牌及集中度的进一步提升。

此外，这个阶段也呈现出一定的百花齐放特色，许多连锁药店开始试点以调整品种结构为突破口开发自有品牌、试水多元化等举措，如北京金象力推的伤口处理专家、中药饮片等自有品牌产品，杭州武林、海王星辰推出药妆店，深圳一致药店试验“糖尿病高血压生活馆”，北京德威治试水平价健康大卖场，重庆和平 2004 年年底与法国百年品牌百莲凯联手进军美容业……在这个时期，部分零售连锁企业开始显露出向上游进军的心思，如湖南老百姓开始实施纵向一体化，进军上游的制药与物流领域。外资的加入也是其中一个比较值得关注的现象，2004 年 6 月美国高盛向海王星辰注资 4000 万美元就是其中比较典型的案例。

2.1.4　高毛利主导市场

从 2007 年到 2010 年，这期间最典型的模式是高毛利盈利模式，在上一个时期发展的尾期，平价大药房已经开始遇到各种挑战，最主要的问题是单纯依靠低价已经很难奏效。大多数药店经过了平价洗牌后，价格基本见底，盈利能力骤减，尤其是价格竞争导致吸客的品牌产品和普药基本没有利润，毛利低到甚至不够支付经营费用。连锁药店不约而同地开始尝试高毛利盈利模式，这一模式的特点是自营高毛利品种、自有品牌产品及贴牌品种。

高毛利品种能为药店带来更高的利润，通过倾斜销售及推广资源到高毛利品种，可促进高毛利产品的销售，进而能为药店带来可观的回报。在药店经营中，销售利润=客流量×（药品售价–药品进价），当客流量不变时，只有提升药品售价与药品进价的差额才能获取更高的销售利润，这也是药店主推高毛利品种背后的商业逻辑。

药店通过店铺陈列、店员的主动推送及围绕推送设计的一系列话术引导，来促进高毛利品种的销售。但高毛利主动推送也带来了一些问题，如店员的推销过于主动引起消费者的反感，推送的产品并不能更好地代表患者的利益等问题。

自有品牌产品或贴牌产品指的是大型零售门店以自身门店品牌为标志而销售的产品，这些产品大多数是委托生产企业直接生产的产品，并冠以零售企业的品牌作为产品质量的保证，其采购成本低廉，能为零售门店带来高毛利。贴牌产品运作通常需要连锁企业已经拥有强大的零售网络，并能充分利用销售网络快速消化产品，有效加快资金的运转，降低资金风险，同时还需要保证产品销售量足够大，来支撑委托加工对量的需求。

典型的案例如海王星辰，其于 2006 年 3 月与成都三勒浆药业、四川志远广和制药、四川明欣药业 3 家公司签订了 OEM 合作协议，主要贴牌生产含片、冲剂类中成药。同时，海王星辰狠抓销售过程，在对店员的培训过程中主推贴牌商品，海王星辰内部称这类商品为 P 商品，海王星辰将 P 商品放在店铺内陈列最好的位置，还通过销售奖励政策来鼓励店员推广 P 商品。

这一时期，医药零售企业进行了一系列的多元化探索以提升盈利水平，如上海第一医药商店的自动化药房、北京开心人大药房的无店铺经营、京卫大药房的网上药店、舒普玛药妆店的药妆等。

随着竞争环境的变化，主推高毛利盈利模式也在逐步衰退，其主要原因是国家基本药物制度的推行和新医改方案的实施，高毛利产品受到国家限价政策的约束，同时还受到社区卫生中心零差率价格竞争。此外，高毛利产品很容易损害消费者利益，容易引起消费者反感，过度推荐也会引起店员反感和信心丧失，从而降低消费者对药店的忠诚度。

2.1.5 多元化、专业化、连锁化发展

2010 年以后，中国医药零售发展呈现越来越清晰的多元化、专业化及连锁化趋势，多元化与专业化是两个看似矛盾实则相互融合的概念，但是这里的多元化是指药店产品的多元化、经营品种的多样化，专业化则是指药店经营能力的专业性。

随着场地租金的逐年增加、员工成本的增加，药品需求的刚性和一些药品的国家限价，以及社区卫生中心零差率价格对药店的冲击，药店越来越注重非药品、大健康类产品及大健康类服务等带来的销售利润。典型的多元化产品有健康、美妆、养生、营养、保健、运动等。据统计，2010 年零售药店药品销售额为 1408 亿元，非药品销售额为 419 亿元。其中，药品销售同比增长 10%，非药品销售同比增长 12.5%。

2010 年以后，由于部分城市严格控制医保定点药店非药品品类的刷卡消费行为，以及药妆品牌的淡出，非药品品类的份额稳中有降。2010 年以后大体维持在 20%左右的水平，2014 年以后由于奶粉经营带动食品品类，非药品品类的发展不断提速。

非药品品类中的药妆一直很受关注，许多药店里能看到薇姿、雅漾、理肤泉等药妆品牌的销售，许多走药妆多元化发展道路的连锁药店华丽开场但黯然退场。其原因有很多，消费者没有形成到药妆店购买商品的习惯，药店的美容师店员不够专业、年龄形象不佳等问题也会影响产品销量，尤其是缺乏过关的化妆品零售技巧。

做药妆最成功的是日本，许多去日本旅游的女士都会去药妆店采购各类商品带回国，日本的药妆店从专业药店向药妆店转型历经了 40 多年，如今已经成长为非常富有生命力和成长性的业态。

在我国，一般 100 平方米的药店，品种在 2000～3000 种，货架空置率高，一种商品放一层的情况很常见，利用率低。而日本的药妆店面积在 200 平方米左右，品种在 15000～20000 种，陈列密度很大，并且巧妙利用楼梯、过道等最大限度陈列商品。日本的多元化药店平均毛利率高达 45%以上，通过 70%的即时性消费（多元化产品）拉动客流量，增加客单价，提升巩固 30%的药品销售。

目前，在日本连锁药店内的商品销售额中，医药品占 30.2%，化妆品占 29.7%，日用杂品占 24.6%，其他类占 15.5%。也就是说，虽然称之为“药店”，但实际上其药品销售已不占主导地位。

国内转型多元化药店成功的案例也有，如前身为广东大药房的屈臣氏，但是转型后的屈臣氏药品所占的比例已经小到不再被认为是一家药店。有意思的是，近年来屈臣氏又开始进入医药零售行业，2017 年屈臣氏曾尝试在一些店内以“店中店”的形式拓展药房业务，2018 年 12 月屈臣氏又在广东佛山禅城开了其旗下内地首家屈臣氏药店。中国零售药店转型药妆店的征程并非一帆风顺，但从国外零售药店的发展来看，药妆店绝对是未来药店转型的一个方向，当然也不是唯一的方向。

同时，药店的专业化特征也越来越清晰，现代商业存在的基础就是专业分工，消费者去药店买药，除了期待品种全，最期待的就是药店的店员能够提供专业的用药咨询，哪怕是简单的感冒，消费者也期待店员能够对症、对人推荐，如咽喉部发炎引起的感冒该用什么药，头疼发热的感冒该用什么药，小孩感冒该如何用药。药店店员如果能提供专业而令消费者信服的建议，消费者一定会毫不犹豫地买单，客单价自然会上升，专业的店员是消费者利益与零售药店利益最大化的催化剂。

另外，药店提供的服务也开始专业化。许多药店不仅卖药，还提供各种延伸的疾病管理服务，特别是对“三高”（高血压、高血脂、高血糖）疾病患者，药店通过建立慢性病管理中心，追踪管理患者的服药依从性、“三高”疾病指标监测、生活形态监测，并且为患者提供药物/健康知识，制订个性化的健康自我管理计划。通过后续的干预与追踪，如电话回访、定制短信、疗效评估、生活质量评估及依从性奖励计划等综合手段来帮助患者提高依从性，依从性的提高自然带来销量的提升，同时实现了患者利益与药店利益的最大化。

药店连锁化的趋势在过去几年里越来越明显，2007 年全国只有 1853 家医药零售连锁企业，总门店数 12.1 万家，到 2019 年全国已有 6701 家医药零售连锁企业，总门店数 52.4

万家。医药零售连锁企业覆盖门店数占总的药店门店数的百分比也由 2007 年的 35.10%上升到 2019 年的 55.34%，如图 2.1 所示。

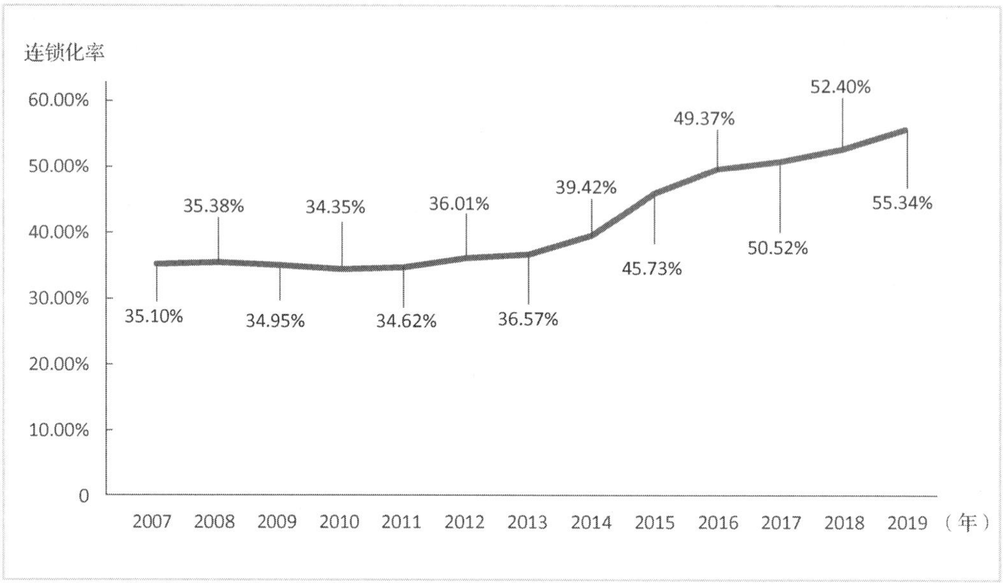

图 2.1 中国医药零售连锁化率趋势（2007—2019 年）

与此对应，根据 IQVIA 数据，截至 2019 年 7 月 1 日，美国共有药店门店 88181 家，其中连锁门店 48196 家，独立门店 39985 家，美国药店连锁化率达 54.66%，单就连锁化率来看，中国药店的连锁化率已经超过美国。不过根据 Statista 数据，2019 年美国十强连锁占据的市场份额是 73.5%，而根据中康资讯数据，2019 年中国百强连锁加起来占据的市场份额也只有 40.9%，显然美国医药市场的集中程度更高。

当然，中国市场有其独特性，未必美国医药零售市场现在的规律就是中国医药零售市场发展的方向。不过从行业趋势来看，连锁企业做大做强、持续扩张仍然是我国当前市场的主旋律，《全国药品流通行业发展规划（2016—2020）》等政策文件也持续鼓励推动行业集中度和药店连锁化率进一步提高。至少在第十四个五年（2021—2025 年）规划里，我国医药零售市场仍然会以做大、做强为主旋律。

值得指出的是，与我国医药连锁巨头普遍以卖药为主不同，美国的医药连锁巨头不仅卖药，更提供非常丰富的疾病解决方案及延展开的许多服务，如 CVS 的分钟诊所、沃博联的输液服务中心等，这也将是我国医药新零售演化的一种方向。另外，从药店数量角度来看，我国平均约 2500 人拥有一家药店，美国市场平均约 4000 人拥有一家药店，我国药店的密集度已经相当高。尽管不少地方出台了一条街道几百米范围内只能有一家药店的规定，但是从实际结果来看人均药店数还是相当高的，这也导致了我国医药零售市场竞争异常激烈。

目前，中国医药零售市场已经成长为仅次于医院市场的第二大医药销售市场。根据中康资讯数据，到 2019 年我国医药零售市场总销售额达 4008 亿元，占全国医药销售总额的 22.3%，增速为 4.3%。和美国医药零售市场占美国医药销售总额超过 80%的市场相比，我国医药零售市场还存在巨大的发展空间。在国家医、药分家政策的推动下，医药零售市场将迎来前所未有的发展机遇。根据中康资讯数据，2008—2019 年我国药品零售市场销售额及增长率情况，如图 2.2 所示。

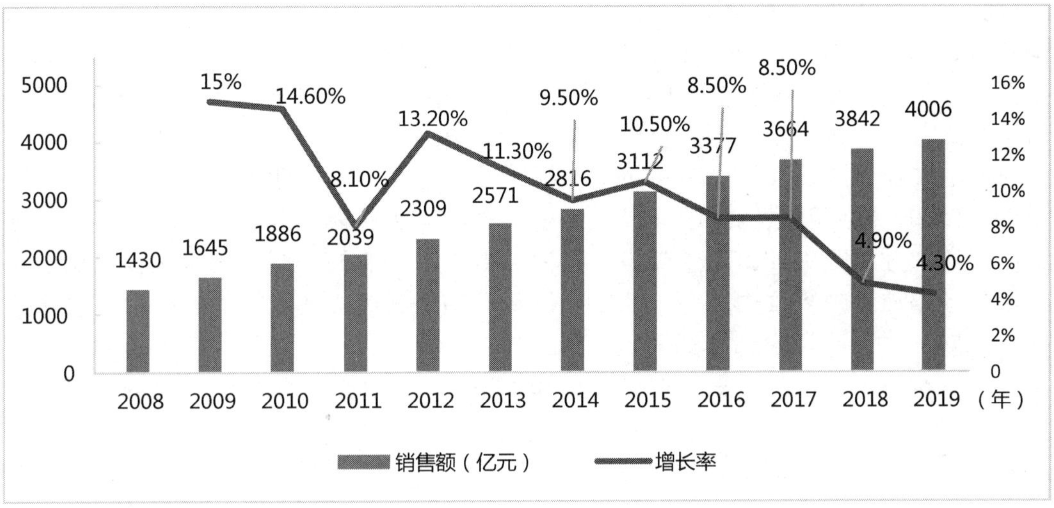

图 2.2　2008—2019 年我国药品零售市场销售额及增长率

我国药店主要经营各类化学药物、中成药、医疗器械、中药饮片、保健品等。从总体来看，化学药物是药店销售的主要品种，约占药品零售市场销售额的 38.3%；中成药紧随其后，约占 34.2%；其他（包括医疗器械、保健品等）约占 27.5%。从是否需要医生处方角度来看，处方药和非处方药几乎平分秋色，但处方药对销售增量的贡献更大。从疾病角度来看，占据零售市场的依次是心脏病治疗用药、咳嗽和感冒用药、抗肿瘤药、抗酸及抗溃疡病用药、抗炎药和抗风湿药等。

2.1.6　医药新零售时代

在 2016 年云栖大会马云发表新零售的观点之前，医药零售行业就已经感受到新时代的冲击，在整个行业中开始孕育冲击医药零售行业的力量。这股力量开始于 2011 年启航的移动医疗，那时整个医药行业感觉到了来自新科技力量的冲击，医药零售行业也不例外。虽然互联网及移动医疗在那时对零售药店业务的实际影响还没有出现，但药店经营者已经感受到行业“起风”了。

2014 年 5 月，原国家食品药品监督管理总局发布的《互联网食品药品经营监督管理办法（征求意见稿）》首次提到允许网络销售非处方药后，一下激起了整个产业的极大热情，B2C 医药电商趁势开始蓬勃发展，这对传统医药零售行业产生了越来越直接的冲击。

紧随其后的医药 O2O 浪潮应该说更像传统医药零售的合作伙伴，它们将用户的需求通过 O2O 的方式转接到通过药店来配送，给药店带来了新的流量。虽然早期从事医药 O2O 的公司差不多都倒闭了，然而这个模式通过美团、饿了么、京东到家等巨头取得了成功，而今俨然成为医药电商领域一股不可忽视的力量。

尽管《互联网食品药品经营监督管理办法（征求意见稿）》并没有最终落地，但医药电商行业正式进入了高速发展期，从 2014 年到 2019 年每年的增速都在 50%以上，到 2019 年整个医药电商产业的总销售额已经超过 1000 亿元，用户的线上购药行为正在逐步养成，特别是 2020 年的新冠肺炎疫情更加速了这个进程。传统医药零售企业在早期更多是站在医药电商的对立面，通过各种方式来阻挠网络销售处方药政策的落地，不过如今的线下医药零售企业特别是行业龙头企业再也没有不“触电”的了。

在这个进程中，还有不少新科技、新模式的力量在推动行业的转型，并产生了较大的影响。例如，随着互联网医院而发展起来的“药诊店”模式，患者在药店就可以远程向医生问诊，并由医生开出电子处方；再如随着人工智能的兴起，越来越多的连锁药店企业总部开始通过视频远程巡店，通过内嵌疾病知识图谱的智能机器人给用户提供药事服务；又如，“药+险”模式逐步兴起，不少药店通过和保险公司合作拥有了来自保险的流量。而这背后则是用户对更加便捷、更加人性化、更加个性化的就医体验、用药体验的持续渴求。

看到了传统零售药店模式的落后，也看到了零售药店市场中因为落后而蕴藏的提升机会，不少资本如基石资本、高瓴资本等纷纷入局，短短几年之内它们就通过大量的资本打造出横跨全国的超级连锁药店。大资本的入局也带动了更多资本力量的入局，如各类基金公司、工业企业、互联网公司等纷纷开启了或收购或入股连锁药店的进程。这些带着不同基因的力量进入连锁药店市场后，又进一步加剧了连锁药店市场的变革。例如，依托高瓴资本的高济药店大规模招揽高科技人才，通过高科技赋能来重塑药店体系；腾讯入股老百姓大药房，联合共同探索医药零售的数字化转型模式。面临新的时代，连锁药店企业升级转型的压力与动力就在眼前。

总体来讲，面向未来转型的医药新零售有以下几个特征。

（1）从业态上看，在药店内开设疾病检测与筛查中心，更多的专业设备和更多的检测项目将可以通过连锁药店来为患者提供服务。这些服务中的不少项目以往只能在医院里面才能进行检测，这既得益于医疗器械技术的进步，使平价优质的医疗器械得以入驻药店，又得益于人工智能等信息化技术的进步，能够基于医疗器械获取的数据给出筛查结果评估和建议。

再者，雾化服务、输液服务、疫苗注射等轻度的医疗服务将成为药店服务的一部分业务，老年人的健康照顾、情感支持也很有可能成为药店的一部分业务，同时有条件的药店还会与诊所合作，提供常见病与慢性病的诊断与治疗等服务。

此外，专业型的药店也将逐渐普及，如聚焦新特药的新特药店、聚焦慢性病的慢性病药店、糖尿病专病药店等。同时，与消费者其他生活场景相结合，零售药店能够为特定消费群体提供更具有针对性的商品，如药妆、皮肤护理、眼部护理等。药店还将与大卖场、社区门诊及专科医院等场景相结合，构建与特定场景相适应的门店类型。

（2）全渠道营销将成为主流营销模式，客户与药店的触点变得越发多元化，B2C 电商平台、O2O 购药、药店小程序官方商城、微信群、超市里的店中店、处处可见的触摸屏、电视、电话等，全渠道营销将所有的触点无缝地衔接起来，给用户营造顺畅的体验。同时，全渠道营销也将驱动药店供应链的变革，如何让信息实时、准确地流动起来，如何让配送速度进一步提升，这些内容成为供应链变革的核心，药店门店不仅是线下门店，还将成为连锁药店的前置仓，成为用户就近配送的仓库。

（3）从用户体验设计上看，首先在药店的设计风格方面，现代、时尚、温暖、有格调、有特点的装修风格逐渐取代千篇一律的陈列式风格药店，文化元素将更多地融入药店设计中，为用户营造更好的体验、更好的购药环境；药店将提供越来越个性化的针对用户具体疾病情况的服务，根据用户大数据，药店首先能够按照特定疾病为用户提供全生命周期的健康管理服务，随着个性化服务的进一步深入，药店还能够基于用户的收入、偏好、医保情况等提供更为细致和个性化的服务；社交元素将成为药店服务的一部分，社交分享、患友连接、医患连接、与大众的连接等都将通过药店载体来展开。

（4）从中台、后台来看，人工智能、大数据、云计算等先进技术将被广泛地运用到医药连锁企业的数字化建设中，依托会员管理平台深度洞察用户需求，基于人工智能技术为用户个性化服务提供基础，通过与外部大数据平台的对接获取更多维度数据以转化成进一步的洞察；人工智能技术将深刻提升连锁企业的运营管理，通过人机结合的方式提升整体的运营效率，让管理变得更加可视化，同时人工智能将取代部分简单、重复的工作，如仓库管理、搬运等。

2.2　我国当下的主要医药零售业态

零售业态指的是基于零售药店主要经营要素，如店铺位置、店铺规模、店铺形态、商品结构、价格政策、销售方式、销售服务等，在其具体经营过程中的组合方式、结构有较大差异而呈现出的不同经营风格与经营形态，典型形态如健康城、中医馆/国医馆、药妆店等业态。大约在 2000 年，平价药房开始冲击传统的中国医药零售经营模式，自此零售市场业态呈现百花齐放的发展态势，除了以销售药品为主的标准药店，还延伸出药诊店、DTP 药房、专科药店、社区便利药店、智慧化药房、药妆店等多种业态。以下对其中几种业态进行详细介绍。

1）标准药店

标准药店是以销售药品为主的药店，通常毗邻社区或商圈，商品结构以药品为主，处方药、非处方药齐全，主要目标客户是有疾病治疗需求的人群，药店配备专业执业药师为用户解决与药事服务相关的问题。标准药店的核心竞争力主要在于药品齐全、高水平的药学服务，但是在当前市场竞争环境下药店密集度太高、店间竞争太过激烈，药品价格也成为重要竞争因素之一，拥有更多门店的大中型连锁企业在竞争中拥有较为明显的优势。

大中型连锁企业通过规模化采购，可以同厂家针对价格直接进行谈判，以及利用厂家提供的服务与营销活动支持等使连锁企业更具竞争力。此外，很多药店都提供免费测量血压、测量微量元素、替顾客煎熬中药等服务以吸引用户。标准药店是我国目前医药零售市场主要的经营业态，根据店面大小又分为中小店、大店和旗舰店等，规模较大的连锁药店的大店和旗舰店的经营业态往往为多种业态的复合体，除了标准药店的功能，还常配有慢性病管理区、中医馆区等。

2）药诊店

药诊店，顾名思义，就是药店+诊所，在药店旁边另设具有医疗机构资质的诊所，有执业医师在诊所坐诊，为药店的顾客提供常见疾病的诊断与治疗服务，如果顾客有进一步的用药需求可以直接在与诊所相邻的药店购买。诊所为药店带来了客流，也为进一步满足药店顾客的医疗服务需求提供了解决方案，有助于顾客形成黏性及进一步复购。并且，医疗服务相对于医药零售毛利率更高，运作得当可以拉动连锁药店的整体毛利率。药店为诊所提供了用药解决方案，医生可以专注于疾病的诊断与治疗，提高工作效率。

典型案例如山西仁和大药房旗下近 200 家门店几乎每家都对应有关联的诊所。但是，诊所与药店相比，其运营需要拥有较高的资质，投入成本也相对较高，难以聘用到合格的执业药师，同时运营药店和运营诊所是两种不同的业务，对公司管理也提出了更高的要求，这一系列问题导致药诊店的拓展并未得到广泛普及。

平安集团也曾在药诊店领域重兵布局，其旗下的平安万家通过服务输出与质量管控的方式与连锁药店合作——在药店旁边开诊所。但是，在实际运营的过程中，平安万家并没有找到合适的商业模式，后续被平安集团另外一家子公司平安好医生收购。

此外，随着“互联网+医疗”的不断推进，很多互联网公司针对药店提供远程医疗服务，用户可以在药店里通过互联网获得远程医生提供的疾病诊断、治疗方案建议及处方用药等服务，典型案例如微医的药诊店。在这种模式下，与微医合作的药店在药店里开设专门的区域，该区域设置了可以上网的计算机、摄像头等，药店除了能为患者提供线上远程医疗服务，还可以通过微医平台获得线上客户到药店购药的流量转化。规模大点的连锁企业通常偏好构建自己的线上医疗服务，特别是旗下拥有医院的连锁企业更偏向通过互联网将自己的医疗服务输出到药店。

3）中医馆/国医馆

国医馆与中医馆在实质上没有太大差异，但是通常国医馆的档次、规模要比中医馆高，有些中医馆/国医馆属于独立运营，和连锁药店没有关系，如顺和堂中医馆、圣爱中医馆、康美中医馆。大多数中医馆/国医馆都是药店开设的下属中医馆/国医馆，只是有些独立运营，有些归为药店管理。

从医疗属性上看，中医馆/国医馆和药诊店并没有本质区别，只是一个以中医为主，一个以西医为主，但中医和西医本身从治疗定位及国家政策监管角度就不太一样，从而使两种业态从经营角度看又有很大区别。

比较常见的中医馆形态就是在药店里配有坐堂中医，解决顾客就近诊病及销售中药饮片、中成药的需求。功能更为齐全的国医馆常以膏方、药膳等闻名，提供参茸保健、正脊、养生食疗、理疗 SPA、针灸、艾灸、中医按摩推拿等不同的延展健康服务。综合性国医馆除没有病床不接待住院患者之外，与中医院非常类似。

4）DTP 药房

DTP 药房即 Direct to Patient 药房，是采用药房直接获得制药企业产品经销权，患者在医院获得处方后从药房直接购买药品并获得专业指导与服务的模式。DTP 药房以销售专业新特药、自费药为主，如抗肿瘤用药、肝病用药、自身免疫疾病用药等，DTP 药房为满足特定慢性病患者等人群的长期用药需求提供服务，主要提供药学专业服务和配送服务。

因为其经营性质，DTP 药房销售的药品单价较高，有相对稳定的处方来源及后续的复购客群，所以 DTP 药房的收入比普通药房要高很多。例如，北京医保全新大药房有些单店的年均收入超过 1.5 亿元，国大药房 DTP 门店单店年均收入超过 3000 万元，康德乐的 DTP 药房单店年均收入超过 2000 万元。

目前，国内 DTP 药房做得比较好的有上海医药、国大药房、康德乐（已被上海医药收购）、老百姓大药房等。除了老牌的医药连锁企业，很多新兴互联网公司也开始涉入此领域，如从事肿瘤大数据的公司零氪就选择成立邻客智慧药房为肿瘤患者提供 DTP 药房服务，但是科技公司运作的此类药房往往也具有较浓厚的科技色彩，如互联网医院的接入、人工智能服务机器人等，因此也可以将其定义为智慧药房。不同业态间的交叉融合是当今药房业态发展的一大特色。

此外，有些医药企业倡导 MTM（药物治疗管理）概念，由专业药学人士利用专业的知识体系来保证患者的用药安全，其实质和 DTP 药房类似，但是弱化了药店和制药企业供应链对接的部分及处方引导的部分。在医药分家、处方外流的趋势下，DTP 药房越来越受到零售药店及厂家的青睐，近几年呈现爆发式发展的态势。

5）专科药店

专科药店是聚焦某个特定疾病领域的药店，如糖尿病专科药店、心脑血管专科药店、肝胆病专科药店等，此类药店治疗某类疾病的药品齐全，且通常配备了该类疾病的保健/治疗用保健品、食品、外用药、医药器械等。专科药店通常还配备经验丰富的专业药师，能为顾客提供对应疾病领域专业的服务。

例如，拜廷公司主导设立拜廷糖尿病专业药房，该公司帮助连锁药店建立糖尿病专业药店，输出糖尿病管理理念及管理体系，提供培训、资源对接等综合服务。迄今，很多连锁药店通过这种方式开设了糖尿病专业药房。

有些药店选择“糖尿病管理角”的合作方式，在不影响既有门店运作模式的前提下，单独开辟出一块区域提供与治疗糖尿病有关的商品，并配备专业人员为患者提供专业指导。专科药店与 DTP 药房在为患者提供服务方面非常类似，但是和 MTM 一样弱化了药店与制药企业供应链的对接，弱化了处方导流及厂家的参与。

6）社区便利药店

社区便利药店是离社区最近的便利超市，可以卖药。2018 年 10 月，北京市多部门联合发布的《关于进一步促进便利店发展的若干措施》，引发了医药零售行业的普遍关注。该措施中提到，“连锁便利店可按有关标准申请零售经营乙类非处方药，申请二类医疗器械经营备案的可由企业总部统一配备质量管理人员”。

事实上，北京不是“第一个吃螃蟹”的。早在 2015 年，福建省就推出了类似政策，允许连锁便利店设置便民药柜；2016 年，沈阳市也正式允许便利店或以特许方式经营非药品的企业申请销售乙类非处方药。社区便利药店从严格意义上讲是便利店，不是药店，其主营商品以人们日常用品居多，但因为客观上物理位置距离居民近，通过提供安全性相对较高的乙类非处方药为居民提供便利，同时便利店也能扩大收入来源。

国际市场，如日本知名连锁便利店全家（Family Mart），早在2012年就通过和连锁药店企业合作打造便利店与药店融合的业态，在位于东京都千代田区的第一家融合店336平方米的空间里配备了5000多个品种，其中有500多个药品，全家还根据日本法律配备了可以销售药品的药师，并要求药师24小时驻店。

7）智慧化药房

随着互联网、大数据、人工智能等新零售技术的应用和逐步推广，药店越来越多地引进各类新技术，提升药店用户体验、改善运营效率。例如，在药店里放置药事服务机器人，旨在替代店员为消费者提供服务；在药店安装智能摄像头数字化客流以改善店内布局陈列，为用户精准画像……

前面提到的支付宝“未来药店”是更全面的规划与应用，不管是从门店的用户体验设计还是从智慧化场景的设计与场景数量上看，“未来药店”的智慧化程度要高得多。此外，还有腾讯和大参林联手打造的微信支付智慧药店也是类似的案例。在智慧药店里，用户可以使用小程序完成会员卡注册，建立个人档案，还可以在药店场景里体验扫码购（顾客可以边扫边买，无须排队结账）、智能收银（人脸识别，刷脸买药）、中药在线订购（线上商城购药，药品快递上门）、自助售药机等高科技。知名医药电商公司健客网所开的互联网零售药店等也是此类例子。

8）店中店/店中柜

店中店/店中柜是把药店开进大型超市、卖场或购物中心。

店中店的性质与普通药店区别并不大，就像在超市里开的麦当劳，其实质还是麦当劳。而今的大型超市为了吸引顾客，同时为了扩大收入来源，常在超市出入口预留不少门店的位置并出租给其他商家，如茶叶、烟酒、服装、理发、快餐等，与超市既有品种形成互补。

超市或购物中心店中店可以利用客流量大的优势，但这些店不如毗邻的社区店离居民近。因此，很多店中店在品类的选择上往往不以居民常用药为主，而以保健品、参茸补品、化妆品等利润空间较高的非药品为主。国内目前的店中店多以专业连锁药店经营者从超市、购物中心等租赁场地经营为主，国外的大型超市沃尔玛则以自营药店为主。

店中柜则有点类似便利药店，在便利店里加设销售药品的柜台，如在上海火车站的便利店里就有超市和上海某药店合作的药品柜台，为旅途中的顾客提供常用药购买服务。知名保健品及美容品连锁机构屈臣氏在2015年左右就开始尝试在店内开设药品专柜，2017年更试点直接开始经营屈臣氏药店。

9）药妆店

我国对药妆没有严格的定义，大致指的是具有功效性的化妆品，如祛痘、祛斑、修复胶原、延缓衰老等介于药品与化妆品之间的产品。在日本，药妆店特别流行，去日本旅游时很多人都会去药妆店采购。日本药妆店的品类特别丰富，从化妆品、药妆品、营养保健品、日常用品、零食到常用药品等一应俱全，其中很多爆品如某些品牌的眼贴、眼药水非常受欢迎。

我国药妆店所售产品的品类比较单一，主要有非处方药、营养保健品及药妆品、化妆品等。很多以药品为主的药店加设化妆品柜台也常被称为药妆店。在国内开设的典型药妆店如鸥美药妆和贵州舒普玛，前者的主要特色是在店内销售一些独家代理的国外化妆品，以赚取高额利润，后者由知名连锁药店贵州一树与荷兰 GRI 集团联手打造。

药妆店模式一度非常火热，不过由于药妆品牌不足、经营不景气等多方面原因，许多药店都退出了化妆品等产品的销售行列。随着新零售时代的来临，不少药店再次开始尝试药妆店。典型案例如上海知名的万芸健康药房开始大规模销售各类化妆品、日用品等。

2020 年 11 月，一心堂在海口市开出了其旗下首家药妆店，这家药妆店的药妆种类齐全，覆盖护肤、护发、彩妆、药品、保健品、中药养生品类及各种健康食品。一心堂药妆店的店内设有韩国化妆品专区、国产化妆品专区、口腔护理专区、中药养生区、9 块 9 特价专区、彩妆体验区、皮肤检测区、身高/体重测量区、休息区、健康管理中心等。消费者可以在店内享受全新的彩妆体验、皮肤检测、身高/体重测量、血糖/血压检测，并能参与学习化妆技巧，听取预防、保健、养生等知识。一心堂药妆店与普通药妆店最大的不同主要体现在品类和商品结构的扩面和调整上，如升级化妆品品类、重点打造中药品类。此外，该店还增加了许多新功能区，如皮肤检测区、彩妆体验区及健康小屋等。

10）健康管理中心

健康管理中心是近年来兴起的新业态，通过设置在药店旁边的健康管理中心为顾客提供健康监测、报告解读、医疗咨询、会诊转诊、用药及康复方案建议等。健康管理中心的主要特色是具有丰富的健康监测项目及进一步的医疗服务资源。有些健康管理中心还引入保险服务，为药店用户提供疾病预防保障。

与药诊店相比，健康管理中心偏向于未病或疾病筛查。陕西怡康旗下的怡适康健康管理中心就是此类案例，其健康管理中心内除有和平安万家合作的诊所之外，还设置了大量的健康检测区域，为怡康药店的会员提供检测与体检报告解读服务等。

11）健康城

健康城的业态有药品超市、健康大卖场、医药城等，其特点是多个业态的复合体，健康城经营面积大，通常为 800～1500 平方米，甚至还同时占据若干个楼面。根据经营品类划分出不同的经营区域，处方药、非处方药、保健品、中药滋补品、医疗器械、各种个人护理品等一应俱全，SKU 通常在 8000～12000 种之间。

此外，很多健康城还开设中医馆/国医馆，内有名老中医定期坐诊。更大的健康城还开设西医门诊、口腔门诊、理疗室等，兼具平价医药超市和药诊店的特色。例如，知名老字号榆林广济堂旗下的千巨健康医药城占地面积约 3000 平方米，一楼设各类药品零售区、母婴专柜、儿童娱乐区，二楼设输液门诊、理疗室、国医堂、名贵中药材区、医疗器械区，三楼设慢性病专柜等。

第一医药连锁药店在南京东路步行街头上的第一医药商店，其面积非常大，一共有四层楼，一层是药品、保健品，二层是化妆品，三层是医疗器械，四层是日用品超市及血压、血糖检测站等。

中国医药物资协会曾对其成员为连锁药店的经营业态做过调研。调研结果显示：拥有 100 家以上门店的连锁药店平均拥有 5 个业态；100 家以下门店的连锁药店平均拥有 3 个业态。这说明连锁药店的规模越大，进行多业态探索的力度就越大。另一项调研结果表明：主要在一二线城市进行扩张的连锁药店，与主要在三四线城市进行扩张的连锁药店相比，在业态的选择上没有数量上的显著差别。这说明不同地区的连锁药店在多业态经营上并没有明显的地域差别，大城市、省会城市在业态种类上比较丰富，但总体上差别不大。

此外，调研结果也显示，网上药店和“中医项目+药店”最受欢迎，前者与“互联网+”的政策和医药流通领域普遍推广应用互联网技术有关，后者与中医药服务大众和成为健康中国战略重要组成部分有很大关系——中医技术和中药品类同药店低成本结合运作，是大多数药店较容易做的选择。

中医馆/国医馆作为医疗赋能药店背景下逐步成型的引领业态，相对来说投入大、风险大，但是它强化了药店专业性、权威性及容易获取医院患者等方面的特性，成为一些有实力的连锁药店向专业化转型的最好选择。DTP 药房、专科药房、药诊店等也被连锁药店看好。但是，这需要具备一定的经营条件，目前来讲如何规模化扩张的问题尚未得到有效解决。

2.3 解码四大上市公司

中国医药零售市场大致分为大中型连锁企业（100 强）、中小型连锁企业（100～1000 强）、微型连锁企业和单体药店（1000 强以外），其中大中型连锁企业拥有的门店数基本都超过百家，很多是全国龙头性连锁企业，如老百姓、一心堂、大参林、益丰 4 家上市药店连锁企业（以下简称“四大上市公司”，另外两家上市公司第一医药、健之佳规模相对较小，不做详细说明），上市公司以外的国大药房、高济药房等在全国也有很大的影响力。

100 强以外的连锁企业如山东漱玉平民、河北唐人、榆林广济堂等都有自己的经营特色，在所在区域都颇有影响力。微型连锁企业和单体药店虽然单个影响力都不大，但汇总在一起也有 20 多万家门店，同样是行业不可忽视的力量。

要了解传统医药零售市场现状，从了解老百姓、一心堂、大参林、益丰四大上市公司开始是最合适的切入口，它们代表了医药零售行业最为先进的力量，同时年报（年度财务报表）数据里透露的丰富数据也可以帮助我们更好地理解业务背后的商业本质。

2.3.1 上市公司战略逻辑：跑马圈地

2018 年是行业从快速扩张向放缓过渡的一年，我们通过分析这一年四大上市公司前三季度财报（即财务报表）能够更好地理解 4 家企业的实力，如表 2.1 所示。其中，老百姓的营业收入第一次超过其他三大上市公司，以 2018 年 1—9 月 67.72 亿元的总收入超过名列榜单第一名多年的一心堂（66.19 亿元）。

接下来，我们从财务角度分析四大上市公司的表现。从财报上看，在营业收入方面老百姓以 67.72 亿元排名第一，营业收入同期增长率益丰以 36.46%排名第一，净利润一心堂以 4.19 亿元继续领先，净利润同期增长率益丰以 40.23%遥遥领先。竞争促进发展，这也许是来自湖南的老百姓和益丰表现如此出色的原因。

表 2.1　四大上市公司 2018 年前三季度财报

公 司 名 称	营业收入（亿元）	营业收入同期增长率（%）	净利润（亿元）	净利润同期增长率（%）
老百姓	67.72	28.77	3.24	18.33
一心堂	66.19	18.15	4.19	32.46
大参林	63.00	18.86	4.14	12.90
益丰	46.66	36.46	3.09	40.23

虽然老百姓的营业收入亮眼，但是归属上市公司股东的净利润指标与其他三大上市公司相比表现一般，这与老百姓的主营业务结构有关。一心堂、大参林、益丰三大上市公司的主营业务是医药零售，老百姓的主营业务包含医药零售、医药制造和医药批发等，表 2.2 展示了老百姓主营业务的构成情况。在老百姓的主营业务中，医药批发的营业成本非常高，占医药批发收入的 90.36%，如果这项业务收入置换成同样规模的医药零售收入，营业成本会下降近 2 亿元，这样净利润就增加了。一心堂虽然也有医药批发业务，但是其收入占整体营业收入的比例非常小，如果单论医药零售板块的收入，一心堂仍然是四大上市公司中的老大。

表 2.2　老百姓主营业务的营业收入、营业成本、毛利率

主 营 业 务	营业收入（亿元）	营业成本（亿元）	毛利率（%）
医药零售	60.04	36.85	38.62
医药制造	0.29	0.22	24.14
医药批发	6.85	6.19	9.64
其他	0.54	0.37	31.48

益丰在净利润的表现上非常出色，与 2017 年同期相比增长高达 40.23%。仔细分析财报就可以知道，从 2018 年 9 月 1 日起，益丰收购的河北新兴药房的收入开始纳入公司合并报表。根据益丰披露的数据，河北新兴药房 2018 年上半年完成营业收入 4.99 亿元，预计全年营业收入超过 10 亿元，2018 年上半年完成利润 0.249 亿元，根据对赌协议预计全年完成利润不低于 0.65 亿元。据此估计，2018 年前三季度河北新兴药房的利润近 0.4 亿元，占益丰同期净利润的 20%，这也就解释了其高增长的原因。

益丰近年来一直维持着高营业收入增长和高净利润增长的节奏，其背后与益丰上市以来逐步加快并购与新建药店节奏有很大的关系。从表 2.3 中我们可以看到，2018 年前三季度益丰门店数净增长率高达 57.46%。

表 2.3　四大上市公司门店数增长情况

公 司 名 称	2017 年年底门店（家）	2018 年 9 月底门店（家）	净增长率（%）
老百姓	2434	3110	27.77
一心堂	5066	5471	7.99
大参林	3146	3676	16.85
益丰	2059	3242	57.46

一心堂的净利润同期增长率达 32.46%，2018 年前三季度财报里虽然未给予特别说明，

但净利润同期增长率显著高于营业收入同期增长率，这说明营业收入的增长显著快于营业成本的增长。究其原因，从财报细节来看：一是因为一心堂门店扩张速度下降后带来的销售费用下降及新开门店亏损下降；二是因为一心堂 2018 年第一季度以来医保门店快速增加，带来了相应门店的收入增加，其 2018 年第一季度财报中特别指出，2018 年第一季度因为医保门店增加迅速，应收款项增加近 3 亿元，与 2017 年同期相比增幅达 47.89%，而应收款项是利润的重要组成部分之一。

“扩张是第一竞争战略”，用这样略显武断的句子描述四大上市公司的战略也许并不为过。老百姓、一心堂、大参林、益丰这四大上市公司每年开出的新店数量分别都在 500 家以上，在几大资本、工业企业等收购的浪潮中，四大上市公司收购扩张的步伐也在持续加快。其中，扩张速度最迅猛的益丰在 2018 年 1—9 月通过自建与并购的手段新开 1183 家门店，与 2017 年年底 2059 家门店相比，门店数净增长率高达 57.46%。益丰的高业绩增长与其高扩张速度有着密不可分的联系。

四大上市公司比较来说，一心堂扩张速度最慢。随着近年来连锁收购的成本越来越高，PS（市销率）已超过 1 倍，PE（市盈率）高的已超过 50 倍，如此高的收购成本促使一心堂调整扩张策略，从并购和自建“双轮驱动”改为更注重自建。2018 年上半年，一心堂新增的门店基本来源于自建，从 2018 年第三季度财报披露出来的信息看，一心堂仍然持续这种扩张策略，其新增的门店中仅有 21 家来源于收购。

如果一心堂延续 2017 年 50%左右新增门店来源于收购的扩张策略，那么 2018 年截至第三季度的门店增速将达 16%，和其他三大上市公司的增长率就接近了。总体来讲，快速扩张是一把“双刃剑”：扩张慢，净利润会更好，但要提防竞争对手快速占领市场后带来的长远威胁；扩张快，能够带来营业收入高速增长的同时又将使企业的整合能力、财务杠杆运营能力等面临挑战。对于门店数遥遥领先于其他几家的一心堂来说，或许短暂放慢脚步也是不错的选择。

在扩张策略上，除了老百姓，其他各家公司基本思路一致，一心堂说“少区域高密度”，益丰讲“区域聚焦，稳健扩张”，大参林谈“聚焦两广，全国扩张”。虽然用词不一样，但是大家表达的都是一个意思：在区域市场拓展新店，形成对区域市场的密集覆盖，在局部区域形成规模化竞争优势。

以一心堂为例，其旗下门店 60%以上都分布在云南省内，在云南省各市、县、乡镇等不同级别行政区域都有很强的渗透，在云南省外则主要以川、渝两省（市）为第一重要拓展区域，以广西、海南为第二拓展区域。老百姓则强调全国布局，属于多区域分散网点的布局方法，截至 2018 年 9 月 30 日，老百姓总门店数是 3110 家，分布在全国 17 个省份、80 多个城市，在四大上市公司中覆盖的省份最多。不管是区域布点还是全国“撒网”，从实际的成绩看两种打法的公司都做得不错。

2.3.2 运营能力大比拼

连锁运营既要看扩张能力也要看运营能力，运营能力主要反映在毛利率、坪效、人效、客单价、销售费用率、管理费用率等关键指标上，财报里能获得的数据有限，下面从日均坪效、毛利率、销售费用率、管理费用率几个指标来分析四大上市公司的经营效率。表 2.4 罗列了四大上市公司的数据，其中一心堂的日均坪效采用的是 2017 年年报公布的数据，一心堂的毛利率、销售费用率、管理费用率 3 个指标没有排除医药批发业务，考虑其医药批发业务占比不超过其总营业收入的 2%（按 2017 年的相关数据计算），对整体分析影响不大。

表 2.4　四大上市公司运营效率比较

公司名称	日均坪效（元/平方米）	毛利率（%）	销售费用率（%）	管理费用率（%）	备　注
老百姓	52.00	38.62	22.84	4.61	毛利率仅按零售业务核算，销售费用率和管理费用率未排除非零售业务部分
一心堂	46.23	40.87	26.97	4.11	日均坪效为 2017 年年底的数据，其余指标未排除非零售业务，考虑非零售业务占比很小，对结果分析影响小
大参林	70.08	41.70	27.62	4.42	无
益丰	40.96	40.49	27.49	3.54	日均坪效按益丰 2018 年第三季度财报经营面积 417273 平方米计算，疑其财报指的是建筑面积

从毛利率、销售费用率、管理费用率几个指标来看，四大上市公司的毛利率都在 40%左右，其中大参林略微领先。毛利率反映的是企业购进商品的成本占比，与企业经营的品种及连锁企业与上游商业企业、工业企业谈判能力有关。尽管各家公司经营的品种略有差异，但作为全国性经营的大连锁企业来说整体差异不会太大，毛利率差异也不会太大。其中，大参林的毛利率最高，这与大参林的品种特点有关，在大参林经营的品种中，名贵参茸商品及非药品商品的销售占比较高，而且这两类商品的毛利率高，因此带动了大参林整体毛利率的提高。

在销售费用率方面，四大上市公司整体在 27%左右，其中老百姓的最低，应是受其医药批发业务的影响。销售费用主要包含门店店员的人力成本、租金成本等，一线城市的人力成本、租金成本都偏高，二三线乃至更下沉城市的人力成本、租金成本偏低。四大上市公司连锁门店所在地基本覆盖了从一线城市到四五线城市乃至乡镇，整体销售费用差别也不大。管理费用主要由部分管理人员薪酬、日常办公费用、管理人员办公场所的房租及商品损耗费等构成，四大上市公司管理费用总体来说益丰最低，显示了其经营管理的效率。

从日均坪效来看，老百姓和一心堂的日均坪效比较接近，大参林的日均坪效最高，与其华南地区高达 91 元/平方米的日均坪效拉动了整体坪效有关，这也与大参林参茸等名贵产品在华南地区受欢迎有关，参茸产品单价拉高了整体坪效。

益丰的日均坪效明显偏低，其在 2017 年年报里给出的日均坪效是 63.88 元/平方米，但是如果按照其年报公布的 262327 平方米经营面积和 48 亿元年收入来测算准确的日均坪效应该是 50.21 元/平方米。不管哪个数据准确，益丰的日均坪效下降明显，其主要原因应来自新开门店亏损。益丰 2018 年 1—9 月新增的 1183 家门店中有 404 家门店是自建新门店，新建门店需要一定时间培育，404 家门店占益丰所有门店的比例高达 12.46%，对整体坪效的影响较大，相信假以时日益丰的日均坪效会恢复至正常水平。

2.3.3 会员管理是创造业绩的抓手

不管环境如何变化，会员都是零售行业运营的基本盘。新零售里谈人、货、场，谈人其实就是谈会员，二八定律告诉我们——20%的用户贡献 80%的价值，体现在四大上市公司的财报里就是会员收入比例不断提升。行业数据表明，获取新会员的成本是维系一个老客户的成本的 10 倍。对于零售行业来说，会员的价值是巨大的，所以四大上市公司财报在谈到核心竞争力时都提到了会员是核心竞争力之一。

大参林认可“成熟的会员管理体系，优质忠诚的大量会员，带来效益的持续增长”，益丰认可“不断完善的 CRM”，老百姓认可“驰名全国的品牌和行业领先的会员体系”，一心堂认可“顾客导向精细化管理”。有意思的是，四大上市公司除老百姓外，其他公司都把“会员管理”这个核心竞争力排在了第 4 位，老百姓将其排在了第 2 位。

四大上市公司会员销售数据如表 2.5 所示。除了大参林没有公布过会员数量，其他三大上市公司从会员数量上来看几乎都是千万级的，会员销售占整体销售的比例都在 80%左右。其中，一心堂和益丰两家会员数量惊人，2017 年就分别拥有了 1500 万人和 1600 万人的会员数量，半年时间就都达到了 1800 万人的会员数量。总体来看，四大上市公司的会员销售占比呈逐渐上升趋势，其中大参林的会员销售占比最高，2018 年上半年达到了 83.60%。

表 2.5　四大上市公司会员销售数据

公司名称	2017 年			2018 年上半年	
	会员数（万人）	会员销售占比（%）	会员人均销售额（元）	会员数（万人）	会员销售占比（%）
一心堂	1500	77.90	402.54	1800	79.74
老百姓	860+	73.17	579.99	—	—
益丰	1600	80.00	243.91	1800	80.00
大参林	—	—	—	—	83.60

此外，老百姓的会员人均销售额一枝独秀，2017 年人均销售额达到 579.99 元，是一心堂的近 1.5 倍，是益丰的近 2.5 倍，老百姓在年销售额上和一心堂、大参林差距并不大。

2.3.4 持续布局大健康

大健康对医药零售最具潜在影响力的领域包括处方外流、医药电商、DTP 药房、慢性病管理、体检中心等，这些领域也是与医药新零售关系最密切的几个领域。表 2.6 盘点了四大上市公司对大健康的布局情况，面对行业趋势四大上市公司都选择了拥抱，在体检中心领域除了一心堂有布局其他家都没有，其他领域四大上市公司都有布局，但布局程序不一。

表 2.6　四大上市公司大健康布局情况

公司名称	DTP 药房	慢性病管理中心	体检中心	处方外流	电商
一心堂	√	√	√	√	√
老百姓	√	√	×	√	√
益丰	√	√	×	√	√
大参林	√	√	×	√	√

例如，在电商领域，一心堂早在 2013 年就进入了电商领域，2014 年创建了电商事业部，花大力气引入了 SAP 公司的 Hybris 电商平台，陆续推出了一心堂 App、团购业务、跨境、同城等涉及 B2C、B2B、B2B2C、O2O 的电商业务。

从数据看，2018 年上半年一心堂实现电商业务交易额 2896.17 万元，其中第三方平台 765.75 万元。其他三大上市公司没有公布数据，但从各家公司年报何时开始提到电商可以看出，各家公司在电商领域的启动布局都不晚，譬如益丰也是在 2013 年启动的电商业务，老百姓成立了专门的公司来运作电商，大参林在电商仓库装修上的预算达 1700 万元。虽说目前电商对各家的业绩贡献还很有限，但大家对电商还是很重视的。

“处方外流”这个词在零售行业经常和 DTP 药房、院边店连在一起谈，DTP 药房和院边店既有关联也有区别，二者常被认为是处方外流落地的重要载体。DTP 药房是指新特药药房，专门销售治疗肿瘤等重大疾病的药品和提供关联的服务。由于各家公司的 DTP 药房数据缺失，我们以其中相对可获得数据的院边店来反映各家公司的布局。

从各家公司 2017 年年报来看，一心堂公布的信息量比较大，如表 2.7 所示。根据一心堂 2017 年的数据，院边店共有 613 家，DTP 品种 450 个，这 450 个 DTP 品种的销售额为 1.32 亿元。2017 年益丰的年报提到约 30%是院边店，按照 2017 年 2059 家门店来估算大概有 600 家。2017 年大参林的年报里没有提到院边店的总数量，但提到在 2017 年新增了 118 家院边店，按照大参林 3146 家的门店数来计算，院边店有五六百家。

表 2.7　2017 年四大上市公司 DTP 数据

公司名称	DTP 品种（个）	院边店（家）	销售额（亿元）
一心堂	450	613	1.32
老百姓	—	—	—
益丰	—	约 600	—
大参林	—	新增 118	—

只有不断寻找机会的企业才能及时把握机会。虽然财报上的数据显示了大健康领域的机会对上市公司来说还太小，但回首这些上市公司走过的路，当 20 多年前刚从一两家门店开始做起时，零售药店也不是趋势，企业家通过不断探索与寻觅才走出自己的路，谁说今天的“大健康+零售”不是孕育未来的庞大产业呢？

2.4 单体药店出路在何方

单体药店是我国医药零售市场非常重要的参与者。随着医药零售行业不断向纵深发展，强者恒强，在资本的驱动下，医药零售行业的马太效应开始凸显，大连锁与聚焦医药零售的几大资本系成为主导医药零售市场的力量，单体药店不断或被收购或倒闭关门。面对巨头们的突进，新零售时代单体药店出路在何方？

2.4.1 单体药店面临的严峻挑战

医药是强监管行业，如果缺乏政策的支持那么业务的开展将举步维艰。2017 年，国务院办公厅印发《关于进一步改革完善药品生产流通使用政策的若干意见》，提出“推进零售药店分级分类管理，提高零售连锁率”；随后商务部印发《全国药品流通行业发展规划（2016—2020 年）》，进一步指出医药零售行业的行业结构不合理、药品零售企业小或散的问题仍然突出、行业集中度和药品零售连锁经营率有待进一步提高等问题，并提出 2016 年到 2020 年的“十三五”计划目标是“药品零售百强企业年销售额占药品零售市场总额 40%以上；药品零售连锁率达 50%以上”，医药零售行业要提升行业集中度。

2017 年年末，商务部发布《全国零售药店分类分级管理试点的指导意见（征求意见稿）》，指出要根据药店的软硬件情况对药店进行分级管理，尽管意见内容还在不断调整中，但是指导方向已经明确：低级别药店经营范围受限定，甚至不能销售处方药，医保政策会向高级别药店倾斜，不同级别药店对应的是专业人员配备、管理等多方面的要求。这些要求的内容往往是单体药店的弱项，对于单体药店来说，如果想经营更多的品类、想获得医保带来的流量，那么需要的投入将不断提升，缺乏足够实力的单体药店将进入发展的恶性循环。

如果从收入的角度来看，单体药店面临的情况更加严峻，按照业界普遍预测的单体药店平均年收入 60 万元估计，2017 年单体药店总体收入只能占全国药店总销售额的 33.68%，如果乐观些按照平均年收入 70 万元估计，也只能占全国销售额的 39.29%。这意味着单体药店的门店年平均产出低于连锁药店，从整体运营效率上看单体药店比不过拥有规模优势的连锁药店。

具有规模效应的连锁药店具有采购优势。连锁药店可以以量换价，可以总代理，可以要求厂家直供连锁，可以压占厂家资金，可以要求进店费、促销费、陈列费、销量返利，可以获得厂家的更低折扣供货，更大的连锁药店还可以贴牌生产以获取更高的利润。与单体药店相比，连锁药店可以以更低的价格向消费者销售，分流单体药店客户。

连锁药店具有管理优势。连锁药店的部门设置齐全，品类规划、采购、门店运营、培训等部门可实现专业化发展，专业水平不断提升，各部门之间协同使整体水平强于单体药店。连锁药店员工获得的培训机会多，总体专业素养及客户服务能力也高于单体药店。

连锁药店还具有信息优势，通过广泛的业内活动、联盟等多种形式及时获取市场信息，从而灵活调整经营策略，而单体药店获取信息的渠道有限。

连锁药店还具有品牌优势，在区域内密集布店给消费者传递实力雄厚、可以信赖的形象，从而吸引用户。

很多单体药店的出路之一就是被连锁药店收购。近几年资本浪潮涌动，很多单体药店老板心浮气躁，期待能被某家连锁药店收购。零售行业甚至出现了“养药店”的新业务，有从业人士以较低价格购买单体药店，然后等待合适时机售出，同时连锁药店也不断开拓新门店做高估值，运用此类操作往往一两年就能获得价格翻倍甚至更高的回报，远高于运营提升的回报，一时间吸引了不少人参与。

在资本炒作的推动下，药店的价格已经被炒作得过高，按照 PS（市销率）以往仅 0.6 倍左右估值的药店 2018 年的普遍行情已经是 1.2 倍。作为行业风向标的大型连锁企业（如一心堂）甚至改变了以往“自建+并购”双轮扩张的策略，放弃收购改为全部自建门店，其他三家大型连锁企业也收缩了并购规模，“养药店”的模式已不可持续，单体药店究竟路在何方？

2.4.2　单体药店如何破局

单体药店似乎没有了出路，政策不支持、运营效率比不过连锁药店、品牌弱、想卖也没有人接盘等。切莫过于悲观，一个行业走向成熟的标志是行业内多种业态并存，在商业化社会，消费者的需求是多样化的，即便在美国、英国等连锁药店非常发达的国家，也有很多单体药店存在，且生存质量不错，单体药店也有其自身独特的竞争优势。

单体药店的经营者通常身兼多职，既是老板又是采购，还是执业药师和店员，在这种经营模式下，单体药店在经营手法上更加灵活多变，对于客户需求的响应更加及时，对客户服务的方法也更加个性化，老会员到店聊聊天、坐下歇歇脚、代收代发快递……单体药店能给会员提供非常人性化的服务。

单体药店的决策流程也非常简单直接，老板自己说了算，品种调整自主方便，不好卖的品种下次就不再采购，看到好卖的商品联系到渠道可以直接采购。单体药店的财务运作也更加高效，通常现款现结，不需要资金积压，周转效率更高；单体药店通常地理位置不错。这些都构成了单体药店独特的竞争力。新零售时代，单体药店的出路也不少。

1）产品与服务差异化

单体药店可以基于自己的商圈客户群和消费行为特征发展产品与服务的差异化，如中老年人比较多的社区店，可以围绕高血压、高血脂、高血糖来打造慢性病综合服务药店，店里不仅有治疗慢性病的常用药，还有辅助治疗慢性病的保健品、食品、护理用具等多样化的商品。

单体药店经营者还可以建立熟客的数据库，通过短信、微信、QQ、电话等方式定期为顾客提供疾病咨询服务。顾客常常没有记录自己疾病和用药史的习惯，单体药店经营者可以帮助慢性病顾客建立健康档案，基于专业知识为顾客提供提醒、用药、生活方式、导医等多方面的健康咨询，真正帮助顾客解决问题，提升顾客对药店的黏性。

靠近商圈的单体药店，可以针对商圈年轻人多，以及冲动型、感觉型消费比较多的特点，在门店的视觉设计上以年轻、时尚为主，采用亮色、跳色，增加局部装饰物，营造潮流与可信赖的氛围。药店在品类规划上可以多放置与年轻人需求相关的商品，如伤风感冒、止咳化痰、牙疼、脱发、皮肤干燥、天然药妆和保健品等。同一品类可以尽量拓展年轻、时尚的商品，如止咳化痰药可以搭配各类包装精美的薄荷糖、润喉糖、养生茶等，通过搭配可以提升商品的丰富程度和吸引力。药店还可以增添皮肤检测仪、维生素检测仪等年轻人比较关注的检测项目，紧紧围绕年轻人的需求来打造门店。

2）加盟或联盟

单体药店单个力量薄弱，加盟到实力雄厚的连锁药店或多个单体药店联合起来就能形成强大的力量。现在很多连锁药店为了拓展自己的品牌，增加对上游工业企业的影响力，愿意输出自己的品牌，允许单体药店以加盟店的身份加入连锁药店中，单体药店的经营者依然拥有对药店百分之百的股权控制，但能共享连锁企业的品牌、采购、市场信息等多方面资源，提升自身的竞争力。

与加盟相比，单体药店联合起来由一家或几家牵头组建联盟，实现信息共享、联合采购，形成虚拟运营的连锁也是有效的应对手段。如今，很多商业公司也参与到联盟的组建与运营中，构建下游分销网络，同时单体药店也可以借助商业公司来形成联盟获得竞争优势。单体药店联盟化的主要挑战在于需要有人来发起、组织和实施，同时存在组织的相应经费如何筹备、由谁来出等潜在的利益冲突。

3）网络化发展

互联网时代极大拓展了各行各业的服务边界，深居一隅的小店也可以为全国的顾客提供服务。虽然单体药店线下拓展比不过传统连锁企业，但是单体药店可以考虑通过电商进行突破。单体药店可以借助互联网营销手段提升影响力，为门店周边的顾客提供网订店取、网订店送服务，为同城顾客提供当日送达服务，快速放大销量，构建起对上游供应链的谈判筹码。

很多单体药店或仅有几家门店的药店经营者抛弃传统线下运营手段，转而依托门店资质开展电商业务，也取得了不错的成绩。甚至一些小连锁药店的经营者为适应消费者行为趋势，逐步缩小线下业务，将线下门店改造成形象店、体验店，引导更多的交易在网络上完成。

4）超级大店

单体药店做大店也是可以借鉴的一种发展思路，全国最大的单体药店青岛德信行惠友大药房年收入已经突破 4 亿元。有实力的单体药店或几家单体药店可以联合起来集中资金开大店。单体药店与连锁药店的总营业面积无法匹敌，但在单体药店的面积上却可以形成突破，把药店改为平价大卖场或精细化分区设置不同的品类销售区，争取正在进行渠道扁平化的品牌厂商直供，降低采购成本，获得价格优势，同时还能进一步以此为筹码向工业企业收取上架费、促销费、节庆费等。

5）药诊店

在“看病难、看病贵”的今天，大医院消费不低，耗时耗力，很多消费者倾向于采用简单方便的方法解决感冒发烧之类的常见问题，具备诊所服务能力的单体药店在这方面拥有独特的竞争优势。此类店的经营者通常自身或合伙人拥有执业医师执照，开出一家左边是药店、右边是诊所的“药+诊”结合的药诊店，两项业务互相结合、互相加分，以获得竞争优势。

在竞争社会，挑战永远存在，“一寸长一寸强，一寸短一寸险”，连锁药店固然有连锁的优势，单体药店也有自身的长处。提及马太效应的时候也莫忘了趋同假说，看腻了超级大卖场的顾客也会迷恋街头的特色小店，只要秉持用户价值导向，找到与连锁药店差异化的发展方向，无论时代如何变迁，单体药店必有立身之地。

2.5 传统零售的挑战

总体来讲，在医药分家、处方外流的大背景下，零售市场充满了发展机遇，如果对标美国、日本等成熟市场，我国零售市场发展的潜力是巨大的，但是挑战也是巨大的。我们从《中国药店》杂志 2019 年发布的 2018—2019 年度“中国药店单店百强榜”也可以看出端倪。

2.5.1 从“药店单店百强榜”看传统零售的挑战

经过对比，我们可以发现，“中国药店单店百强榜”的上榜门槛从 2017—2018 年度的年销售额 3645 万元降低到 2018—2019 年度的 2600 万元。其中，年销售额超过亿元的单店数也从 2017—2018 年度的 20 家下降到 2018—2019 年度的 19 家。2017 年“中国药店单店百强榜”前十强年销售额都超过了 14630 万元，而 2018 年前十强销售额门槛却降低到了 13620 万元。再者，百强药店单店 2018 年平均年销售额是 6993 万元，而 2017 年是 7681 万元。

表 2.8 和表 2.9 分别显示了 2017—2018 年度及 2018—2019 年度“中国药店单店百强榜”的前十强营业面积和营业额信息，我们从这两年数据的变化中能读到诸多行业变迁的信息。

表 2.8　2017—2018 年度“中国药店单店百强榜”的前十强信息

排　行	门 店 名 称	营业面积（平方米）	营业额（万元）
1	青岛德信行惠友大药房	760	40467
2	上海市第一医药商店	2200	33334
3	华润苏州礼安医药连锁总店有限公司医药大厦	640	23881
4	仁和药房航天桥旗舰店	365	20121
5	重庆西部医药商城储奇门店	4200	19600
6	哈尔滨人民同泰医药连锁店医药商场分店	1200	17571

续表

排 行	门 店 名 称	营业面积（平方米）	营业额（万元）
7	国药山西国康大药房连锁有限公司零售一部	150	16499
8	常州人寿天医药连锁有限公司医药商场	1500	16076
9	北京德信行医保全新大药房有限公司安定门店	700	15555
10	广州健民医药连锁有限公司北京路店	1200	14630

表 2.9　2018—2019 年度“中国药店单店百强榜”的前十强信息

排 行	门 店 名 称	营业面积（平方米）	营业额（万元）
1	青岛德信行惠友大药房	760	47612
2	华润苏州礼安医药连锁总店有限公司医药大厦	600	41122
3	上海市第一医药商店	2200	32978
4	常州人寿天医药连锁有限公司医药商场	1500	22997
5	重庆西部医药商城储奇门店	4200	19800
6	国药山西国康大药房连锁有限公司零售一部	150	17855
7	哈尔滨人民同泰医药连锁店医药商场分店	1200	15378
8	北京德信行医保全新大药房有限公司安定门店	700	14538
9	广州健民医药连锁有限公司北京路店	1200	14194
10	昆山双鹤同德堂连锁大药房有限责任公司前进西路药店	91	13620

从对销售额、利润率的贡献来看，大店对于连锁企业价值重大，它们的兴衰与公司的业绩密切相关。这些百强大店接近 90%的店龄都在 7 年以上，开业于 1999 年到 2000 年的大店，占比接近 60%。彼时平价大卖场兴起，催生出一批优秀的大店，但现在成功开出大店的概率越来越低了。2018 年，44%的大店成交量下滑，最高降幅达 71%，并且客流下降严重的大店店龄均在 16 年以上。

大店客流下降、销售额下滑的主要原因有 4 个：一是城市改造，商圈变化，城市人口减少；二是消费者习惯改变，网上下单，逛街人群减少，繁华商圈日渐冷落；三是租约到期、房租涨价；四是竞争日趋激烈。

2.5.2　传统零售药店的四大挑战

传统零售药店面临的挑战是严峻的，医药零售市场的增速在不断放缓，而与此同时，药店数量还在持续增加，导致单店服务人口平均数继续下降。2019 年，全国药店门店数共计 48.9 万家，同比增长 7.15%，导致单店服务人口平均数从 2014 年的 3145 人/店下降到 2019 年的 2663 人/店，降幅达 9%。传统零售药店市场可以用“超饱和”来形容。

除了来自外部环境的挑战，传统零售药店在自身能力上也面临诸多挑战，贴近商圈或社区的传统零售药店除了便利，还需要更多的手段来吸引顾客。医药是“医疗服务+药品”的合称，患病的顾客既需要药品也需要医疗服务，而药店通常被认为是不能提供医疗服务的。

传统零售药店面临的挑战还体现在以下几个方面。

1）医疗服务能力不足

随着医药分家、分级诊疗的推进，患者正在逐渐从大医院流出，但是否能进入传统零售药店要打个问号，这里首先面临的挑战来自村卫生室、社区卫生中心等基层医疗机构。

国家分级诊疗制度鼓励的方向是将医疗服务流转到基层医疗机构，并为此匹配了医疗保险、政策等资源予以支持，零售药店不仅缺乏政策的支持且在医疗服务能力上无法与拥有医生、护士、各项检测能力、同大医院转诊已打通的基层医疗机构相抗衡，同时在基层医疗机构看病还能使用医疗保险。在现实的选择中，患者选择的是基层医疗机构而不是药店。

传统零售药店在疾病预防指导方面的能力也不足，针对患者预防疾病的保健指导、患病时的用药指导、日常的饮食指导，以及通过各类健康可穿戴设备管理患者的综合服务能力欠缺，与医院相比存在很大的知识差异与水平差异。此外，与处方药相关的审方、用药指导、不良反应处理等服务能力也严重不足。从政策角度看，处方外流时也很难将缺乏医疗服务能力的药店纳入主要的考虑范畴。

2）顾客服务能力不足

我国传统零售药店主要靠高毛利驱动运营，在多年“以毛利为中心”的经营理念影响下，药店借此赢得了发展，但如今已暴露出这种模式的限制，传统零售药店对高毛利养成了依赖性，对用户的服务能力却没有培养起来。购药前的售药咨询、售后的专业提醒、指导用户正确使用医疗器械、持续的药事服务能力、慢性病/孕产期/特殊疾病顾客的专项服务管理能力不足；精准用户管理与精准营销能力不足；多渠道整合服务能力不足。长此以往，药店将沦为厂家比拼毛利的渠道。

3）品类扩张能力不足

我国的传统零售药店很早就开始尝试学习日本药妆店的经营模式，不过多年来无论是向药妆还是向母婴用品的品类扩张都未形成气候。以母婴用品为例，《中国药店》杂志调研显示：13%的药店设有母婴专区；24%的药店虽然没有设置母婴专区，但销售奶粉、尿不湿等产品；59%的药店销售与母婴相关的药品和保健品。但同时传统零售药店母婴产品的品类一直在下降，消费者抱怨药店母婴产品品类少、卖场氛围差等。曾经非常火热的药妆品牌如薇姿、雅漾等如今已在传统零售药店销声匿迹。我国传统零售药店仍然没有找到适合的品类扩张之路。

4）店员专业能力不足

在四大上市公司中，大专以下学历的人员一心堂占比 73.8%，老百姓占比 56.5%，益丰占比 48.7%，大参林占比 68.3%。如果考虑总部管理人员的素质水平普遍比较高，那么除了这些人员，仅看门店与顾客直接接触的店员等人员中大专以下学历人员的占比会更高。

以上是上市公司的情况，如果把非上市连锁药店的人员考虑进来，那么其综合素质还要低。药事服务能力的核心是执业药师，尽管 GSP 要求每家门店配备至少一名执业药师，但在挂证现象普遍的连锁药店，依赖普通店员远远无法满足顾客对药事服务的需求。处方外流又给店员带来新的疾病与品种知识学习的挑战。

另外，传统零售药店经营利润薄弱，几大连锁上市企业也仅有 6%左右的净利润，没有上市的连锁药店的净利润更低。如果所有店员都按照五险一金的标准缴纳社保等，不少连锁药店就会亏本，这样的用人现状使传统零售药店难以吸引有竞争力的人才加入，招聘后也缺乏对员工全面而有效的培训以保障员工的专业服务能力。久而久之，传统零售药店的人才发展就陷入了恶性循环。

传统零售药店面临的挑战决定了线下企业必须寻找新的出路：是转型线上？是线上与线下融合？是转型医疗服务？是探索人工智能替代店员？是精准营销？是智慧门店？还是寻找更新的业态？面对挑战，传统零售药店需要从新零售中寻找新的突破口。

第 3 章

医药电商二十年

医药电商产业的发展迄今约有二十年的时间了，在这一波新零售医药转型启动之前，医药电商代表了医药零售行业较为先进的商业模式，风雨二十年，医药电商经历了诸多挑战才走到今天拥有超过千亿元的市场份额。理解医药新零售，不仅要理解传统零售，更要理解医药电商。

3.1 医药电商二十年发展历程

第一家网络药店是 1998 年上海第一医药商店开的网络药店，彼时新浪、网易、搜狐等门户网站纷纷崛起，身处时代前沿的上海医药人感受到互联网浪潮的商机，想出了通过网络销售药品的主意并付诸实践，这个时间甚至早于 1999 年王峻涛成立中国标志性电商平台——8848，早于 1999 年马云建立阿里巴巴。

然而，由于药品作为商品的特殊性，医药电商的发展注定曲折。1999 年，原国家药品监督管理局发布了《处方药与非处方药流通管理暂行规定》，其中第 14 条明确提到“处方药、非处方药……暂不允许采用网上销售方式”，才刚开始发展的医药电商自此进入沉默期，医药电商的发展从开始就清晰地体现了政策的主导性。

这一沉默就是 6 年，直到 2005 年原国家食品药品监督管理局印发《互联网药品交易服务审批暂行规定》对互联网药品交易进行了一系列详细的规定，其中第 21 条提到“向个人消费者提供互联网药品交易服务的企业只能在网上销售本企业经营的非处方药”，第 32 条提到网上销售处方药会给予处罚。

京卫大药房碰巧成了这个暂行规定的推动者与标准的参与制定者。2003 年，北京京卫大药房总经理李洪波去美国考察，发现美国网上药店正在兴起，网上下单线下邮寄，他深受启发。从当时京卫大药房的现实情况及李洪波自己的考虑来看，如果京卫大药房走线下扩张路线很难追得上老牌的医药连锁，而如果采用互联网销售的方式一下就能覆盖全国，于是回国后李洪波开始向原国家食品药品监督管理局申请试点。

原国家食品药品监督管理局对京卫大药房的申请进行了多方面的研究和探讨，于是有了 2005 年的《互联网药品交易服务审批暂行规定》。该规定主导了后续多年医药电商的发展框架，该规定首次提出了“互联网药品交易服务资格证书”，并延展出了行业俗称的 A、B、C 证（直到 2017 年三证取消），如何申请三证成为这段时间医药电商发展的主要话题。

政策在一定程度上放开后，医药电商并没有形成爆发性的发展，原因是多方面的。首先，与其他当时正在崛起的垂直类电商（如京东、当当网、红孩子）相比，药品的购买人群以老年人为主，这类人群网上购物的习惯在 2005 年还未完全形成；其次，消费者购买药品时不仅需要药品本身还需要药师的专业服务，移动互联网还没有出现，药师的专业服务以当时的技术还无法通过互联网来提供；再次，占药品销售最大份额的处方药没有放开，非处方药市场小、竞争大、毛利低……

医药电商牌照放开申请后，产业的发展一直不温不火，在此期间表现最为出色的开心人网上药店在 2011 年 9 月曾实现单月销售额突破 400 万元，但医药电商整体的市场规模在放开 6 年后的 2011 年也只有 4 亿元左右的销售额。医药电商真正开始规模化发展的契机是在 2011 年 6 月，阿里巴巴旗下的天猫商城开通了医药购物频道——天猫医药馆。2012 年，整个医药电商市场规模就增长到了 16 亿元，事实证明医药电商也是流量生意，在天猫巨大的流量支持下，市场被迅速做大。

但天猫医药馆的这种第三方平台交易性质并没有任何法律或法规的支持，天猫是第三方平台，自己并不向消费者销售药品，而是由入驻平台的药店等企业向消费者销售，天猫抽取佣金。天猫的这种做法在上线后一个月左右就被浙江省食品药品监督管理局叫停，直到 2012 年 2 月底天猫医药馆才重新上线，改为只做药品信息展示，消费者找到需要的药品后跳转到相应医药电商公司的官网完成交易。尽管按照互联网交易经验看，多一个步骤就会流失几乎一半的客户，但是在天猫巨大流量的带动下医药电商还是迎来了发展的第一波小高潮，根据《中国药店》杂志的数据，2013 年医药电商成交额达到 42.6 亿元。

2014 年是整个医药电商市场发展的一个契机，这一年医药行业有两件重大事情发生，且都与政策有关。一件是 2014 年 1 月阿里巴巴收购了中信 21 世纪，这家被收购的公司有两个重要资源，其中之一便是其旗下的河北慧眼医药科技有限公司 95095 医药平台在 2013 年 11 月拿到原国家食品药品监督管理总局批文，允许该平台作为试点单位开展互联网第三方平台药品网上零售试点，拿到这个试点牌照意味着消费者可以在天猫医药馆直接完成药品购买交易，天猫医药馆不再只是一个药品展示网站。另一件是原国家食品药品监督管理总局发布了《互联网食品药品经营监督管理办法（征求意见稿）》，该意见稿中首次提到了互联网药品经营者可以凭处方销售处方药，尽管该意见稿从未落地，但该意见稿的发布点燃了市场的激情，资本开始疯狂涌入。该意见稿发布的第 2 个月健一网获得 3 亿元投资，2014 年 7 月珍诚医药在线获得 1 亿元投资，2014 年 12 月德开大药房 B 轮获得 2.71 亿元投资，七乐康 A 轮获得 3 亿元投资……这一年 B2C 医药电商市场成交额超过 70 亿元，达到 77.9 亿元，其中天猫医药馆的成交额超过了总成交额的 50%。

在网络销售处方药放开的利好政策推动下，医药电商市场迎来了前所未有的发展契机。2015 年整个医药电商市场销售额突破 144 亿元，2016 年也持续向好，达到 278 亿元，但这一轮增长缺乏政策的夯实依托，2014 年的征求意见稿并未落地，网络销售处方药依然被认为是违规行为。政策迟迟不出，资本市场开始变得犹豫，在此期间有多个版本传言原国家食品药品监督管理总局会落地政策，有人说要先从处方药正面清单开始，还有人说这个清单里有 100 种处方药，只有在清单里的处方药可以通过网络进行销售。

时间一天天过去，资本终于失去信心，尚处发展期且需要资本“输血”的医药电商缺少了资本的支持，很多公司开始调整业务，甚至倒闭。2016 年医药电商逐步进入发展低谷期，第一个倒下的就是 O2O 医药电商公司药给力。与此同时，尽管资本市场下行，医药电商公司盈利无期，但是以互联网速度发展的 B2C 医药电商市场 2015 年的销售额仍达到 144.2 亿元。

处方药的网络销售政策不仅没有放开，而且政策开始往另外一个方向发展——严格控制药品的网络销售，其中最直接的反应是 2016 年 8 月各地方食品药品监督管理局收回了自己发给第三方平台的试点政策，这意味着入驻天猫医药馆的商家只能再次展示商品而不能成交商品，这也延伸出了一类倒退的“新”玩法——货到付款，避免对药品网上交易行为的认定。2016 年政策方面唯一利好的消息是年末时人力资源和社会保障部发布的《关于印发“互联网+人社”2020 行动计划的通知》，通知特别提到了医保支付与第三方支付平台的打通，也一度让人们充满了期待。

尽管政策方面遇冷，但是 2016 年医药电商市场仍然取得了高达 278 亿元的销售额。其主要原因是消费者网络购药行为已经逐步养成，游走在“灰色地带”的处方药电商特别是慢性病用药电商开始形成规模，同时京东平台也开始以自营大药房的模式进入医药电商市场。京东早在阿里巴巴进入医药电商的同一年也以不同的方式切入了这个市场，京东选择和第一大民营医药流通公司九州通成立了合资医药电商公司——京东好药师，但两年后因控制权之争双方以分手收场。

此后，京东转型开启 O2O 模式的京东医药城，通过京东平台向线下药店导流，再后来转型为与上海医药合作构建 B2B 电商，直到 2016 年推出京东大药房自营业务，据说当年推出自营业务后，“11.11”期间其销售额超过了 10 亿元。

似乎利空出尽是利好。2017 年政策方面一直在释放各种好消息，4 月份原国家食品药品监督管理总局宣布取消互联网药品交易 B 证和 C 证的审批，9 月份又取消了 A 证的审批。从事前审批改为加强事后监管，尽管以前需要提交的材料现在仍然需要提交，但从审批制变成备案制后，开展医药电商业务的企业增加了不少。

彼时网络上有很多人认为医药电商的春天就要来了，但医药电商大发展的关键在于处方药电商是否会放开，以及在线医保支付是否会放开，A、B、C 证取消并没有解决处方药电商和医保的问题。处方药无论是在体量上还是在利润空间上都远超非处方药，处方药电商如果严格执行线上禁售，医药电商市场将无法支撑未来的增长。2017 年 11 月 4 日，原国家食品药品监督管理总局发布的《网络药品经营监督管理办法（征求意见稿）》在市场中引起了很大的反响，该征求意见稿第 12 条提到“向个人消费者销售药品的网站不得通过网络发布处方药信息”，这条意见直指处方药电商“灰色地带”的核心，如果连信息都不能展示，那么不管是货到付款还是提交需求，都无法促成进一步的转换成交。

再配合此前原国家食品药品监督管理总局通过南方医药经济研究所招标建设“网络药品信息和交易监测系统”来监控主流医药电商平台的销售，政策一旦落地，原国家食品药品监督管理总局从技术上就可以实现对网络处方药信息发布的监管。

不仅如此，2018 年 2 月 9 日即农历春节前的最后一个星期五，原国家食品药品监督管理总局又发布了一个和前面征求意见稿内容几乎一致的《药品网络销售监督管理办法（征求意见稿）》，同样的政策在如此短的时间内两次发征求意见稿，似乎表明了原国家食品药品监督管理总局严格监管处方药电商的决心，业界不少人开始认为 3 月底 4 月初禁止网络销售处方药的正式稿将会落地。

2018 年 4 月 28 日，国务院印发《关于促进“互联网+医疗健康”发展的意见》，该意见释放了一系列利好互联网医疗的政策，与医药电商关联最直接的是在“完善‘互联网+’药品供应保障服务”部分提到要“促进药品网络销售和医疗物流配送等规范发展”，给依赖处方药销售的医药电商解除了警报。

2018 年 9 月 14 日，新组建的国家卫生健康委员会连续发布了《互联网诊疗管理办法（试行）》《互联网医院管理办法（试行）》《远程医疗服务管理规范（试行）》3 个文件，其中在《互联网诊疗管理办法（试行）》和《互联网医院管理办法（试行）》中落实了以实体医院为主体开展线上部分常见病、慢性病患者的复诊，并进一步说明了开出处方后“医疗机构、药品经营企业可委托符合条件的第三方机构配送”。

这实际上是一种基于互联网医院的医药电商，从此医药电商可以借助互联网医院在线上开出处方来销售处方药。互联网医院政策的发布实际上给医药电商销售处方药打开了一扇窗户，尽管颇有争议，中间也发生过 10 多个电商平台上传宠物照片当作处方竟然全部获得通过的事件，但通过医药电商平台销售处方药实际成了行业的普遍实践，为医药电商产业的发展注入了新的活力。与此同时，医药电商与互联网医疗的边界也越来越模糊，前者开始从“药”到“医”，构建自己的在线问诊及疾病管理服务；后者也同时开始了从“医”到“药”，打造构建自己的药品供应链的能力。

2019 年修订的《中华人民共和国药品管理法》（以下简称《药品管理法》）的落地正式为处方药的网络销售提供了法律依据。修订的《药品管理法》在落地中有关网络销售处方药的条款几经修改，草版里曾一度明确写到“禁止网络销售处方药”，对医药电商企业来说，庆幸的是最终发布的版本里对网络销售处方药持肯定意见。《药品管理法》第 61 条规定：“药品上市许可持有人、药品经营企业通过网络销售药品，应当遵守本法药品经营的有关规定。具体管理办法由国务院药品监督管理部门会同国务院卫生健康主管部门等部门制定。疫苗、血液制品、麻醉药品、精神药品、医疗用毒性药品、放射性药品、药品类易制毒化学品等国家实行特殊管理的药品不得在网络上销售。”这意味着《药品管理法》正式认可网络销售药品，且除疫苗、血液制品、麻醉药品等国家明确实行特殊管理的药品不得在网络上销售外，正常处方药及其他药品可以在网络上销售。

此后，2020 年 11 月 12 日国家药品监督管理局再次发布《药品网络销售监督管理办法（征求意见稿）》（以下简称《征求意见稿》），其中第 9 条明确提出：“药品零售企业通过网络销售处方药的，应当确保电子处方来源真实、可靠，并按照有关要求进行处方调剂审核，对已使用的处方进行电子标记。”

《征求意见稿》进一步将网络销售处方药落实到了具体操作层面，明确药品零售企业通过网络销售处方药时，有责任确保电子处方来源真实、可靠，要对处方进行处方调剂审核，并要对已使用的处方进行电子标记，以避免电子处方被反复使用。可以说，国家政策不仅允许处方药通过网络销售，而且还指出了其中的关键——网络销售处方药要凭借电子处方，电子处方要有执业药师审核并且不应该被重复使用。

与此同时，医药电商平台也进入越来越正向的发展轨迹。2018 年，医药电商第一股 1 药网母公司 111 集团正式在美国纳斯达克证券交易所上市；2018 年，具有较强医药电商属性的平安好医生也顺利在港交所挂牌上市；2018 年，拼多多开始正式运营医药频道。2019 年 5 月，京东正式将健康业务板块剥离并成立京东健康公司，随后 2020 年下半年京东健康开启了港股的上市进程。此外，健客、康爱多等电商平台也取得了不错的发展，美团、饿了么等 O2O 平台也开始大规模地开启医药 O2O 服务。

3.2　医药电商市场格局初步形成

经过二十年的发展，我国医药电商已经形成 B2C、B2B、O2O 等多渠道的业务模式，其中 B2C 和 O2O 作为直接触达用户的渠道在医药营销领域发挥着越来越重要的作用，两大渠道经过多年的发展已经逐步形成“三超多强”的竞争格局。

3.2.1 “三超多强”割据及竞争特点

“三超”是指阿里健康、京东健康与拼多多三大电商平台，作为拥有较大用户流量的三大电商平台在医药电商领域的影响力不容忽视。其中，阿里健康和京东健康不仅作为第三方交易平台使电商企业入驻并销售健康商品，它们还自己开店经营。阿里健康主要有医药电商、互联网医疗、智慧医疗、产品追溯、消费医疗五大板块，京东健康相对应的有医药健康电商、互联网医疗、智慧解决方案和健康服务四大板块，两家公司最核心、最主要的业务都是医药电商，但阿里健康较为独特的业务是产品追溯。

2019 年阿里健康（阿里健康财年为每年 4 月至次年 3 月）总收入 95.96 亿元，自营部分收入 81.34 亿元，医药电商平台业务 GMV 达到 835 亿元，相应的服务收入 11.7 亿元。相应地，京东健康 2019 年（京东健康财年为自然年，即每年 1 月至 12 月）总收入 108 亿元，其中自营部分收入 93.96 亿元，剩余的收入同阿里健康一样主要来自医药电商平台业务，京东健康没有公布这部分业务的 GMV，如果根据其收取的服务费用除以费率计算，大概为 200 亿元。拼多多没有单独公布过健康板块的收入，据估计，其收入在 100 亿元左右。

三大电商平台的医药电商 GMV，再加上阿里健康和京东健康的自营部分营业收入汇总起来已经超过 1300 亿元，这个收入和 2019 年 4008 亿元医药零售市场相比似乎占比非常大，再考虑到线上电商的增速一直高于线下，似乎给人一种“医药电商马上要颠覆传统医药零售行业”的感觉。但事实上这 1300 亿元 GMV 中大部分的收入都来源于线下连锁药店在电商平台上开店所创造的收入，更为合适的解读应该是传统医药零售企业已经普遍意识到了电商渠道的重要性，并且真正地开启了医药电商实践。

“多强”则是指如 1 药网、健客网、康爱多、好药师、德开等这样的垂直医药电商平台。这些平台究其业务本质与“三超”平台的区别在于均以自营业务为主，且这些平台的发展相对“三超”平台来说挑战更大，没有大平台的流量“输血”，需要靠自己来获取流量。同时，经过多年的发展，垂直医药电商平台企业也演化出了较为复杂的商业模式，并不仅仅是 B2C（向用户销售健康商品）的模式。

例如，1 药网的核心业务已经从 B2C 电商逐步扩展到面向药店、诊所等的 B2B 业务及互联网医疗业务，其中 B2B 业务截至 2020 年第三季度已覆盖超过 30 万家药店门店。同时，康爱多的核心业务也从 B2C 电商扩展到面向药店的 B2B 业务板块——E+药房，截至 2020 年年中，这部分业务已经覆盖超过 5 万家药店门店。好药师因为其母公司九州通是中国最大的民营医药商业公司，主营业务就是 B2B，因而好药师本身迄今同样聚焦 B2C 电商业务。

这几家公司或已独立上市或隶属于上市公司，从年报数据来看，2019 年 1 药网母公司 111 集团整体营业收入 39.52 亿元，其中 B2C 业务营业收入 7.63 亿元，与 2018 年同期相比下降 9.94%，B2B 业务营业收入 39.3 亿元，与 2018 年同期相比增长 243.15%。从 111 集团披露的 2020 年前三季度财报来看，B2C 业务营业收入依然持续衰减，而 B2B 业务营业收入依然保持了 200%以上的增长，从营业收入的趋势可以看出，111 集团的重心已经从 B2C 业务向 B2B 业务转型（不过随着新冠肺炎疫情的爆发，111 集团又开始在 B2C 业务上发力，并正在将 1 药网从集团剥离，准备在科创板上市）。

康爱多隶属于上市公司太安堂，根据太安堂披露的数据，2019 年康爱多实现营业收入 31 亿元，其中 B2C 业务营业收入 23.63 亿元，与 2018 年同期相比增长 35.5%；以此推测其 B2B 业务营业收入约为 7.37 亿元，与 2018 年同期相比增长 82.61%。

根据好药师母公司九州通年报的数据，其线上业务 2019 年共实现营业收入 6.67 亿元，与 2018 年同期相比下降 26.24%，这已经是好药师线上业务连续第 2 年营业收入下滑，已经从 2017 年的巅峰 10.78 亿元下跌近 40%。这与好药师线上业务策略转向有关，其从追求规模导向转向利润导向，同时也与九州通集团内部业务调整导致线上业务受到压缩有关。

我们从更大的幅度来观察更多医药电商企业的发展变迁，表 3.1 是 2015 年《中国药店》杂志发布的医药电商按照销售额的排行（此后《中国药店》杂志再也没有发布此排行）及 2019 年来自各上市公司年报的销售数据。

表 3.1　2015 年《中国药店》杂志发布的医药电商排行及 2019 年年报销售数据

序号	公 司 名 称	2015 年销售额（万元）	2019 年销售额（万元）
1	阿里健康自营大药房	—	813395
2	京东自营大药房	—	939600
3	广州七乐康药业连锁有限公司	107701	—
4	广东健客医药有限公司	105148	—
5	广东康爱多连锁药店有限公司	100568	310045
6	111 集团	100000	395205
7	北京好药师大药房连锁有限公司	63000	66700
8	上海可得网络科技	56320	91382
9	上海健一网大药房连锁经营有限公司	54224	—
10	广东康之家医药连锁有限公司	50000	
11	浙江云开亚美医药科技股份有限公司	42043	—
12	北京德开医药科技有限公司	42000	—
13	甘肃德生堂大药房连锁经营有限公司	28600	—
14	青岛百洋健康药房连锁有限公司	25000	—
15	河北华佗药房医药连锁有限公司	24000	—
16	杭州九洲大药房连锁有限公司	19000	—
17	仁和药房网（北京）医药科技有限公司	18009	39752①
18	先声再康江苏药业有限公司	17800	—
19	北京金象在线网络科技有限公司	15100	—
20	上海医药嘉定大药房连锁有限公司	13220	—
21	怀化怀仁大药房连锁有限公司	12949	—
22	成都泉源堂大药房连锁股份有限公司	11397	—

注：①为仁和药房网 2018 年的数据，2019 年因仁和药业出售部分股权后失去对仁和药房网的控股，不再合并数据。

观察2015—2020年医药电商行业诸多代表型企业的变迁能够让我们对这个产业有更好的理解，尽管数据并不全面，但依然能够洞察出不少有价值的信息。

1）马太效应

医药电商产业强者愈强的马太效应愈发明显，2015年阿里巴巴和京东均还没有入局，拼多多刚成立，可以说是诸多垂直医药电商公司争霸的时代。而随着阿里巴巴、京东通过自营躬身入局，拼多多开启第三方平台医药电商模式，超过90%的销量都汇聚到了三大平台，排名靠前的两大自营医药电商也一直是阿里健康自营大药房和京东自营大药房。

马太效应的另一端是几乎只有大平台才能赚到钱，京东健康上市的招股说明书显示了其一直处于持续盈利的状态，同时阿里健康2020年的半年财报也宣布了盈利。但同时1药网、好药师等企业的线上业务却一直在萎缩，萎缩的背后主要驱动因素是这些电商企业从追逐规模转向追逐利润，垂直电商企业面临高企的流量成本无法保持规模与利润之间的平衡。垂直医药电商企业不赚钱对大多数参与企业来说已是一个血淋淋的事实，这些企业体量小、采购成本高，而线上流量的获取成本又持续高企，限制了垂直医药电商企业赚钱的能力。而阿里健康和京东健康的自营大药房背后分别有阿里巴巴、京东两大平台的支撑，既可以获得低价的流量，又可以依托大平台获得与供应商的议价能力，因此很快完成了对大多数垂直医药电商企业从0到1的创业过程，进入商业的正循环，而很多垂直医药电商企业却倒在了这个环节上。

2）生态竞争

前20强里几乎没有哪家公司是没有产业资源背景的。阿里健康和京东健康的自营大药房自不必说；七乐康的股东包括步长药业、京东，步长药业是全国知名工业企业；康爱多背后是工业企业太安堂；1药网脱胎于1号店，其B2B业务1号药城的第二大股东是武汉卓尔的掌门人闫志；好药师的大股东是民营流通龙头企业九州通，九州通在医药流通领域全国排名第四，年销售额近千亿元；可得网第一大机构股东康恩贝，也是知名工业企业；健一网背后是“巨无霸”央企华润集团；仁和药房网之前是独立运作的药房网，后来被工业企业仁和药业纳入旗下；金象网背后之前是复星，后来是微医；其他公司基本是线下区域龙头连锁药店、工业企业或商业企业在线上的业务；健客网、云开亚美和泉源堂是其中为数不多的没有较强生态背景的企业。如今的竞争早已是生态的竞争而不是公司对公司的竞争。

3）传统企业入局

在资源属性浓厚的医药产业中，电商公司纷纷依附传统行业，反过来传统行业也纷纷涉足电商。与其他品类的电商不同，医药电商受政策严格管控，再加上医保等因素，发展速度无法达到所谓的“互联网速度”，不能在传统企业还没来得及反应的时候就做大。医药电商发展的速度并不快，这也给了传统企业思考和参与的时间。医药工业领域的复星、步长、仁和、康恩贝、天士力（天士力大健康网）等企业，医药流通领域的国大控股、华润、上药（上药云健康）、九州通等企业，医药零售领域的大参林、老百姓、益丰、一心堂等诸多企业，都纷纷通过各种方式加入医药电商领域中。

4）创新者的窘境

知名创新学者克里斯坦森很早就开始研究大公司为何很难诞生创新业态的问题：受限

于既有成功的商业模式，大公司很难突破自我来培养左右互搏的创新商业模式。从传统零售企业的角度来看，四大医药零售上市公司资源充沛、人才济济，但旗下并没有孵化出成功的电商业务。反而是如康复之家（德开大药房的大股东）、甘肃德生堂、河北华佗、杭州九洲等这些区域性的中小连锁药店企业孵化出了成功的电商业务。

对于这些中小连锁药店企业来说，想通过传统的线下竞争来赶超大型连锁医药公司已经很难有机会了，而借助电商渠道来快速实现规模化为它们提供了弯道超车的可能。

5）差异化竞争

阿里巴巴、京东两大巨头连同头部垂直医药电商企业基本是全品类经营，从药品、保健品、计生情趣、医疗器械到医疗服务等都有涉及，其他医药电商企业如果选择全品类经营很难形成竞争优势，不少企业因而选择了差异化竞争的创新之路。例如，可得网聚焦眼镜类商品；云开亚美聚焦治疗罕见病、重病及慢性病的商品，并围绕这种战略构建了较为庞大的药师服务队伍；德开大药房聚焦治疗慢性病和肝病的商品；泉源堂的一大特色是医疗保险业务。

3.2.2　阿里健康：医药电商的绝对霸主

作为拥有 B2C 医药电商领域超过 70%GMV 的超大平台，阿里健康可以说是医药电商领域的绝对霸主。了解阿里健康可以从阿里巴巴旗下的天猫平台运营医药购物频道开始。

对于天猫这样的大平台来说，新开辟一个频道并不是什么大事，但天猫医药馆因为医药本身的特殊性可谓颇费周折，前后经历了几次重新上线，第一次上线时间是 2011 年 6 月，当时上海复美大药房、北京金象大药房、杭州九洲大药房、江西开心人大药房及云南白药大药房作为首批企业入驻了天猫（那时叫淘宝商城，2012 年 1 月 11 日淘宝商城正式更名为天猫）医药平台。

那时天猫医药馆并没有拿到《互联网药品交易服务资格证书》，很快天猫医药馆被浙江省食品药品监督管理局叫停并责令整改。天猫医药馆在当年有限的营业时间内取得了不错的成绩。据当时开心人网上药店的负责人反馈，开心人网上药店在天猫医药馆试营业一个半月，带来的营业收入就与开心人的 B2C 网站不相上下。

2012 年 2 月 28 日，天猫医药馆重新上线，不过因为天猫平台本身只拥有《互联网药品信息服务资格证书》，因此只能进行药品信息展示，用户选中需要的商品将跳转到相应医药电商企业自己的官方网站上完成交易。同时，天猫医药馆严格要求入驻的医药电商企业必须同时拥有《互联网药品信息服务资格证书》和《互联网药品交易服务资格证书》。

2014 年 1 月，阿里巴巴收购了中信 21 世纪，中信 21 世纪旗下的河北慧眼医药科技有限公司 95095 医药平台刚于 2013 年 11 月得到原国家食品药品监督管理总局批复，允许该平台作为试点单位开展互联网第三方平台药品网上零售试点工作，可以作为合法第三方平台为用户和医药电商企业提供网上医药交易服务。此外，中信 21 世纪还是中国药品电子监管网平台的实际运营方，掌握了大部分药品的流向数据等，这对阿里巴巴来说也充满吸引力。

95095医药平台的购入使天猫医药馆平台的交易合法化，并使药品交易方式更加灵活，以前需要跳转3～4次才能完成药品交易，现在可以直接在天猫平台上完成。图3.1所示为天猫医药平台购买提示。

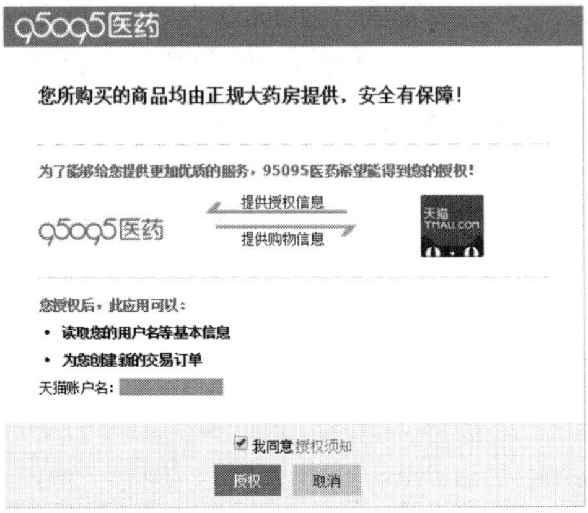

图3.1　天猫医药平台购买提示

在对原中信21世纪的业务形成掌控后，2014年9月4日，阿里巴巴将其正式改名为阿里健康信息技术有限公司，简称“阿里健康”。2015年4月，阿里健康宣布通过向阿里巴巴发行股份的方式反向从阿里巴巴收购天猫医药馆，这项交易完成后阿里巴巴对阿里健康的持股从38%上升到54.6%，成为阿里健康的控股公司。同时，阿里健康成为天猫医药馆的运营服务方，可以为天猫平台医药相关类目（包括非处方药、医疗器械、隐形眼镜、成人计生、医疗及健康服务等）提供招商、商户客服、技术支持等外包及增值服务。天猫的主体公司向阿里健康支付服务费用，服务费用为商家向天猫主体公司及关联方支付费用的21.5%。

上述协议于2016年9月13日正式生效，生效当年就使阿里健康的营业收入从2015财年的5659万元上升到了2016财年的4.75亿元。此前，阿里健康的主要收入来源于追溯码业务。阿里健康的财年从每年4月1日开始计算，到次年3月31日为一个完整财年。

同时，从自身战略角度出发，阿里健康开始迈出自营的步伐。2016年8月，阿里健康完成对广州五千年医药连锁有限公司的收购，并依托其线下连锁药店开设阿里健康线上自营大药房，通过电商平台向消费者提供除处方药之外的中西药品，同时启动的还有主营线上体检预约的阿里健康旗舰店。

2016年，阿里健康推出了中国医药线上线下O2O先锋联盟，与200多家线下连锁药店开展合作，覆盖全国多个城市的2万余家门店。联盟旨在探索如何线上赋能商家，这个联盟为后续阿里健康新零售的爆发打下了基础。同时，随着人工智能在医疗领域的渗透，阿里健康还开启了在智慧医疗领域的探索，阿里健康负责组织执业医师，执业药师为淘宝、天猫、支付宝等平台客户提供在线咨询服务及智能管理服务等。

2016年可谓是阿里健康在医药电商领域动作最大的一年，这一年阿里健康自营B2C电商业务为阿里健康贡献了2.91亿元的营业收入，向天猫主体提供外包及增值服务为阿里健康贡献了4034万元的营业收入。

2017 年 5 月，阿里健康又以类似手法从阿里巴巴收购了天猫平台上的保健食品（即“蓝帽子”商品）类目电商平台业务。但是与此前不同的是，阿里健康并不是为保健食品类目提供代运营服务从天猫收取服务费，而是阿里健康成为保健食品类目电商运营的拥有者，并向商家直接收取费用，然后将所收取费用的 50%支付给天猫主体公司作为技术服务费用。

2017 年，阿里健康自营电商部分营业收入达到 21.49 亿元，通过外包及增值服务的天猫医药类目 GMV 加上从阿里巴巴收购的保健食品类目 GMV 已超过 300 亿元，相应带来的平台服务收入达到 1.71 亿元。

2018 年 5 月 29 日，阿里健康宣布收购阿里巴巴旗下的天猫医疗器械及保健用品、成人用品、医疗和健康服务等业务，年度交易总额 205.61 亿元，涉及 8550 万名活跃买家，同时有 3300 多名商家入驻。这个协议同样是通过向阿里巴巴发行股份来实现收购的，通过这样的操作阿里巴巴进一步加大了对阿里健康的控股权。同时其操作实质也与收购保健食品类目类似，阿里健康成为天猫平台上医疗器械及保健用品、成人用品、医疗及健康服务等业务的拥有者，其向商家直接收取服务费用后再按照 50%的比例向天猫平台支付服务费用。

2020 年 2 月，阿里健康再次通过向阿里巴巴发行股份的方式收购了在天猫上销售的药品、特殊医学用途配方食品，以及在天猫超市上销售的医疗器械、成人用品、保健用品、医疗及健康服务、蓝帽子保健食品等类目。至此，阿里健康完成了对天猫平台上所有大健康类目的收购。

同时，随着阿里巴巴新零售战略的推进，阿里健康也启动了入股线下零售药店的进程。2018 年 6 月 25 日，阿里健康以 4.54 亿元收购山东知名连锁药店企业漱玉平民 9.34%的股份。2018 年 8 月 27 日，阿里健康再次出手以 8.26 亿元用“收购+增资”的方式获得贵州知名连锁企业贵州一树 25%的股份。2018 年 12 月 24 日，阿里健康又以 1.89 亿元收购甘肃知名连锁企业甘肃德生堂 10%的股份。同阿里巴巴收购线下超市等类似，阿里健康旨在通过入股线下零售药店来共同打造医药零售新模式、探索有效应用场景。

阿里巴巴向大健康领域进军的战略决心是巨大的，早在 2012 年马云在阿里巴巴内部就提出了 Happiness 和 Health 的“双 H”战略，阿里巴巴内部经过大辩论看准了未来中国 10～20 年最大的产业是幸福和健康。尽管医疗产业受行业政策监管等多方面环境的约束，但随着阿里健康在医疗产业步步布局、步步渗透，其电商业务与互联网医疗、智慧医疗业务互相赋能。尽管之前阿里健康缴纳了不少“学费”，但其必然是未来重塑产业格局的一股不可忽视的力量。

3.2.3　京东健康：殊途同归发力医疗板块

京东与阿里巴巴两家大平台几乎同一时间开始涉足医疗，不过由于两家公司的“基因”不同，京东从开始的每一步都与阿里巴巴不同，但是当 2019 年 5 月京东宣布整合旗下医疗相关业务成立京东健康平台的时候，我们看到巨头们经过曲曲折折地不断尝试，基本完成了对医药产业的学习曲线，在战略选择上殊途同归。

与阿里巴巴开始聚焦流量平台不同，京东最初的“玩法”更加丰富多元，京东通过投资、合作、自营等多种方式在 B2C、B2B、O2O 领域多点同步并进。2011 年天猫医药馆上线，2011 年 7 月，京东也在品类扩张战略的驱动下，决定进军医药品类。京东以增资的形式与九州通达成合作，共同经营京东好药师网站，其中九州通占股 51%，京东占股 49%。我们通过搜索引擎还能找到当时网站的样子，如图 3.2 所示。

图 3.2 京东好药师首页

京东与九州通的“联姻”始于双方共同的需求，从京东的角度来看，要做到向医药品类的扩张，需要同时拥有《互联网药品信息服务资格证书》和《互联网药品交易服务资格证书》，而京东只有《互联网药品信息服务资格证书》，医药商品资源及物流资源等都是九州通的优势。对于民营医药流通公司九州通来说，其既可以通过“联姻”获得京东商城的互联网流量，也可以从京东身上学习其电商运营能力。事实上，京东好药师正式运营不到 4 个月就位居网上药店销售额的第 3 名，这正是得益于京东巨大的流量及强大的电商运营能力。

双方合作后用了大半年的时间完成了系统对接与改造，又用两个月的时间完成了上线调试，直到 2012 年 8 月京东好药师才正式上线，第一个月的销售额约 80 万元。对于京东来说销售额明显低于预期，且当时京东在自营的基础上已开始推出开放平台服务，允许第三方商家入驻京东平台进行销售，以此扩大平台交易额和用户流量。京东起初和九州通签订的协议比较死板，协议规定好药师原来各地的分公司都不能独自经营，而京东也要把原来经营的保健品和器械等五大类放进京东好药师经营，该协议阻碍了各自的发展。此外，两家企业都想获得控股权，虽然根据协议九州通占股 51%、京东占股 49%，但两家都是很强势的公司，均不愿放弃对京东好药师的控制权。最终的结局是，2013 年 7 月，九州通发布公告称京东商城拟将其持有的全部股权转让给九州通，两家公司经过短短两年的“蜜月期”就宣布正式分手了。

回顾京东与九州通的合作，好合好散其实对两家来说并不是一件坏事。在合作过程中两家都各自学到了很多，也成长了很多，相比而言，九州通可能学到的更多。九州通作为一家完全不懂医药电商运营的公司，通过和京东的合作建立了专业的运营队伍，且借助京东的名气与流量，好药师的名气也迅速打开。与京东分手后好药师网上药店的运营情况一直比较稳定，2015 年以 6.3 亿元的销售额位居全国第五，可以说这与当时打下的良好基础有很大关系。

2013 年 8 月，在与九州通分手不久，京东又卷土重来，推出了京东医药城平台，这个平台在与九州通合作的尾期已经开始着手准备。京东医药城平台采取的是 O2O 模式，京东在每个区域选择一家连锁药店作为合作伙伴，京东医药城平台只做信息展示，将流量导引到线下店铺，用户的购药需求以“药学服务单”的形式提交到对应的连锁药店，连锁药店接到用户订单后在 24 小时之内配送到户。

当时首批以区域独家合作身份入驻京东医药城平台的商家共有 8 家，分别是北京的京卫大药房、上海的复美大药房、山东济南的漱玉平民大药房、湖北武汉的中联大药房、河北张家口的华佗大药房、广东广州的二天堂大药房、甘肃兰州的德生堂大药房及湖南怀化的怀仁大药房。

京东医药城平台同商家的合作模式是“区域内独占”，这种合作模式成功的关键在于线下实体药店的药学服务能力及药品配送能力。因此，在签订协议时，双方将按照线下实体药店的服务半径来决定其需要配备的执业药师数量。

京东医药城平台的用户在线浏览医药城的产品推荐页面并在购买保健品等非限制性的商品时，选中所需的商品后会自动进入用户的购物车，同时会自动生成“药学服务单”。只有在线用户完成在线填写之后，其购买商品的订单才会由京东医药城平台在线传递给合作的线下实体药店，药店必须在半小时内对用户实行“一对一”药学服务，完成交易后，药店负责商品的配送。京东医药城作为平台方，在每单药学服务中收取 2 元信息服务费，自身并不发生商品交易，因此规避了无法在线销售处方药物的政策与法律风险。

在配送方面，京东医药城平台要求，其在线用户购买的商品必须在连锁药店接到平台转来的用户订单后 24 小时之内，由药店店员完成配送到户并收款，不得通过第三方配送。这种全新的线上线下合作模式，为京东医药城平台和线下实体药店带来了双赢，其具有区域化保护特点的 O2O 模式在一个小范围地区内只有一家合作药店，其他有合作意向的线下药店会被拒之门外，同时还避免了线下药店为了抢单而进行恶意价格竞争，使药店着力于通过提升用户体验来留住用户。

除此之外，这种 O2O 模式还着重于为合作的连锁药店突破服务能力的局限，如可以将药店的服务半径由 500 米增至 3000 米，单店服务覆盖范围扩大 36 倍；增加购药用户的移动互联网体验，实现线上线下双向引流，运营不久后来自京东医药城平台的订单量平均已经占合作药店到店订单量的 10%；利用药店配送的急速送达服务为购药用户提供更好的体验，为部分区域用户试点 1 小时药品送达及夜间药品配送服务；通过互联网及数字化支持手段为购药用户提供专业到家的药学服务，包括用药提醒、自测用药、预约药师上门、慢性病管理等。

京东医药城平台在存续期间以营养保健品为主，据了解京东医药城平台 2014 年的相关销售额达到 3.5 亿元，这显然没有满足京东的“胃口”。不久后，到 2015 年，原京东医药城平台的网址已经悄然换成了京东与上海医药合作的上药云健康旗舰店。

2015 年 3 月 18 日，上海医药成立了大健康云商股份有限公司（以下简称“上药云健康”）并召开了首届董事会，5 月 18 日公司宣布与京东达成全面战略合作伙伴关系，京东也宣布投资上药云健康，8 月 18 日上药云健康完成 A 轮融资，京东与 IDG 领投。2015 年 8 月 18 日，上药云健康业务宣布正式上线。

上海医药与京东合作具体落地的业务便是如图 3.3 所示的上海医药云健康旗舰店，用户访问原京东医药城平台的网址则会直接进入由上海医药提供业务支持的 B2B 旗舰店平台。京东和九州通刚试点完 B2C，又开始和上海医药一起试点 B2B，背后看中的当然是上海医药更为强大的医药流通资源。

图 3.3　上海医药云健康旗舰店

在京东与上海医药的合作模式中，上海医药作为医药流通公司负责具体业务的操作，如订单的处理、药品的配送等，而京东则作为流量的提供方为 B2B 平台导入用户。此外，相信京东也在配送上与上海医药旗下的益药平台达成了合作。益药平台是上海医药自己打造的处方药电商平台，主要以销售各类新特药为主，提供上门购药、拍照购药、电话购药等多种处方药购买方式，如图 3.4 所示。在上海医药自己旗下的众协药房覆盖不到的地方则依赖京东来提供线下配送服务。不过京东与上海医药在 B2B 领域的合作也并不持久，2016 年 6 月京东单飞，正式宣布推出面向上下游合作伙伴及流通渠道的京东医药 B2B 分销平台。

在经过诸多不同的模式试点后，京东对医药行业的理解也逐步深入，选择了开启大健康类目的自营模式。2015 年 11 月，京东获得《互联网药品交易服务许可证书》，正式开始了自营线上药房的经营。在京东平台流量的支持下，这项业务后续开始高速发展并逐渐成长为京东健康板块的核心。

除 B2C、B2B 平台之外，作为“兵家必争之地”的 O2O 平台京东自然也不会放过。与天猫相比，京东的物流能力更为强大，线下数万名物流配送团队成员及被普遍认可的物流管理能力使京东的 O2O 项目更具备落地的可能性。2015 年 4 月，京东到家正式上线并陆续推出超市到家、外卖到家、品质生活、上门服务和健康到家，为进一步提高线下物流配送能力，京东还大力发展众包物流技术，并于 2016 年 4 月收购了众包物流平台达达公司。

京东到家平台的几大目标及优势：构建本地生活平台模式，整合本地商家使其电商化，在移动场景下下单；提升京东众包平台的社会化运作力、构建自有专职物流团队，基于线上大数据分析，与线下实体店合作，提升网络广泛布局；打造生活 O2O 大入口，与商家深入合作，最终实现线上线下的真正闭环。其中，针对医疗及大健康，京东到家所涉及的板块包括健康产品（医药、保健品、传统滋补、保健器械、情趣用品、美容药妆、眼镜）及健康服务（家庭医生、营养师、理疗师、心理咨询、美容师、验光师），如图 3.5 所示。

京东到家健康板块的成长历程大致如下：2015 年 7 月，京东健康到家事业部成立；2015 年 9 月，上海健康到家、武汉健康到家及广州健康到家上线；2015 年 10 月，深圳健康到家、天津健康到家、南京健康到家及西安健康到家上线，同时京东健康到家全国招商会正式举办。

图 3.4　益药平台

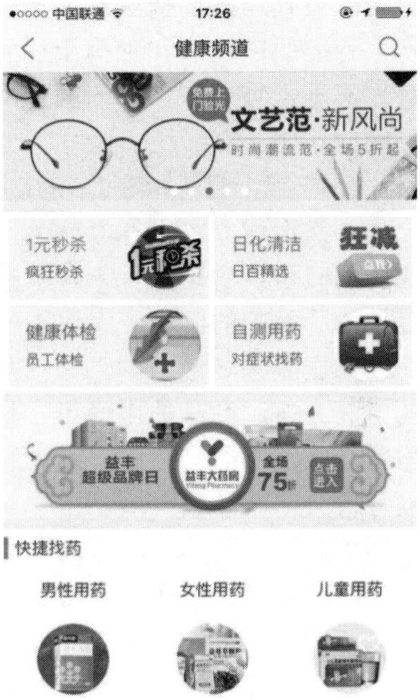

图 3.5　京东到家健康板块

截至 2015 年 12 月，在京东到家健康板块上线短短几个月的时间里，其业务已经覆盖了全国 11 个城市，合作的连锁药店近 110 家（其中，百强连锁 75 家，十强连锁 8 家），合作的线下药店超过 3000 家，线上药店近 1000 家，日均每店提交订单量可达 7～8 单，同时包含近 1.5 万种药品。

最后，基于京东到家健康板块，京东开始尝试处方药医药 O2O 的解决方案，这项当时并不大的业务现在成了与美团、饿了么三大 O2O 平台鼎立的 O2O 送药业务线。

此外，京东也广泛开展与政府的合作，以推进院外处方流转相关业务。2015 年 3 月 25 日，在原淄博市卫生和计划生育委员会的牵头下，淄博新华大药店连锁有限公司（以下简称“新华大药店”）和京东共同签署《“健康城市”战略合作协议》，就淄博市医疗处方流转信息平台及处方药电子商务项目开展合作，这是全国第一个由政府批准的“处方药电子商务”项目。在淄博市医疗处方流转信息平台及处方药电子商务项目下，三方将建立包括医院信息系统、医生、医疗处方流转信息平台、云药房平台、社会药店、配送系统等在内的互联互通网络，以实现患者在门诊就医后能够享受线上线下 O2O 相结合的购药方式。

虽然该处方流转信息平台归原淄博市卫生和计划生育委员会所有，但委托京东及新华制药旗下的新华大药店在两年试点期内负责运营。政府鼓励淄博市公立试点医院与京东、新华大药店签订处方流转平台对接管理协议并向处方流转信息平台流转处方，允许用户使用电子处方平台向新华大药店的药房购药。京东在淄博市内注册一家企业，作为协议具体的落地执行公司，负责在试点期间运营处方流转信息平台，设计并推出京东云药房平台。

除与地方政府及医院、连锁药店的合作之外，京东在 2015 年 4 月 11 日还通过出资成立合资公司的方式与誉衡药业开展全面的战略合作。誉衡药业的优势产品集中在治疗心脑血管疾病、骨骼肌肉疾病和肿瘤疾病领域。随着处方药网络销售逐步放开，医院处方外流等趋势逐步显现，京东联手誉衡药业成立誉东健康，旨在试点在慢性病领域处方药网络销售方面形成自我闭环。

随后，2019 年 1 月，京东还在江苏宿迁成功开通了医保支付，通过与宿迁市第一人民医院的合作，京东成立了京东互联网医院宿迁分院。通过这个平台，宿迁市居民在京东大药房购买药品时可以绑定医保卡，直接使用医保卡支付，实现送药到家。这个看似简单的动作却是一个了不起的尝试，医保支付的开通对于医药电商的长远发展意义重大。

京东在大健康领域最新的动作便是前面提到的京东健康的设立，多年的试点让京东认识到医药电商与普通商品的电商不一样，当药品在上下游流通时必须介入医疗服务场景，而医疗服务场景的核心是医院，这就脱离了京东原本熟悉的零售场景，进而使得京东要将大健康业务拆分，单独去扩展。虽然京东健康目前仍需以医药电商为基础，但京东健康的目的或许不想局限在医药电商方面，而是要更多涉入医疗服务和健康服务方面。

刚拆分的京东健康很快就获得了 10 亿美元的 A 轮融资，估值 70 亿美元。随后 2020 年 8 月，京东健康又获得了高瓴资本 8.3 亿美元的投资，对应的估值约 180 亿美元。2020 年 12 月 8 日，京东健康正式在港交所上市，股票代码 HK06618，发行价为 70.58 港元的京东健康开始发行后股价一路飙升，一度上涨到 123.9 港元，最终以 110 港元收盘，总市值 3440 亿港元，较发行市值上涨 55.85%，总募集资金 269.55 亿港元，不久后其市值又超过了 4000 亿港元，从市值上一举超过了阿里健康。

3.3 医药电商赚钱吗

了解医药电商不仅需要从宏观层面了解业务发展趋势，也需要从微观层面了解具体运营数据。我们从几家上市公司披露的财报数据来分析部分医药电商公司的运营表现，总体来看，医药电商企业目前毛利率偏低，净利率也不高，与传统线下零售药店相比，两项指标都存在不小的差距，但同时也不能否认医药电商企业，特别是阿里健康和京东健康两家企业的高成长性，尽管其毛利率和净利率均低于线下，但营业收入的增长速度却将传统线下零售企业甩在身后。

表 3.2 展示了 2019 年几家电商企业的经营数据。需要说明的是，如前所述不少电商企业业务板块较多，表 3.2 中的营业收入、毛利率、净利润、净利率指标里除了 2C 医药电商业务外还包含其他业务板块的综合数据，但考虑各平台均以 2C 医药电商为主营业务且占比非常大，因此对综合数据的分析依然能够得到较为有价值的信息。

表 3.2　2019 年几家电商企业的经营数据

企 业 名 称	营业收入（万元）	毛利率（%）	净利润（万元）	净利率（%）
阿里健康	959648	23.30	-1570	-0.16
京东健康	1080000	26.04	34400	3.19
康爱多	310045	16.93	2040	0.66
可得网	91382	—	1620	1.77
好药师线上	67600	18.23①	—	—
仁和药房网②	39752	—	-1666	-4.19

注：① 为好药师线上线下综合毛利率，2019 年年报没有单独披露线上电商业务毛利率，不过 2017 年年报曾披露电商业务毛利率为 13.06%。

② 为仁和药房网 2018 年的数据，2019 年因仁和药业出售部分股权后失去对仁和药房网的控股，因此不再合并数据。

首先在毛利率方面，阿里健康和京东健康两家企业的毛利率均在 25%左右，康爱多、好药师等垂直医药电商企业线上业务的毛利率在 15%左右。毛利指的是商品售价和进价之间的差，毛利越高的行业，其盈利能力通常越强。对于零售行业来说，毛利率考验的是公司和上游供应链的谈判能力及面向顾客的定价能力，而谈判能力一是来源于行业经验，二是来源于采购规模。

目前的电商公司规模还无法与线下大型连锁企业抗衡，除阿里健康、京东健康目前的体量已经达到百亿元规模，与传统医药零售巨头国大药房、大参林、老百姓等进入一个体量级别之外，垂直医药电商企业的规模普遍偏小，与上游企业的谈判筹码还很有限，无法获得有足够竞争力的采购价格。

好药师依托九州通大商业公司平台至少在采购能力上不会弱于线下连锁企业，但其 2017 年披露的毛利率也只有 13.06%；康爱多依托传统医药工业企业太安堂的资源近年经营颇为成功，不过 2019 年的毛利率也只有 16.93%。而大参林、老百姓等传统医药零售企业的毛利率都已超过 35%。

其次在净利润方面，虽然阿里健康显示其 2019 年亏损 1570 万元，究其原因不过是阿里健康在互联网医疗、智慧医疗等领域的大笔资金投入稀释了阿里健康电商业务的利润。不过似乎看到京东健康宣布盈利，阿里健康很快在其 2020 年半年财报中宣布盈利 4.36 亿元。

与阿里健康多年亏损突然盈利不同，京东健康的净利率一直为正，2017 年其净利率为 3.73%，2018 年为 3.03%，2019 年为 3.19%，2020 年上半年甚至上升至 4.22%。

与巨头们相比，垂直医药电商企业的日子可没有那么好过。2019 年康爱多的净利率仅为 0.66%；可得网因为聚焦做眼镜电商，净利率相对高点也仅为 1.77%，且其最大的机构股东康恩贝还一直针对可得网计提减值准备，致使可得网的价值在不断走低；仁和药房网一直处于持续亏损状态，2019 年其净利率为-4.19%，看不到仁和药房网的前景，其控股股东仁和药业开始出售仁和药房网的股份，而今仁和药业持有的仁和药房网股份已从 60%下降至 45%。可见，从盈利能力上看，线上电商还比不过传统零售。

上述这几家电商企业成立的时间比较接近，如仁和药房网成立于 2005 年，而传统医药零售企业老百姓和益丰成立于 2001 年，大参林成立于 1999 年。单看成立时间，电商企业很难说自己刚起步所以规模和关键业绩指标还比不过传统零售，其实大家的起跑线差不多，且互联网的特点是快，电商的规模应该是以指数级增长的。医药电商今天面临的挑战背后还有更深层次的原因。

从另一个角度来看，电商的运营效率要高于传统零售，从表 3.2 中还可以看出，几家医药电商企业的毛利率到净利率之间的部分，也就是各项费用的比例最低的康爱多只有16.27%，最高的阿里健康也仅有 23.46%。而传统零售 35%以上的毛利率只能创造不到 6%的净利率，各项费用率加在一起约为 30%，这说明达成同样的业绩，传统线下医药零售要比线上医药零售耗费更多的资源。

如果按照传统零售的坪效来对比，电商企业的坪效高得一塌糊涂，“鼠标+键盘”的经济模式不需要门店也能创造销售。如果从人效方面来看也是如此，同样创造 100 亿元的销售额，传统零售可能至少要开 4000 家门店，需要雇佣的店员可能接近 20000 名，而 100 亿元销售额的电商企业不需要门店，员工也只需要 1000 名左右。

3.4 向上的力量：医药电商的驱动因素

总体来讲，医药电商发展的驱动因素与传统零售药店发展的驱动因素有相似之处，人口的老龄化、对健康的日益重视、慢性病群体的持续扩大、医保控费推动处方外流等都会带动线上线下零售的发展。

人口的老龄化已经不用多说，根据中国老龄协会发布的数据，从 1999 年中国进入老龄化社会到 2018 年的 19 年间，中国老龄人口净增 1.18 亿人。迄今，中国是世界上唯一的老年人口超过 2 亿人的国家。

在健康支出上，2014—2018 年，我国居民人均医疗保健消费年均增长 12.7%，远高于8.2%的居民消费人均支出年均增速，医疗保健消费占居民消费的比例也从 2014 年的 7.2%提高到 2018 年的 8.5%，其中必然会有一部分增量流向零售不管是线上还是线下。

在慢性病管理上，包括患有心脑血管疾病、糖尿病、慢性阻塞性肺炎等在内的慢性病人口在我国已经超过 3 亿人，且根据流行病学调研数据，其中不少疾病的患病人数相比以往仍然保持持续的增长趋势，而慢性病开支更占我国医疗卫生支出比例超过 70%。慢性病用药给医药零售市场带来了巨大的机会，不少药店设有专门的慢性病管理团队，有的药店还专门开设慢性病管理药房，聚焦为慢性病患者提供药品及更多相关的服务。

我国医药卫生体制改革推动下的院外处方流转已经是医药零售市场发展的一个主要驱动因素。2009 年，国务院发布《中共中央关于深化医药卫生体制改革的意见》正式启动医改以来，推动公立医院医药分开、药品零加成等成为医改的主要话题，公立医疗机构逐渐失去将处方药品销售留在院内药房的动力，零售药店、医药电商等将成为流转到院外的处方药的主要承载阵地。据估算，仅 2019 年流转到院外的处方药市场销售额已超过 1000 亿元，这给零售市场带来了巨大的增量空间。此外，前面提到的互联网医院政策的放开事实上使网络销售处方药合法化，而 2019 年修订的《中华人民共和国药品管理法》进一步肯定了网络销售处方药的合法性。

最后，对于医药电商产业来说，互联网的不断渗透，“70 后”“80 后”开始成为患病主要人群，而这个群体的网络购物习惯已经养成，以及新冠肺炎疫情推动老年人养成使用智能手机的行为等都是医药电商产业发展的利好因素。

3.5 向下的拉扯：医药电商的发展困局

虽然在诸多利好因素下，医药电商迎来了前所未有的发展机遇，如 2019 年 B2C 医药电商市场总销售额已经超过 1000 亿元，但是阻碍医药电商发展的因素仍然存在。

1）医保的开放

众所周知，医保是医药领域的最大买单方，也是许多购买决策的杠杆点。对价格敏感的患者，即使电商或者零售药店购买渠道再便利，他们也愿意去医院排队购买能够报销的药。

但医保支付并没有向医药电商开放，患者在电商渠道购药完全需要自付，这使电商渠道针对的主要还是自费市场，吸引的是那些对价格不太敏感或者医保额度已经用完的少数患者，医药电商的天花板隐隐可见。

举个例子说明医保支付对医药零售业务的影响力。众所周知，医保账户分为统筹账户和个人账户，在药店刷医保卡实际刷的是个人账户的钱。对于零售药店来说，大概整个市场的 50%来自医保个人账户支付，也就是 2000 亿元左右。2020 年 8 月 26 日，国家医疗保障局发布了《关于建立健全职工基本医疗保险门诊共济保障机制的指导意见（征求意见稿）》。结果这个文件的发布引发了零售行业的轩然大波，简单来说，这个文件中提到要把个人账户的一半资金划到统筹账户中，如果个人账户中的资金少了一半，相应地能在药店渠道使用的医保资金也就少了一半，这对于药店来说就是整个市场的 25%了，医保对于零售渠道的影响由此可见！

来自医保的另一个挑战是属地化管理，如上海的患者基本只有在上海就医时才能享受到医保报销，而医药电商是面向全国的业务，即便未来医保向医药电商开放，也许只有医药电商关联的线下连锁药店所在地的用户才能够享受医保报销，这也是摆在医药电商面前需要解决的难题。

对于 2018 年成立的国家医疗保障局来说，基本药物目录更新、医保谈判、带量采购、DRGs 等是优先级更高的事情，且是对社会影响力更大、更有价值的事情，电商渠道全面开放医保支付至少在未来 5 年较难有突破性发展。

另外，虽然在新冠肺炎疫情背景下，医保支付正在逐步对互联网医院开放，但这种开放需要较长的一段时间，且这种开放更多的是针对互联网医院，对医药电商的开放力度仍然有限。

2）医疗服务场景线上化的挑战

用药只是整个疾病诊断治疗过程中的一个环节。虽然药品的购买可以线上化，但由医生进行面对面诊断、各种生化指标的检测、手术治疗等无法实现线上化，目前的线上问诊更多是一种“轻咨询”的行为，是对既有诊疗流程的一种补充，无法取代线下医生与患者的面对面交流。

对于患者来说，线下医生具有不可替代性，看病关乎自身健康安全，不是普通商品的交易。无论是疾病的诊断、治疗方案的确认，还是开始治疗后遇到的各种问题，患者更加偏好到医院征询医生的意见，哪怕医生给的意见和线上医生给的意见其实别无二致。正如特鲁多医生的那句知名的墓志铭：有时治愈，常常帮助，总是安慰。

医疗服务场景线上化对于互联网基因较重的医药电商企业来说可能是难以跨越的门槛，如果要构建业务的闭环，电商企业需要注重线下布局，需要对线上线下进行深度整合并针对其中影响用户体验的点进行攻关，并通过与线下体检、医疗机构等采取联营、自营等多种模式来形成对用户体验的完整掌控。但这种投入高、回报周期长、难以快速规模化、更需要顶层设计而不仅是小步快跑的模式并不是互联网企业所擅长的。从某种程度来说，这也是阿里健康、京东健康两家公司进入医药领域逾十年，也无法真正创造医药电商业务之外有规模化价值业务的关键原因。

3）互联网发展红利见顶

经过二十多年的发展，我国互联网行业发展所具备的人口红利、流量红利、低成本物流红利、线下产业红利等诸多红利因素已经基本见顶，产业巨头们也达成共识，2C 的消费互联网基本没有了机会，新的机会可能在 2B 的产业互联网。

对于医药电商来说，比较遗憾的是，2005 年整个行业启动时尽管有诸多红利因素存在，可惜政策的监管并没有放开，而到今天监管政策越来越开放，能够享有的红利已经没有了。而今获取流量的成本是 2005 年的十几倍乃至几十倍，物流的成本也从当年的每单 1～2 元到今天的接近 10 元，被成本所束缚的医药电商根本无法享受“快马驰骋”的感觉，医药电商失去了赖以制胜的“法宝”，而今其市场竞争的手段与线下零售药店相比差别已经很小了。

第 4 章

医药零售市场政策脉络

医药零售行业是高度受政策影响的行业，了解与医药零售相关的行业主管部门、监管体制、主要法律法规及政策，无论是对传统医药零售还是对医药新零售都至关重要。下面我们围绕主要的宏观政策法规、《中华人民共和国药品管理法》（以下简称《药品管理法》）和《药品经营质量管理规范》，以及药诊所、电子处方、远程审方等与新零售相关的内容进行介绍。

4.1 宏观政策法规脉络梳理

4.1.1 行业主管部门和监管体制

与医药零售相关的行业主管部门包括中华人民共和国商务部、国家市场监督管理总局、国家药品监督管理局、国家发展和改革委员会、国家医疗保障局、国家卫生健康委员会，以及中国医药商业协会等行业自律性组织。

中华人民共和国商务部及各级商务管理部门主要负责制定零售药店分类分级管理的指导性文件，支持零售药店连锁发展，研究拟定药品流通行业发展的规划、政策和相关标准，推进药品流通行业结构调整，指导药品流通企业改革，推动现代药品流通方式的发展等。

2018 年 3 月前，原国家食品药品监督管理总局及各级食品药品监督管理局是行业的具体监管部门。2018 年 3 月，中共中央印发《深化党和国家机构改革方案》，将原国家食品药品监督管理总局等部门的职责整合，组建国家市场监督管理总局，负责市场综合监督管理，统一登记市场主体并建立信息公示和共享机制，组织市场监督综合执法工作，承担反垄断统一执法，规范和维护市场秩序，组织实施质量强国战略，负责工业产品质量安全、食品安全、特种设备安全监管，统一管理计量标准、检验检测、认证认可工作等。

同时，组建国家药品监督管理局，由国家市场监督管理总局管理，主要负责制定药品、医疗器械和化妆品监管制度，并负责药品、医疗器械和化妆品研制环节的许可、检查和处罚，同时负责指导药品、医疗器械和化妆品的监督检查。省级药品监督管理部门负责药品、医疗器械和化妆品生产环节的许可、检查和处罚，还负责药品批发许可、零售连锁总部许可、互联网销售第三方平台备案，以及药品批发、零售连锁总部、互联网销售第三方平台的检查和处罚。市、县两级市场监管部门负责药品零售、医疗器械经营的许可、检查和处罚，以及化妆品经营、药品/医疗器械使用环节质量的检查和处罚等。国家药品监督管理局成为行业的具体监管部门。

国家发展和改革委员会协助进行医药体制改革工作，负责对医药行业的发展规划、项目立项进行备案及审批，对医药企业的经济运行状况进行宏观管理和指导，对药品的价格进行监督管理等。

国家医疗保障局负责药店的医疗保险服务管理，组织制定药品、医用耗材价格和医疗服务项目、医疗服务设施收费等政策，建立医保支付医药服务价格合理确定和动态调整机制，推动建立市场主导的社会医药服务价格形成机制，建立价格信息监测和信息发布制度等。

国家卫生健康委员会负责组织拟定国民健康政策，统筹规划卫生健康资源配置，负责协调推进医药卫生体制改革，负责组织推进公立医院改革，负责组织制定国家药物政策和国家基本药物制度，负责制定医疗机构、医疗服务行业管理办法并监督实施等。

中国医药商业协会是由药品流通行业及相关领域内的企事业单位自愿结成的全国性、行业性、非营利性社会组织，旨在落实医药卫生体制改革的各项要求，服务企业，维护会员单位的合法权益，加强行业自律，推进行业诚信体系建设，履行企业社会责任，推动药品流通行业健康、持续发展。中国医药商业协会主要负责收集、发布行业运行与发展信息；开展行业相关调研工作，提出行业发展和重大药品流通行业改革相关政策、立法方面的意见和建议；建立和完善行业自律管理约束机制，制定行业道德准则，维护公平竞争的市场环境等。

4.1.2　行业主要法律法规及部门规章

行业主要法律法规及部门规章涵盖药品管理、医疗器械管理、食品管理、经营资质管理、互联网药品经营管理及互联网医院管理等方面。

在药品管理方面，主要有《中华人民共和国药品管理法》《中华人民共和国药品管理法实施条例》《药品流通监督管理办法》《处方药与非处方药分类管理办法》《国家食品药品监督管理总局关于调整部分药品行政审批事项审批程序的决定》。

在医疗器械管理方面，主要有《医疗器械标准管理办法》《医疗器械使用质量监督管理办法》《医疗器械监督管理条例》《国家食品药品监督管理总局关于调整部分医疗器械行政审批事项审批程序的决定》。

在食品管理方面，主要有《中华人民共和国食品安全法》。

在经营资质管理方面，主要有《药品经营质量管理规范》《药品经营许可证管理办法》《食品经营许可管理办法》《医疗器械经营监督管理办法》。

在互联网药品经营管理方面，主要有《互联网药品信息服务管理办法》《互联网药品交易服务审批暂行规定》《关于第三批取消中央指定地方实施行政许可事项的决定》。

在互联网医院管理方面，主要有《互联网医院管理办法（试行）》。

4.1.3　行业主要政策

行业主要政策涉及医药流通行业政策、医药卫生体制改革相关政策及其他相关政策，具体包括《关于深化医疗保障制度改革的意见》《关于推进新冠肺炎疫情防控期间开展“互联网+”医保服务的指导意见》《关于按疾病诊断相关分组付费国家试点城市名单的通知》《关于开展药品零售企业执业药师“挂证”行为整治工作的通知》《关于国家组织药品集中采购和使用试点扩大区域范围的实施意见》《国家组织药品集中采购和使用试点方案》《关于〈全国零售药店分类分级管理指导意见（征求意见稿）〉公开征求意见的通知》《深化医药卫生体制改革 2018 年下半年重点工作任务》《关于促进“互联网+医疗健康”发展的意见》

《关于做好2018年城乡居民基本医疗保险工作的通知》《关于巩固破除以药补医成果持续深化公立医院综合改革的通知》《关于全面推开公立医院综合改革工作的通知》《关于进一步改革完善药品生产流通使用政策的若干意见》《深化医药卫生体制改革2017年重点工作任务》《关于进一步深化基本医疗保险支付方式改革的指导意见》《关于印发"十三五"深化医药卫生体制改革规划的通知》《"健康中国2030"规划纲要》《关于促进医药产业健康发展的指导意见》《全国药品流通行业发展规划（2016—2020年）》《关于在公立医疗机构药品采购中推行"两票制"的实施意见的通知（试行）》《关于印发深化医药卫生体制改革2016年重点工作任务的通知》《关于全面推开县级公立医院综合改革的实施意见》《关于印发推进药品价格改革意见的通知》《关于完善基本医疗保险定点医药机构协议管理的指导意见》《关于城市公立医院综合改革试点的指导意见》《关于完善公立医院药品集中采购工作的指导意见》《深化医药卫生体制改革2014年重点工作任务》《关于落实2014年度医改重点任务提升药品流通服务水平和效率工作的通知》《关于改进低价药品价格管理有关问题的通知》《关于加强互联网药品销售管理的通知》《关于进一步加强婴幼儿配方乳粉质量安全工作意见的通知》《关于加强药品流通行业管理的通知》《关于深化医药卫生体制改革的意见》《医药卫生体制改革近期重点实施方案（2009—2011年）》《改革药品和医疗服务价格形成机制的意见》等。

下面，我们对主要政策的影响进行分析。

4.1.4 政策影响分析

截至2019年9月30日，我国公立医疗机构已经全部取消药品加成，同时结合医疗服务价格调整改革，公立医疗机构门诊药房开始出现逐步萎缩的态势，公立医疗机构收入结构发生重大调整。药品加成已不再作为公立医疗机构收入的主要来源，药品销售开始逐步向院外市场转移。

"两票制"的实施推动了药品批发环节的整合。从销售增速来看，2019年前100位药品批发企业主营业务收入同比增长14.7%，增速同比上升3.9个百分点，其中前10位药品批发企业主营业务收入同比增长17%，增速同比上升2.8个百分点。从市场占有率来看，2018年前100位药品批发企业主营业务收入占同期全国药品市场总规模的73.3%，同比上升1.3个百分点，前10位药品批发企业主营业务收入占52%，同比上升2个百分点。行业集中度的提升进一步增强了大型药品批发集团的竞争实力，进一步推动了药品批发环节的规范性经营。

"4+7"（国家第一批带量采购选择在北京、上海、天津、重庆4个直辖市及沈阳、大连、广州、深圳、厦门、成都、西安7个城市开展试点，故称"4+7"）带量采购推动了中选药品价格的大幅下降。相关研究数据表明，2018年12月7日公布的中选药品价格，25个成交中选药品平均降幅52%，最高降幅96%。按照中选产品价格测算，"4+7"试点城市联合带量采购所报出的采购数量按原价格执行需70亿元，降价后仅需19亿元。药品集中采购政策的实施加剧了公立医院系统内部药品市场的竞争，促使大量未被选中的药品转向社会药店体系销售。2019 年 9 月，国家医疗保障局会同其他九部委发布的《关于国家组织药品集中采购和使用试点扩大区域范围的实施意见》中提出：自愿参加试点扩大区域范围的医保定点社会办医疗机构、医保定点零售药店的药品用量，可以参与带量采购、以量换价。自 2020 年 3 月起，全国各省、市陆续公布了开展第二批国家组织药品集中采购的相关文件，零售药店药品用量开始逐步纳入集中采购用量之中，参与带量采购。入选带量采购的药品品种的院内院外供价体系将趋于统一，这将对医药零售企业的商品毛利率产生一定影响。

探索以按病种付费为主的多元复合式医保支付方式，将进一步规范医疗机构的用药行为，控制医疗费用不合理上涨。推出根据病种情况确定的标准医保用药清单将规范医院辅助用药行为，推动辅助用药向院外市场的流动。

医药零售行业作为面向消费者销售医药产品的终端，虽不属于药品“零差价/零加成”、“两票制”及医保支付方式改革等相关政策的直接规范范围，但随着上述政策逐步落实，“医药分开”的改革局面日趋形成，“处方外流”趋势日益明显，处方药销售将成为医药零售企业的重要增长点。“4+7”带量采购政策范围向医保定点零售药店扩大，将推动入选药品品种院内院外统一供价体系的构建，为“处方外流”趋势构筑价格基础。同时，随着“两票制”及“4+7”带量采购政策的落实，药品批发流通环节将发生重大调整与整合：医药流通行业渠道将逐步下沉，并向终端客户聚焦；拥有终端资源的大型医药零售连锁企业将更具竞争优势；医药生产企业的销售资源投入将向医药零售终端倾斜，推动医药零售终端销售及服务收入的提升。

《全国零售药店分类分级管理指导意见（征求意见稿）》（以下简称《征求意见稿》）的发布及北京、上海、广东等部分地区陆续试行相关管理制度，标志着零售药店分类分级管理已成为医药零售行业的必然趋势。从目前《征求意见稿》中关于分类分级的要求及不同分类经营范围的规定来看，随着分类分级管理政策的逐步落实，零售药店将面临更为严格、规范的管理，一些小、散、乱的单体药店预计将面临更大的生存压力，在进一步加剧的市场竞争中逐步被淘汰；零售连锁药店将依托自身体系化、标准化、规模化经营及相关政策支持得到进一步发展，医药零售行业连锁化率将进一步提高，整个医药零售行业的管理与服务水平也将得到进一步提升。

针对药品零售企业执业药师“挂证”行为整治工作的开展，有效遏制了医药零售行业执业药师的“挂证”行为，规范了各地零售药店执业药师的配置行为，保证了执业药师认真履行指导门店顾客合理购药、用药的职责，推动了医药零售行业专业化服务能力的提升。同时，随着“挂证”执业药师清理工作的开展，面对执业药师配置率不足的情况，各地积极开展执业药师远程审方实践工作，探索药师多点执业的可行模式，提升作为医药零售企业重要人力资源的执业药师在企业经营中的运行效率。

“互联网+药品流通”行动计划的深入推进正不断改变着医药零售行业的经营模式，“网订店取、网订店送”等“互联网+药品流通”模式获得快速普及，互联网正在与医疗服务、公共卫生服务、家庭医生签约服务、药品供应保障服务、医学教育和科普服务等领域深度融合。部分具有较强实力的医药电商企业利用大数据、云计算、人工智能等新技术，积极探索社会资源整合，纵深拓展平台化发展模式，为上下游企业提供新型供应链服务，为患者提供专业的药事服务和贴心的购药体验。新冠肺炎疫情爆发推动了“互联网+”医保服务相关政策的探索实施。2020年3月，国家医疗保障局、国家卫生健康委员会发布《关于推进新冠肺炎疫情防控期间开展“互联网+”医保服务的指导意见》，将符合条件的“互联网+”医疗服务费用纳入医保支付范围，鼓励定点医疗机构提供“不见面”购药服务，网络售药医保支付问题开始进入探索实施阶段。在“互联网+”行动的推动下，医药零售行业进入转型升级的创新发展阶段。

2019年修订的《药品管理法》取消了以往每五年一次的药品经营质量管理规范官方认证，政府不再用认证的方式为药品经营企业的经营活动是否合规进行“背书”，而是要求药品经营企业的合规必须呈“持续状态”，并随时准备接受监管部门的常规检查和飞行检查。同时，修订后的《药品管理法》大幅提高了违法处罚力度，提高了药品经营主体违法成本，强化了其市场主体责任意识。

4.2 《中华人民共和国药品管理法》

本节我们重点解读《中华人民共和国药品管理法》，该法于1984年9月20日第六届全国人民代表大会常务委员会第七次会议通过，自1985年7月1日起施行。2001年2月28日第九届全国人民代表大会常务委员会第二十次会议第一次修订，并于2001年12月1日起施行。2013年12月28日第十二届全国人民代表大会常务委员会第六次会议第一次修正，2015年4月24日第十二届全国人民代表大会常务委员会第十四次会议第二次修正。最新的版本是2019年8月26日第十三届全国人民代表大会常务委员会第十二次会议第二次修订，并于2019年12月1日起施行。

1985年版《药品管理法》共60条，主要针对药品生产企业、药品经营企业和医疗单位3个主体来展开，其中药品经营企业并没有进一步分为批发企业和零售企业，仅统一要求应取得《药品经营企业许可证》。

第十条　开办药品经营企业必须由所在地药品生产经营主管部门审查同意，经县级以上卫生行政部门审核批准，并发给《药品经营企业许可证》。无《药品经营企业许可证》的，工商行政管理部门不得发给《营业执照》。

针对开展药品经营所需要的药学技术人员、营业场所、设备、仓储措施、卫生环境及药品的出入库等予以了如下规定（对于药店来说，1985年还没有“执业药师”的称谓，直到1994年才有正式的“执业药师”的提法）。

第十一条　开办药品经营企业必须具备以下条件：

一、具有与所经营药品相适应的药学技术人员。

经营中药的企业和兼营药品的企业没有药学技术人员的，配备熟悉所经营药品的药性并经县级以上卫生行政部门审查登记的药工人员。

二、具有与所经营药品相适应的营业场所、设备、仓储设施和卫生环境。

1985年版《药品管理法》还首次提出了药店调配处方必须经过核对的要求，对处方所列药品不得擅自更改或代用。对有配伍禁忌或者超剂量的处方，应当拒绝调配，必要时，经处方医师更正或者重新签字后方可调配。监管当局显然意识到了药店合法、合规销售处方药的重要性，不过这个问题直到今天仍然没有得到很好的解决，不凭医生处方购买处方药、更改处方的情况在全国各地都较为普遍，但政策加强监管的方向也是清晰的。

1985 年版《药品管理法》发布后，1989 年 1 月 7 日国务院批准了《中华人民共和国药品管理法实施办法》，对《药品管理法》的具体实施予以说明，并对药品批发企业和药品零售企业申请《药品经营许可证》的各自负责审批单位予以规定。

2001 年版《药品管理法》共 106 条，相比 1985 年版有了更详细的规定。2001 年版《药品管理法》将药品经营企业区分为批发企业与零售企业，此版还首次提出了《药品经营质量管理规范》，要求药品监督管理部门按照规定对药品经营企业是否符合《药品经营质量管理规范》的要求进行认证，这个认证就是 GSP 认证。

第十六条　药品经营企业必须按照国务院药品监督管理部门依据本法制定的《药品经营质量管理规范》经营药品。药品监督管理部门按照规定对药品经营企业是否符合《药品经营质量管理规范》的要求进行认证；对认证合格的，发给认证证书。

GSP 认证、《药品经营许可证》及《营业执照》构成了药店开展业务的先决条件。2001 年版《药品管理法》还首次提出了对处方药和非处方药实行分类管理制度。

第三十七条　国家对药品实行处方药与非处方药分类管理制度。具体办法由国务院制定。

2001 年版《药品管理法》推出后，国务院又于 2002 年颁布了《中华人民共和国药品管理法实施条例》，对《药品管理法》具体如何落地做了进一步规定。其中，对开办药品零售企业的具体申请政府机构及机构的响应时间做了具体规定，对药品零售企业获得《药品经营许可证》后如何申请通过《药品经营质量管理规范》做了具体的规定及相应的时限要求。

第十二条　开办药品零售企业，申办人应当向拟办企业所在地设区的市级药品监督管理机构或者省、自治区、直辖市人民政府药品监督管理部门直接设置的县级药品监督管理机构提出申请。受理申请的药品监督管理机构应当自收到申请之日起 30 个工作日内，依据国务院药品监督管理部门的规定，结合当地常住人口数量、地域、交通状况和实际需要进行审查，作出是否同意筹建的决定。申办人完成拟办企业筹建后，应当向原审批机构申请验收。原审批机构应当自收到申请之日起 15 个工作日内，依据《药品管理法》第十五条规定的开办条件组织验收；符合条件的，发给《药品经营许可证》。

第十三条　省、自治区、直辖市人民政府药品监督管理部门负责组织药品经营企业的认证工作。药品经营企业应当按照国务院药品监督管理部门规定的实施办法和实施步骤，通过省、自治区、直辖市人民政府药品监督管理部门组织的《药品经营质量管理规范》的认证，取得认证证书。《药品经营质量管理规范》认证证书的格式由国务院药品监督管理部门统一规定。

新开办药品批发企业和药品零售企业，应当自取得《药品经营许可证》之日起 30 日内，向发给其《药品经营许可证》的药品监督管理部门或者药品监督管理机构申请《药品经营质量管理规范》认证。受理药品零售企业认证申请的药品监督管理机构应当自收到申请之日起 7 个工作日内，将申请移送负责组织药品经营企业认证工作的省、自治区、直辖市人民政府药品监督管理部门。省、自治区、直辖市人民政府药品监督管理部门应当自收到认证申请之日起 3 个月内，按照国务院药品监督管理部门的规定，组织对申请认证的药品批发企业或者药品零售企业是否符合《药品经营质量管理规范》进行认证；认证合格的，发给认证证书。

针对连锁企业越来越多的现状及经营中出现的问题，原国家药品监督管理局又发布《药品零售连锁企业有关规定》，基于《药品管理法》对连锁企业的有关经营问题做了具体规定。

规定指出，药品零售连锁企业是独立法人，需要通过省（区、市）药品监督管理部门审查并取得《药品经营企业许可证》，各门店则需要通过地市级药品监督管理部门审查并需单独取得《药品经营企业许可证》。

门店的质量管理人员应符合同规模药店质量管理人员标准，且门店不得自行采购药品。对于直接从工厂购进药品的药品零售连锁企业需要设立化验室，且化验室人员、设备等条件应符合药品批发同规模企业标准。只有取得 GSP 认证的药品零售连锁企业才能跨地域开办药品零售连锁分部或分店，且需要所跨地域的上一级药品监督管理部门审核通过。药品零售连锁企业在其他商业企业或宾馆、机场等服务场所设立柜台的，只能销售乙类非处方药。

2015 年版《药品管理法》共 104 条，仅针对 2001 年版做了微调。其中，与药品零售企业相关的是第十四条删除了开办药品零售企业要凭《药品经营许可证》到工商行政管理部门办理登记注册的条款；删除了第五十五条，其中删除的与药品零售企业相关的内容是药品经营企业必须执行政府定价、政府指导价，不得以任何形式擅自提高价格。

在国务院简政放权、从预先审批转向事后监管的大趋势下，很多部门法都做了精简。根据国务院第 666 号令《国务院关于修改部分行政法规的决定》，《中华人民共和国药品管理法实施条例》做了相应修改，对开办零售药店的流程进行了精简，零售药店申办人不再需要凭《药品经营许可证》而开办零售药店了。这些修改自 2016 年 2 月 6 日《国务院关于修改部分行政法规的决定》发布之日起就生效了，不过《中华人民共和国药品管理法实施条例》的正式修改版在 2019 年 3 月 2 日发布。

2019 年版《药品管理法》共 155 条，其中与零售企业相关的最重要的是删除了需要《药品经营质量管理规范》认证的规定。2019 年版《药品管理法》与前面版本相比有不少创新点，如首次提到国家鼓励、引导药品零售连锁经营，并首次给网络销售药品特别是网络销售处方药正名。

第六十一条　药品上市许可持有人、药品经营企业通过网络销售药品，应当遵守本法药品经营的有关规定。具体管理办法由国务院药品监督管理部门会同国务院卫生健康主管部门等部门制定。

疫苗、血液制品、麻醉药品、精神药品、医疗用毒性药品、放射性药品、药品类易制毒化学品等国家实行特殊管理的药品不得在网络上销售。

第六十一条首先提到了药品经营企业可以通过网络销售药品，进一步针对禁止在网络上销售的药品类型清单中也没有提到处方药，这对于医药电商产业来说意义重大。另外，2015 年版删除的政府定价问题，在 2019 年版《药品管理法》中也重新做了规定。

第八十五条 依法实行市场调节价的药品，药品上市许可持有人、药品生产企业、药品经营企业和医疗机构应当按照公平、合理和诚实信用、质价相符的原则制定价格，为用药者提供价格合理的药品。

药品上市许可持有人、药品生产企业、药品经营企业和医疗机构应当遵守国务院药品价格主管部门关于药品价格管理的规定，制定和标明药品零售价格，禁止暴利、价格垄断和价格欺诈等行为。

4.3 《药品经营质量管理规范》

《药品经营质量管理规范》最早于 2000 年 4 月 30 日以原国家药品监督管理局令的方式发布，对药品经营企业在药品的购进、储运和销售等各环节的质量管理、组织结构、职责制度、过程管理和设施设备等多方面做了具体规定。

《药品经营质量管理规范》要求企业主要负责人对企业经营药品的质量负领导责任，并要求企业设置质量管理机构或专职质量管理人员，同时要求企业的质量负责人应具有药学专业的技术职称。在药品零售过程中处方审核人员应是执业药师或有药师以上（含药师和中药师）的专业技术职称，企业的质量管理人员和药品检验人员应具有药学或相关专业的学历，或者具有药学专业的技术职称，其他相关人员也要经过专业培训并考核合格后持证上岗。

《药品经营质量管理规范》还对药品的仓储、配送、验收等设备做了具体要求，如要有符合药品特性要求的常温、阴凉和冷藏保管的设备，要有检测和调节温、湿度的设备，经营中药饮片的企业要有所需的调配处方和临方炮制的设备等。

在药品的陈列与储存上，《药品经营质量管理规范》要求药品应按剂型或用途及储存要求分类陈列和储存，如药品与非药品、内用药与外用药应该分开存放，易串味的药品与一般药品应该分开存放等。此外，《药品经营质量管理规范》还首次提出了“首营”等概念，要求药品零售连锁企业对首次发生供销关系的药品生产或经营企业进行严格的审核。

2012 年，原国家卫生与计划生育委员会对《药品经营质量管理规范》进行了修订，修订版于 2013 年 6 月 1 日起正式实施，修订版比 2000 年版更为翔实。修订版对零售药店的要求新增了对文件的规定及对售后管理的规定。例如，2000 年版要求企业应当设置质量管理机构或专职质量管理人员，修订版中则更具体地对质量管理的责任进行了定义，共包括 15 条内容。

2013 年修订版《药品经营质量管理规范》对药店的运营提出了不小的挑战，要求企业法定负责人或企业负责人应当具备执业药师资格，要求企业必须配备执业药师，负责处方审核及指导合理用药。这两项规定从对于提升药店运营质量、降低质量风险是比较有效的手段，客观上也对零售药店越开越多的市场现状有所约束。

要取得执业药师资格，必须是药学、医学或相关学历，且需要通过国家执业药师专业考试。通过要求药店必须配备执业药师在提升药店经营质量的同时也带来了“挂证”等问题，很多药店通过与有执业药师证的人签订合同来解决资质问题，而执业药师实际并没有在药店工作。

此外，2013 年修订版《药品经营质量管理规范》首次提出了药品零售企业要设置计算机系统对质量等进行管理，这在客观上推动了整个医药零售信息化系统产业的发展，这些药品零售企业后来逐渐成为医药新零售产业的重要参与者。同时，在国务院发布的《国家药品安全“十二五”规划》中也明确提出新开办的零售药店要配备执业药师，且到 2015 年零售药店和医院药房全部实现执业药师配备。

2015 年修订版《药品经营质量管理规范》在零售管理部分未进行修改，但对药品批发企业和药品零售企业同时提出了“对实施电子监管的药品，企业应当按规定进行药品电子监管码扫码，并及时将数据上传至中国药品电子监管网系统平台”的要求，此条规定与 2015 年 1 月原国家食品药品监督管理总局发布的《关于药品生产经营企业全面实施药品电子监管有关事宜的公告》对行业造成了较大影响，公告要求所有药品厂家在 2015 年 12 月 31 日前全部纳入中国药品电子监管网，并要求所有药品批发企业、药品零售企业必须全部入网，对所有经营的已赋码药品“见码必扫”。

此条规定原本是打击假药、提升药品质量管控的有效手段，但是对药品企业产生了两方面的影响：一是对药品零售企业会增加很多的经营负担（需要增设管理系统、购买扫码枪设备等）；二是中国药品电子监管网系统平台彼时的运营方是电商平台阿里巴巴，存在潜在的利益冲突。以湖南养天和为首的药品连锁企业联名反对使得中国药品电子监管网停止运营，阿里健康单独推出了名为“码上放心”的追溯平台，同时 2015 年 12 月 31 日前必须全部纳入中国药品电子监管网的规定也暂缓执行。

政府推动药品全程透明可追溯的决心未变，尽管步骤放缓，但是后续逐步以强制要求企业自行建立追溯系统的方式推进。此次企业的反对也带来了《药品经营质量管理规范》的再次修订，2016 年 7 月原国家食品药品监督管理总局发布了新版规范，其要点便在于此。

2018 年 7 月，长春长生疫苗事件爆发。2018 年 8 月，国家药品监督管理局适时发布《关于药品信息化追溯体系建设的指导意见（征求意见稿）》，并于 2018 年 11 月 2 日发布正式稿，要求实现覆盖药品生产、流通全过程及全品种的追溯，实现全链条监管。

《关于药品信息化追溯体系建设的指导意见（征求意见稿）》同步也提出了按药品剂型、类别分步推进药品信息化追溯体系建设，重点产品、重点企业率先纳入追溯体系，并优先针对基本药物、医保报销药物等消费者普遍关注的产品尽快建立药品信息化追溯体系，但是征求意见稿中提出的“2022 年底基本完成药品信息化追溯体系完全覆盖”在正式稿中未出现，建立全面追溯体系和减少药品企业负担之间如何平衡仍是其中颇具挑战的难题。

药品的可追溯为医药新零售提供了可行性。药品流向的完整大数据为药品企业品类规划、消费者洞察提供了科学而精准的依据；患者扫码辨别药品真伪形成了新的患者入口，为更多的服务场景植入提供了发挥空间。

此后，2019 年 12 月 1 日正式开始实行的《药品管理法》中正式删除了之前要求的“药品监督管理部门按照规定对药品生产企业是否符合《药品生产质量管理规范》的要求进行认证；对认证合格的，发给认证证书”，简化了门店开设过程中的行政审批手续。但同时，药店要根据 2019 版《药品管理法》的规定进一步完善内部管理制度、强化规范经营意识，以提升内部管理水平，防止因发生违法、违规事项对药店持续稳定经营产生重大不利影响。

4.4 药诊所相关政策

药诊所是医药新零售的一种典型业态，其中最为普遍的形式是中医坐堂；但是这种形式受到法律的约束与管辖，早在 2010 年 10 月我国原卫生部就联合国家中医药管理局发布了《关于印发中医坐堂医诊所管理办法（试行）和基本标准（试行）的通知》。该通知要求药店必须具有独立的中药饮片营业区且饮片区面积不得少于 50 平方米，中药饮片质量要符合国家规定的要求，品种齐全，数量不少于 400 种。

药店申请中医坐堂医诊所还需要按照医疗机构设置规划，由县级地方人民政府卫生行政部门、中医药管理部门根据《医疗机构管理条例》《医疗机构管理条例实施细则》《中医坐堂医诊所基本标准》《中医坐堂医诊所管理办法》的有关规定进行设置审批和执业登记。中医坐堂医诊所聘用的医师，应当是取得医师资格后经注册连续在医疗机构从事 5 年以上临床工作的中医类别中医执业医师。中医坐堂医诊所可以作为中医类别中医执业医师的第二执业地点进行注册，但至少有 1 名中医类别中医执业医师的第一执业地点为该诊所。

2017 年 9 月，原国家卫生和计划生育委员会正式将中医坐堂医诊所更清晰地定义为中医诊所来管理，并发布了《中医诊所备案管理暂行办法》，该办法对中医诊所进行了明确的定义，"本办法所指的中医诊所，是在中医药理论指导下，运用中药和针灸、拔罐、推拿等非药物疗法开展诊疗服务，以及中药调剂、汤剂煎煮等中药药事服务的诊所"。

该办法还将中医诊所管理由许可制改为备案制，只要符合举办中医诊所条件，将备案所需提交的材料报拟举办诊所所在地县级中医药主管部门，县级中医药主管部门就可以对材料齐全且符合备案要求的予以备案，并当场发放《中医诊所备案证》，备案人在拿到《中医诊所备案证》后即可开展执业活动。

备案制大大降低了中医诊所的开办要求，该办法对中医执业医师的资格要求也从 5 年工作经验降到 3 年。此外，对于通过师承、家传等非学历教育方式学习中医的人员还可以按照《中医医术确有专长人员医师资格考核注册管理暂行办法》，经实践技能及效果考核取得中医执业医师资格。

对于开展中医坐堂业务、中医诊所业务的药店来说，其经营实质是通过另行成立具有中医诊所资质的实体公司来开展相关业务，药店和诊所的经营场地或共享或比邻以实现二者业务的协同。

对于开展西医诊所业务的药诊所同样也需要开设独立的具有诊所资质的实体公司，与中医诊所有专门的管理规定不同，西医药诊所的管理规定主要来自《医疗机构管理条例》及《医疗机构管理条例实施细则》。在城市开设西医药诊所需要取得《医师执业证书》，并在取得执业证书或医师职称后从事同一专业临床工作 5 年以上；此外各省、自治区、直辖市卫生计生行政部门还会根据各区域情况设定一些额外条件；在乡镇和村设置诊所的条件则完全由各省、自治区、直辖市卫生计生行政部门规定。与中医诊所不同，西医药诊所实行审批制。

2018 年 1 月，国务院办公厅发布了《关于改革完善全科医生培养与使用激励机制的意见》，意见中明确提到"鼓励社会力量举办全科诊所""医疗机构相关规划布局不对全科诊所的设置做出限制，实行市场调节”“支持符合条件的全科医生个体或合伙在城乡开办全科诊所，为居民就近提供医疗保健服务”等。

4.5 药店电子处方与远程审方

除了线下实体的药诊所，依托互联网医院的药诊所也变得越来越流行，最早的互联网医院——广东省网络医院就提供这样的服务，患者在药店内通过远程视频和医生交流互动，医生开出电子处方后，患者在药店购药。以往，患者需要凭借处方在药店内购买处方药，如今电子处方也成为一种逐步可以在药店使用的处方形式。同时，根据国家相关规定，凭借处方在药店购买药品时需要执业药师进行审方，随着电子处方使用的普及，远程审方也成为政策制定的关注点。

药店或其他零售终端是否可以接受电子处方这种形式由各省（自治区、直辖市）药品监督管理部门决定。目前，我国已有多个省（自治区、直辖市）药品监督管理部门制定了相关政策，四川、湖北、湖南、浙江、山东、内蒙古、青海、海南、广东等多个省（自治区、直辖市）均开展了零售药店电子处方试点，也有不少省份虽然没有发文，但并不反对零售药店接受电子处方作为购药凭证。

2016 年 9 月，成都市食品药品监督管理局发布了《关于在全市药品零售连锁企业中推进电子处方试点工作的通知》（以下简称《通知》），要求在全市零售连锁药店开展电子处方试点工作。成都市版的电子处方试点规定是当时相对详细的一个版本。

《通知》对执业药师远程药学服务、远程审方及电子处方试点均持支持态度，《通知》中电子处方主要限定于按固定剂量用药的上呼吸道感染、高血压、糖尿病等常见病和慢性病，不得用于儿童、孕妇及 65 岁以上老年人。电子处方应符合卫生管理部门的相关规定，处方上印有医生的电子签名。药品零售连锁企业可选择具备相关网络技术、硬件设备条件的第三方医疗服务机构合作建立远程医师诊疗、电子处方应用平台。远程医师应具备执业医师资格，并在合法医疗机构注册管理。远程医师开具的电子处方等同于普通处方，电子处方应保存在药品零售连锁企业备查，保存期限同普通处方。

《通知》对第三方平台也颇为关注，对参与试点的第三方平台要求“按照市局 29 号文件和 294 号文件规定配置的软硬件情况，并督导其定期开展大数据分析管理。对违反规定的零售企业和第三方平台公司报请市局裁定是否取消和暂停其试点”。同时，《通知》还提到如果连锁药店选择一家平台提供电子处方，同时由另外一家平台提供远程审方服务，在这种情形下的具体处理方法。

此外，需要开展远程医师诊疗、电子处方工作的药品零售连锁企业要根据《成都市药品零售连锁企业电子处方试点操作细则》做好相关准备，向成都市食品药品监督管理局提出试点申请，经市局批复后方可开展相关试点工作。

2017 年，西安市食品药品监督管理局发布了《药品零售企业推行电子处方服务工作方案（试行）》（以下简称《方案》），《方案》规定企业可以根据实际选择具备相关网络技术、硬件设备条件的第三方医疗服务机构，合作建立远程医师诊疗、电子处方应用平台。其中，远程医师应具备执业医师资格，并在合法医疗机构注册管理。

西安市食品药品监督管理局还要求参与试点的门店需具有相关的远程诊疗终端，同时各门店终端必须能查询在指定时间内的每一笔处方开方及审核的详细记录。而企业端的电子处方系统必须能够和执业医师清晰、流畅地进行视频对讲，在后台保存咨询录音和视频文件，便于事后抽查。处方开具之后，销售处方药时应经执业药师审核合格后，在处方上签字或签章（电子印章）方可调配，对处方所列药品不能擅自更改或代替，对配伍禁忌或超剂量的处方，应拒绝调配。

2017 年 6 月，西安市食品药品监督管理局发布《推广互联网医院开展慢性病随诊电子处方共享工作的意见》，对电子处方的共享提出了进一步的指导意见，将电子处方的试点工作落在了通过互联网医院进行慢性病随诊上。

2018 年 3 月，天津市市场监督管理委员会发布《关于零售药店试行凭电子处方销售处方药的通知》，正式开启药店电子处方试点。同月，重庆药品监督管理局也发布了《关于零售药店试行凭电子处方销售处方药的通知》。

2019 年 8 月，山西省药品监督管理局发布了《关于在药品零售企业开展电子处方服务试点工作的通知》，旨在通过严格规范电子处方的管理，推进和完善药品零售企业信息化服务机制，探索并破解处方药销售监管难题，更好地促进药品零售企业提供安全、有效、便捷的惠民服务，着力解决人民群众关切的合理用药及购买处方药问题。

山西省版的电子处方试点文件值得一提的是其规定得特别具体，如提到“药品零售企业电子处方系统应当具备与开展远程审方业务相适应的多媒体终端设备、音像采集传输等设施，满足远程问诊的硬件支撑和信息储存要求”，要求“必须能够真实、完整地保存所开具的处方及审核记录，能够实现与执业医师清晰流畅的视频对讲，在后台保存咨询、诊疗录音和视频文件，保存期限同普通处方期限，便于监督检查。电子处方系统须提供数据接口，以备监管部门查阅数据使用”。

在远程审方上，山西省电子处方试点鼓励药品零售连锁总部探索开展远程审方试点服务，确保在真实审方、有效审方的前提下指导人民群众安全用药，同时对远程审方提出了非常具体的要求。

门店与连锁总部实行统一质量管理体系、统一计算机系统、统一采购配送、统一财务（票据）管理；建立远程审方配套管理制度，应至少包括处方审核及保存管理制度、在线执业药师岗位职责和考勤管理制度、处方审核权限管理制度、远程审方系统管理制度、远程审方操作规程、应急管理制度、患者隐私数据管理制度等制度；零售连锁总部应当设立与经营规模相适应的远程审方工作专区室，工作（专区）室应有独立专属工作区，应自配或使用合法第三方机构的专用服务器（非微型计算机），使用第三方机构服务器时应保证相关数据的安全，并确保相关数据资料保存同普通处方保存期。门店应当具备与开展远程审方业务相适应的终端设备、音像采集传输打印设备等设施，满足远程审方的硬件支撑和信息存储要求，实现执业药师与消费者的远程沟通，相关数据资料保存期同普通处方保存期；配备与经营规模相匹配数量的远程审方执业药师，注册在总部，并向省药品监督管理局报备告知；远程审方软件系统应当包含企业合法资质认定、审方执业药师指纹确认（与远程审方执业药师身份证指纹信息一致）、自动生成处方唯一编码、远程审方、处方复核、处方登记、处方保存、在线语音与视频信息保存等功能。

上述内容反映了药店根据电子处方销售处方药的普遍现状，在这个过程中行业已经积累了关于如何管理药店电子处方的具体经验，山西省在其电子处方试点中借鉴了这些宝贵经验。

开展电子处方试点的地区或明文规定或默认允许远程审方的形式，不要求必须由执业药师在药店里进行线下审方，而是可以远程进行处方的审核。不少没有明文允许电子处方试点的省份也积极鼓励执业药师远程审方。例如，2019 年 7 月，云南省药品监督管理局发布《云南省药品监督管理局关于进一步促进药品零售企业健康发展的意见》，明确提出“积极引导和鼓励药品零售连锁企业开展执业药师远程药师服务及远程审方业务”。

2019 年 8 月 5 日，重庆市药品监督管理局发布《重庆市药品监督管理局印发〈关于在全市药品零售企业推行执业药师远程药学服务和电子处方试点工作的指导意见〉的通知》，对执业药师“远程药学服务”做出明确定义（即零售连锁总部或第三方机构设置执业药师远程审方工作室，配备一定数量的执业药师，通过远程网络审方系统为消费者在购买处方药时提供在线审方服务的方式）；同时提出“在全市药品零售企业推行执业药师远程药学服务和电子处方试点工作”，重庆市辖区内的药品零售企业可自愿参加执业药师远程药学服务和电子处方试点工作。

2019 年 8 月 14 日，广西壮族自治区药品监督管理局发布《自治区药监局关于印发鼓励药品零售发展的指导意见（试行）的通知》，提出“鼓励具备条件并按照‘五统一’模式管理的药品零售连锁企业依托现有信息系统，在药师协会、行业协会等指导下试点开展执业药师网上处方审核、合理用药指导等专业药学技术服务”。2020 年 1 月 13 日，广西药师协会、广西医药商会、广西零售药店协会发布《关于联合发布〈广西药品零售企业远程药学服务规范〉（试行）的通知》，对广西药品零售企业开展远程药学服务活动行为进行了规范。

第 5 章

资本纵横医药零售

资本大规模涉入医药零售市场是我国医药零售市场的一大特色，也是影响新零售市场格局的一大重要因素，如全亿健康两年内通过收购组建起超过 2000 家门店的大连锁，高瓴资本连续收购超过 10000 家门店。从资本角度看医药零售将带给我们更广阔的视角，帮助我们更好地理解这个产业，也能帮助我们更好地理解医药新零售。

我国医药零售市场机会巨大，人们健康消费需求的持续增长为零售药店的持续增长提供了巨大动力，国家政策处方院外流转的方向明确形成了药店未来的关键增长点，而我国药店普遍散、乱、小，现代化经营程度不够，这给了资本进入的机会。

我国医药零售市场发展到今天，已经出现了高济医疗这样拥有超过万家门店的超级医药连锁企业，国大药房如果将国药控股下的其他药店一并融合，其拥有的门店数也接近万家，而迄今全球最大的连锁药店沃博联在美国市场拥有的门店数也没有超过万家。中国极其广大的市场对于医药零售行业来说孕育着巨大的机会，如此大的市场即使诞生 10 家沃博联体量的连锁药店也并不稀奇。而我国目前医药零售头部企业占据的整体市场份额还相当有限，与沃博联根本无法相提并论。随着资本的介入，通过资金的力量加速零售药店的兼并重组，借助数字科技手段提升运营效率、改善用户体验，进一步借助超大规模的体量构建起面向用户的超级品牌影响力，同时借助超大规模体量降低采购成本，借助科技手段提升运营效率、降低运营成本，超级连锁药店将拥有超强的盈利能力。

投资医药零售市场不仅有远期的市场做大的利润回报，从资本角度更有 IPO（首次公开募股）带来的资本红利。目前，中国市场上市的医药零售企业只有大参林、老百姓、益丰、一心堂、健之佳和第一医药 6 家企业，在上市前投资这几家企业的资本在对应的企业上市后均获得了很大的资本溢价。2007 年泽星投资以 4.23 亿元入股老百姓，老百姓上市至今泽星资本仍然拥有老百姓 32.58%的股份，这些股份的价值高达近百亿元。以 2 亿元注资益丰大药房的今日资本，投资一心堂的君联创投、弘毅投资、百利宏创投，投资大参林的摩根士丹利，它们均享受到了这些医药零售企业上市后的高资本溢价红利。

对标已有 200 多家上市公司的医药工业板块来说，如今医药零售板块的上市公司不是太多了，而是太少了。庞大的中国医药零售市场能支撑更多的上市公司。有证券分析公司认为，中国医药零售市场至少能够撑得起 20 家医药零售上市公司。无论是对于全亿健康还是对于高济医疗，上市后的资本红利都近在眼前。总体来说，活跃在药店收购领域的主要有四股力量。

第一股力量是传统医药零售连锁企业。很多传统医药零售连锁企业都是通过不断地收购整合而发展壮大的，最典型的就是四大上市公司——大参林、老百姓、益丰和一心堂。仅从各公司 2019 年年报来看，大参林自建门店 394 家、并购 498 家；益丰自建门店 639 家、并购 381 家；老百姓自建门店 466 家、并购 243 家；一心堂自建门店 718 家，没有并购。四大上市公司基本维持着每年共 1000 多家门店的并购速度，并购较为凶猛的年份如 2018 年仅益丰并购新兴药房一起案例就超过 500 家门店，全年四大上市公司并购门店数接近 2000 家。

第二股力量是掌舵各类投资基金的投资公司。这类投资公司已经成了医药零售收购市场上的大玩家，资本的并购速度比传统医药零售企业的并购速度更凶猛，客观上也教会了传统医药零售企业更大胆地运用资本力量来扩张。

以其中最早涉入的全亿健康为例，这家公司的董事长吴兴华是海王星辰的前总经理，具有丰富的操盘经验；CEO 杨建国也在海王星辰工作了 20 年，历任海王星辰江苏省总经理、华东大区总经理、分管运营的副总裁，具有丰富的药店经营管理经验；CFO（首席财务官）陈焕则具有投资人背景，先后在基石资本、红杉资本等投资公司工作。以这个黄金管理团队为载体，全亿健康在短短两年之内就完成了全国 2000 多家药店的收购，2017 年销售额突破 60 亿元，2018 年销售额突破 80 亿元，迅速迈入全国医药零售十强行列。这种创造大连锁的手法在中国医药零售市场上闻所未闻，而其背后最主要的推手就是基石资本和联想旗下的弘毅资本。

除全亿健康之外，还有高瓴资本旗下的高济医疗、华泰证券旗下的华泰紫金、摩根士丹利等 PE（私募股权投资）公司，四川省健康养老产业基金、江苏省沿海产业投资基金等产业基金公司，它们活跃在药店收购领域，深度布局医药零售领域。在河北、四川、重庆、江苏、北京……几乎中国的每个省（自治区、直辖市）都能看到资本的身影，曾经有一段时间药店老板聚会的日常话题已经是卖不卖药店、现在卖是否值得、以什么样的价格卖最划算、谁是最好的买家……

第三股力量是医药工业企业。其实早在资本涌入医药零售市场以前，很多工业企业或多或少都曾布局商业公司和零售药店，对于工业企业来说这属于垂直一体化战略，从产业链源头的研发、生产、营销向产业链下游的商业、零售延伸。这种投资模式的投资金额与医药研发的投资金额相比要小很多，同时又能和既有医药销售业务形成协同，因而颇受工业企业青睐。

另外，一些大的工业企业大多设有自己的独立投资基金，在大健康的各个领域进行布局。随着零售药店的投资热潮兴起，工业企业也趁势入局。例如，港股上市公司河北神威依托旗下的神威大药房，通过收购手段深度整合河北零售市场，陆续完成对邯郸、唐山、沧州、保定、秦皇岛等河北各市药店的收购与整合，打造出河北省区域医药零售龙头企业。知名工业企业天士力通过旗下的天士力大健康产业基金，以 5 亿元获得有“西北王”之称的甘肃众友健康近 10%的股份。

此外，河南张仲景大药房的大股东是医药工业企业——仲景宛西制药。2017 年开始在仲景宛西制药资金的支持下，张仲景大药房从 2017 年仅 500 多家门店迅速扩张到 2019 年的 1200 多家门店，成为高济医疗在河南很有实力的竞争对手。2017 年，知名药企广药白云山出资 8 亿元认购一心堂 7.38%的股份，后续还与一心堂一起设立了白云山一心堂公司，深耕广东医药零售市场……

对于工业企业来说，投资连锁药店既可以打造工商协同的商业模式，又可以通过零售布局分享改革红利，抢占终端资源。

第四股力量则是逐渐兴起的互联网公司新力量。随着阿里巴巴新零售战略的不断深入，阿里健康开始了持续线下布局的探索。2018 年 6 月，阿里健康宣布以 4.54 亿元入股山东区域龙头连锁企业漱玉平民，持有其 9.34%的股份，同步又参与了安徽华人健康医药 B 轮融资，两个月后又以 4.22 亿元收购贵州一树 14.54%的股份。2018 年 12 月，阿里健康又以 1.88 亿元注资甘肃德生堂，持有目标公司 10%的股份。同时，阿里健康还通过中国医药 O2O 先锋联盟等平台与更多的药店进行渠道合作与数据整合，通过整合菜鸟、饿了么等阿里系“最后一公里”配送能力，联合线下连锁在很多城市推出 24 小时送药上门服务、急用药配送服务等，形成对线下零售的整合能力。此外，阿里健康还可以依托其参股的线下连锁药店打造新零售场景及应用。

另外一家互联网巨头腾讯随后也步入医药零售投资领域，2019 年 10 月，腾讯以 5 亿美元入股高瓴资本旗下的高济医疗，获得约 20%的股份。紧接着，2020 年 6 月，腾讯又以近 6 亿元入股老百姓，获得约 3%的股份。腾讯通过小股份参股连锁药店，进而同药店形成深度利益绑定，共同打造智慧零售场景的战略意图非常清晰。

此外，诸多电商公司或多或少都在进行线下实体药店布局，如妙手旗下的圆心大药房、叮当快药的自营药房，医疗大数据公司如零氪等也都启动了线下 DTP 药房。作为能够直接触及 C 端用户实现商业闭环的药店，对于互联网公司来说有着天然的吸引力。

总体来讲，上市连锁企业的目的是拓展医药零售网络的深度与广度，做大做强零售业务，对收购标的的要求至少是控股，且通常选择缺乏区域龙头连锁的地区开展并购，以避免与区域龙头的直接竞争。

资本的目的则更为直接——获取财务回报，尽管这种财务回报诉求有短期的和长期的，但需要对提供资金的 LP（有限合伙人）有财务回报是资本最本质的诉求。资本获取财务回报的方式有多种：基石资本、高瓴资本等选择了通过强大的资金与先进的理念结合快速打造出一个拥有领先商业模式的连锁药店，进而通过上市实现资本变现；而华泰基金等则选择了小股份参股的方式通过连锁药店企业的成长直接获益。

工业企业的参与方式则主要从垂直一体化战略出发打造工商一体化的运营模式，或从多元化经营的角度选择并购药店。典型案例如河北神威就是锚定要把零售业务发展为自己的第二主业，目的是希望能将零售业务独立上市。

阿里巴巴与腾讯两家巨头的参与则是各自践行其“新零售”与“智慧零售”的理念，通过参股来深度绑定以更好地推进其理念的试水与落地。

5.1 资本扩张是主旋律：且谈四大上市公司的扩张策略

中国连锁药店发展的两大主要驱动力来自门店扩张及老店运营的提升，其中门店扩张带来的动力更直接。2019 年四大上市公司营业收入增长与门店数增长如表 5.1 所示。通过分析表 5.1 的数据，我们很容易就能发现门店数增长的排序与营业收入增长的排序完全一致。换言之，门店扩张速度越快、营业收入增长也就越快。

表 5.1 2019 年四大上市公司营业收入增长与门店数增长

公 司 名 称	营业收入增长（%）	门店数增长（%）
益丰	48.66	26.84
大参林	25.76	21.19
老百姓	23.15	18.39
一心堂	14.20	8.82

四大上市公司开设新门店的方式主要有两种：一种是自建，一种是收购。从历史数据来看，两种方式增加的新门店各占一半，其中一心堂更加偏好自建门店。四大上市公司布局新门店背后有自身的扩张策略。

老百姓的主要扩张区域在华中、华南、华北、华东及西北地区，其中华中是老百姓的优势区域，华北和华东则是重点开拓区域，其在聚焦区域主要采取“近医院、进乡镇”的拓展策略。一心堂以西南为核心经营地区，华南为纵深经营地区，华北为补充经营地区，其主要拓展策略是“少区域高密度网点”。大参林主要深耕广东和广西，并重点发展广西、河南、福建和江西，其主要拓展策略是“深耕华南，布局全国”。益丰已在湖南、湖北、上海、江苏、江西、浙江、广东、河北、北京九省（直辖市）开展业务，在华中、华东和华北 3 个主要区域重点拓展业务，其主要拓展策略是“长期坚持区域聚焦，兼顾市场广度”。

总体来讲，因为资源相对有限，无法全面铺开，四大上市公司都选择了“巩固既有市场基础，同步在新兴优势区域大力拓展”的发展策略。但是二者孰轻孰重，不同公司的选择颇为不同，其中老百姓和益丰都选择了重点拓展新兴市场，特别是高潜力的华东市场。

一心堂和大参林则选择加强核心市场，一心堂 50%左右的新店都开设在云南省，大参林 80%左右的新店都开设在华南地区的广东和广西两省（自治区）。这也与一心堂和大参林两大上市公司在核心市场渗透已较深，继续拓展核心区域规模效应更明显有关。对于老百姓和益丰来说，华南市场格局早已形成，渗透空间有限，拓展新兴市场更为有利。

从四大上市公司的竞争格局来看，如果把老百姓和益丰算作一家，那么 3 家之间市场竞争冲突并不明显，一心堂主要在西南地区，华南地区有所涉及但步伐尚小，大参林主要在华南地区，而老百姓和益丰均主要在华中地区，并大力拓展华东地区和华北地区的业务。而同处湖南的两大上市公司老百姓和益丰不仅在大本营华中地区竞争，更同时瞄准了华东和华北两个区域实施扩张策略，在实际拓展中两大上市公司难免短兵相接，竞争的味道也越来越浓。

5.2　并购新兴药房：国内最大药店收购案

虽然 2019 年腾讯以 5 亿美元入股高济医疗创造了当年医药零售行业最大的单笔投资案例，不过与腾讯“简单直接”的投资相比，益丰收购河北新兴药房这笔总金额仅次于腾讯入股高济医疗金额的案例更加丰满，也更能反映医药零售行业并购的内涵。

2018 年 6 月 22 日，益丰宣布拟以约 13.84 亿元收购河北新兴药房 86.31%的股份。新兴药房是以河北省为基地的区域龙头企业，旗下拥有近 500 家直营门店，2017 年销售收入超过 9 亿元，石家庄有 315 万人是新兴药房的会员，除河北省之外新兴药房在北京和其他周边省份也有布局，经营有蒸蒸日上的势头，其在全国药店的排位在 20 位左右。原本这个体量的连锁企业很少有愿意售出的，其他规模近似或略大的药房如德生堂、漱玉平民、健之家等无不厉兵秣马，不断扩张，意图上市，经营有道的新兴药房依托河北进一步拓展全国市场进而上市有切实可行的路径。可惜的是，2017 年新兴药房董事长郭生荣因病英年早逝，年仅 56 岁。

对于许多处于发展期的中型连锁企业来说，现代企业制度尚未完善，企业的成败往往与企业家的成败紧密地联系在一起。缺乏企业家领导的新兴药房发展进入困境，适逢医药零售市场并购整合之风正盛，资本环视，新兴药房被收购成为必然。最后摘得桂枝的是益丰，这件事在郭生荣还在世时就在运作。

在郭生荣纪念馆落成仪式上，益丰董事长高毅曾提到益丰做出收购新兴药房的决定是在 2017 年 5 月，或许在此之前双方有过交流与沟通，对于彼时的郭生荣来说将自己一生的心血托付给益丰对新兴药房可能是最好的选择了。而后就在郭生荣去世的当月益丰公告以 6120 万元收购新兴药房 4.96%的股份，2018 年 6 月益丰正式公告对新兴药房的全面收购正是对当初决策的执行。

据说益丰收购新兴药房的过程也颇为曲折，对新兴药房感兴趣的大型连锁企业和投资公司不少，尽管两家的掌门人曾有协商，也挡不住投资公司不断抬高价码。益丰最后给出了 16.03 亿元估值（按 13.84 亿元占股 86.31%计算），按照新兴药房 2017 年全年的营业收入来计算 PS（市销率）高达 1.77 倍，PE（市盈率）高达 35.49 倍，这个估值是相当高的。

PS 是市销率，用估值或市值除以年营业收入可得，以往行业均值是 0.7 倍，在资本火热的 2018 年也仅在 1.1 倍左右，新兴药房 PS 为 1.77 倍可谓是相当高的。PE 是市盈率，用估值或市值除以净利润可得，新兴药房 PE 为 35.49 倍，仅次于 2018 年另一起股权收购案中阿里健康对漱玉平民的 41.3 倍 PE，比一般连锁企业收购给出的 20 倍高出了很多。其间，风传有资本参与竞标把价格哄抬了不少，但是对于自身 PE 高达 60 倍的益丰药房来说，35.49 倍 PE 照样是有利可图的，收购新兴药房后装入上市公司，之前 13.84 亿元的投资回报翻了将近一倍。

5.3 高瓴资本：横空出世的“医药零售之王”

在众多收购药店的力量中，高瓴资本异常低调。高瓴资本在 2017 年 6 月成立了专注医药零售投资的高济医疗，此后快速开启药店收购，一年多时间快速完成了超过 300 亿元规模的医药零售行业整合，遥遥领先于四大上市公司及国大药房，成为当之无愧的“医药零售之王”。

高济医疗依托其华北、西南、广东、河南四个大平台及其他机构已经进入我国多个省及直辖市，全国除云南、西藏、青海之外，其他省份全部布局。截至 2018 年年底，高济医疗全国范围内门店数超过 12000 家。其中，部分有报道的数据：新疆近 500 家、陕西 1000 多家、重庆 300 多家、四川 1200 多家、广西近 300 家、广东 1100 多家、江西近 200 家、福建 350 多家、湖南 900 多家、湖北 800 多家、安徽 750 多家、上海 30 家、江苏 200 多家、山东 250 多家、华北地区 2100 多家、东北地区 300 多家。

高济医疗多收购所在区域的二、三、四线城市乃至更下沉城市的龙头连锁，从而形成区域强势地位。以高济医疗重兵布阵的河南平台为例，高济医疗在短短一年内就完成了对河南省主要城市龙头医药连锁企业的控股，如洛阳的百家好一生医药连锁、周口的河南同和堂医药、焦作的蓝十字医药连锁、开封的百氏康医药、郑州市的河南隆泰大药房。同时，还包括在南阳、驻马店和平顶山经营的隆泰仁医药，商丘的河南天伦医药连锁，三门峡的华为医药零售，信阳的河南美锐大药房连锁，济源的万康大药房连锁……河南省主要城市的龙头医药连锁企业基本都纳入了高济医疗的掌握之中。而此前百家好一生医药连锁的创始人史铁军也成为高济医疗河南平台的掌舵人。

总体来讲，高济医疗以股权控制为主，在大多数被投资的连锁企业中，高济医疗都拥有超过 50%的绝对控股权，如对百家好一生医药连锁控股 100%、对成都华杏控股 65%、对四川万盛控股 65%、对河北仁秦控股 90%、对河北狮城百姓控股 90%、对雅安高济合康控股 90%、对四川高济海棠药堂控股 65%等。高济医疗在少数被投资的连锁企业中选择以小股东身份参股，如对重庆万和占股 15%、对四川杏林占股 15%、对陕西怡康占股 5%、对遂宁市全泰堂占股 40%、对天济大药房连锁占股 10%等。

高瓴资本是当前市场上药店整合影响力最大的资本方。与一般专业投资机构只专注获取投资收益不同，高瓴资本试图以资本力量进行行业整合，通过长期规划、宏大布局、科技赋能来获取超越市场的回报。高瓴资本以使用美元基金为主来完成收购，其资金成本较国内低且资金方多为家族资本，能够承受很长的投资回报时限。高瓴资本拥有充足的资金和时间优势整合医药零售市场，其收购方式灵活、收购价格高、投资决策快，短短两年内无论是销售额、门店数还是布局区域迅速升到全国第一。

5.4　国大药房：两年新增 10000 家门店的版图

资本系的鸿篇巨制给传统的医药零售市场带来了巨大的活力，此前即使是上市公司也没有这么大的手笔，大开大合、纵横捭阖。虽然依托上市企业国药一致没有单独上市，但作为高济医疗之前医药零售市场的实际老大，国大药房也逐渐坐不住了。国大药房的掌舵人赵小川 2018 年 11 月在中国药店管理学院放出豪言：2020 年之前国大药房门店数将达到 10000 家，销售额达到 200 亿元；2022 年国大药房门店数将超 15000 家，销售额达到 400 亿元。

在高瓴资本进入医药零售市场之前，国大药房无论是从经营规模还是从背景资源来看都是名副其实的医药零售市场老大。这家成立于 2004 年的连锁药店背后是当今商业市场巨头国药控股，国药控股是营业收入超过 4000 亿元的全国龙头商业企业。国药控股通过其旗下控股公司国药一致来持有国大药房股份，国药一致是 A 股上市公司，截至 2019 年 3 月底其持有国大药房 60%的股份，国药控股持有国药一致 56.06%的股份，所以国药控股是国大药房的实际控制方。

2016 年，国药控股通过资本运作，将国大药房 100%的股份完全纳入国药一致名下。2016 年，国大药房实现营业收入 91.09 亿元，拥有门店数超过 3500 家。2017 年，国大药房实现营业收入 100.31 亿元，拥有门店数超过 3834 家。

2016 年 11 月，国药一致宣布引入外资——世界最大的连锁药店集团美国沃博联，美国沃博联公司以 27.667 亿元人民币获得国大药房 40%的股份。这个价格相当于对国大药房估值 69.17 亿元，如果从 PS 角度考虑这个估值，那么以 2017 年的营业收入来计算 PS 是

0.69 倍，对标 2018 年益丰收购新兴药房给出的 1.77 倍 PS，美国沃博联算是捡了一个大便宜。

即便在 2017 年，这个价格对于国大药房这样的连锁企业来说估值也是偏低很多。作为国控系公司国大药房并不缺钱，或者说即便需要钱的时候融资的手段也有很多，以如此低的价格招揽美国沃博联只能有一个解释，期待能够引入美国沃博联的先进药房管理经验及技术，同时维持控股权以拥有市场决策的灵活度。

对于美国沃博联来说，对国大药房的投资更多应是不愿错过中国医药零售市场发展的机遇，实现其全球布局的战略。早在 2007 年，当时还没有兼并英国博姿的美国沃博联前身美国沃尔格林就与广州医药集团设立了合资公司——广州医药有限公司，双方各持股 50%（2017 年年底广州医药集团从美国沃博联收购了广州医药有限公司 30%的股份）；2014 年，美国沃博联又通过定向增发获得南京医药 12%的股份，成为南京医药的战略投资者。

外资经验与本土实际是否能很好结合是近年来医药市场颇受关注的话题，前有与美国沃博联齐名的美国康德乐从中国市场退出的案例，国大药房又是有浓郁国企管理风格的企业，与外资企业的管理风格大相径庭，两家公司牵手究竟 1+1 是大于 2 还是小于 2，且待市场考验。

2019 年，国大药房实现收入 127.54 亿元，同比增长 17.24%，实现利润 3.12 亿元，同比增长 3.37%。截至 2020 年年中，国大药房门店数量是 5838 家，实现营业收入 86.13 亿元，同比增长 32.94%，考虑到 2020 年 7 月国大药房收购了拥有 1507 家门店（2019 年年底的数据）的辽宁成大方圆还没有并表，国大药房实现或者接近 2020 年 200 亿元营业收入的目标还是有可能的。不过即便将成大方圆的 1507 家门店算进来，国大药房也只有 7000 多家门店，且其中还有 1000 多家是国大药房的加盟店，当然拥有这个数量门店数的国大药房从门店数角度也仅次于高济医疗，已经是很不错的成绩了，不过要在 2020 年下半年增加到 10000 家门店看来是不可能了。

国药控股下属分公司经营药店业务，和其控股子公司国药一致也经营药店业务，从法律角度看是存在同业竞争问题的。早在 2017 年年报发布时国药控股就承诺将采取有效措施解决存在的同业竞争问题。根据赵小川的讲话，国药控股应在近两年会将其分公司与子公司的自营药店统一转移到国大药房，而国药控股截至 2020 年年中直接拥有的门店数是 1209 家，这些门店如果国药控股能够在 2020 年年内完成转移动作，再加上国大药房 2020 年下半年的持续扩张，那么离 10000 家门店的目标已经是非常接近了。

总之，面对四大上市公司等连锁药店紧追不舍，在高瓴资本纵横捭阖医药零售市场的今天，坐拥庞大国药控股体系的国大药房绝不甘心沦为医药市场的老二、老三，甚至更靠后的排名，扩张是其必然的选择。

5.5 老百姓：破百亿元的背后

与国控系、上药系、高瓴系等或国资或私募基金等控制下的零售连锁体系不同，四大上市公司大参林、老百姓、益丰、一心堂都是民营企业家创业打拼出来的企业，其创始人正值壮年，活跃在产业及管理的第一线，几位创始人柯氏兄弟、谢子龙、高毅、阮鸿献是医药零售行业里让人无法忽视其存在的人物，而这其中创立老百姓的谢子龙尤其具有代表性。

老百姓于 2001 年在湖南长沙创立，彼时正处于我国医药零售市场萌芽发展的时期。创立之初老百姓就主打平价药品超市，打出"比国家核定药品零售价平均低 45%"的降价大旗，如此大幅度的降价也让老百姓得罪了不少同行和供应商、医院，当时能够存活下来是需要极大的勇气与智慧的。此后，老百姓相继在湖南各地市开店，2002 年年底老百姓走出湖南，在陕西和浙江等地开店复制平价药品超市模式，逐步发展为全国性连锁企业。

老百姓在发展中对资本的运用也很有特色。在其发展早期为了获得扩张资金，在开设省级子公司时通常选择出资 51%，剩余的 49%由当地股东出资；且老百姓出资的 51%中有 20%是当地股东借款给老百姓的，承诺两年后归还，如此使老百姓以很低的成本实现了快速扩张（几年后为加强控制力陆续收购了剩余 49%的股份），并于 2004 年以 18.2 亿元的销售收入首次问鼎全国医药零售企业冠军。

此后，老百姓转而开始放缓扩张速度，强化公司内部管理。从管理角度来看这是科学的决策，很多曾经广受市场关注的企业就是在飞速扩张中失去理性，突破风险防控体系，或者资金链断裂，或者管理出现大重大问题，最终昙花一现、泯然众人。

2004 年，外资资本开始在中国医药零售市场活跃起来。2004 年 6 月，高盛向海王星辰注资 4000 万美元，2007 年海王星辰成功在纽约证券交易所（以下简称"纽交所"）上市。2008 年，同样主打平价医药的江西开心人也成功从美国花旗银行控股的日本日兴集团获得 1 亿元人民币融资。海王星辰与江西开心人在与投资人的投资协议中都签订了对赌协议，为了满足协议条款，两家公司都在融资后开始了大规模扩张，为日后的发展问题埋下了伏笔。

相对来说，老百姓的谢子龙更为理性。2008 年殷拓基金以 8200 万美元与老百姓成立合资公司——湖南老百姓医药连锁公司，殷拓基金占股 48%，但并没有要求签订对赌协议，这为老百姓的理性发展创造了条件。资本充裕后，老百姓不用再通过银行贷款来获得营运资金，每年可以节省很多贷款利息；在商品的采购上，现金采购比赊购的成本要低，这为老百姓持续采取平价策略提供了有力保障。

2015 年 4 月，老百姓在上海证券交易所成功上市，上市当年实现营业收入 45.68 亿元，归属上市公司股东净利润 2.4 亿元。此后一路前行，老百姓 2018 年年报披露其全年营业收入 94.84 亿元，上市后首次领先于一心堂（91.76 亿元），如果加上其旗下医院等非上市公司收入，全年营业收入已突破 100 亿元，成为四大上市公司中当之无愧的"一哥"（可惜这个"一哥"的地位没有维持多久，2020 年被大参林反超了）。图 5.1 展示了老百姓 2015—2018 年的历年业绩。

纵观老百姓近年来的发展，其主要采取"根据地"式发展策略，在政策环境良好且有主导地位的城市大规模开店与并购，在地点选择上围绕新增人流集中点、新商圈、近医院、进乡镇展开渗透，成功地收购了江苏百佳惠、镇江华康、内蒙古通辽泽强、安徽百姓缘等知名连锁企业，成为药店收购市场的重要玩家，在行业内的影响力也愈发突出。

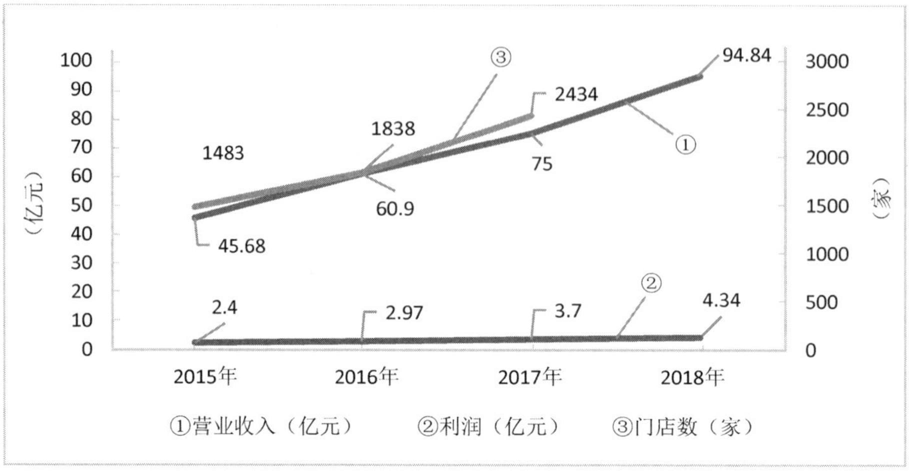

图 5.1　老百姓 2015—2018 年的历年业绩

5.6　河北神威药业与天士力集团：工业企业涉足医药新零售

河北神威药业是一家位于河北省石家庄市的香港上市公司，其主要产品为聚焦中老年用药、儿童用药、抗病毒用药三大领域的中成药、处方药。河北神威药业成立于 1970 年，并于 2004 年 12 月 2 日在香港主板上市。根据河北神威药业发布的 2019 年年报数据，其年营业收入 27.06 亿元，净利润 5.03 亿元。河北神威药业的自身产品在零售渠道的销售额达 6.46 亿元，覆盖的目标零售店近 17 万家。

河北神威药业没有把神威大药房放入其上市公司旗下，不过两家公司拥有同一个控股股东。神威大药房成立于 2000 年 6 月，和其他许多连锁企业一样，早期的神威大药房发展比较缓慢，2009 年到 2010 年进入一个发展的小高潮，成功收购了 15 家门店并新开 10 家门店，到 2010 年神威大药房拥有的直营门店数达到 72 家。

此后，神威大药房加快了发展步伐，2012 年神威大药房并购圣诺连锁企业 25 家门店，2013 年神威大药房并购 6 家门店、新开 16 家门店，门店数达到 133 家，年销售额达到 2.93 亿元。2014 年，神威进一步收购 28 家门店、新开 17 家门店、迁址 2 家门店，门店数达到 176 家，年销售额达到 3.55 亿元，神威大药房首次进入“中国药店全国医药零售百强榜”。2015 年，神威大药房又并购了冶金连锁企业 41 家门店，门店数达到 217 家，年销售额达到 5 亿元。

进入资本系开始活跃的 2016 年、2017 年，神威大药房明显加快了收购扩张的步伐。截至 2017 年年底，神威大药房的门店数已经近 800 家，神威大药房板块的区域整合与并购布局已覆盖了邯郸、唐山、沧州、保定、秦皇岛等地市，其中包含区县 21 家连锁企业，门店总计 678 家，年销售额达到 14.1 亿元。在 2018—2019 年度的“中国连锁药店综合实力百强榜”中神威大药房已名列第 23 名。

“借助平台资源，将零售作为第二主业”。河北神威药业在药品零售连锁的并购与整合过程中，区别于其他单纯意义上的医药零售连锁企业和投资企业。借助集团平台的资源优势，神威大药房对河北省内医药零售连锁市场进行并购与整合，向工商一体化进程推动和迈进。神威大药房作为河北神威药业零售板块的重要组成部分，承载着集团零售板块独立A 股的重任，河北神威药业的目标是在 2022 年前让神威大药房独立上市。

同样步伐迅猛的工业企业还有天士力集团。天士力集团往往被认为是一家医药公司，但其实际上已经是一家以生物医药产业为核心的大健康生态圈企业。天士力集团的核心产业是上市公司天士力医药，集团依托天士力医药在医药工业、医药流通、医药零售、医疗服务等领域不断渗透。此外，天士力集团还有天士力国际、天士力教育等生态圈板块，该集团借助天士力资本以形成产业与资本的双轮驱动。

天士力医药是国内知名的医药上市公司，其年报显示 2019 年天士力医药营业收入达到 189.98 亿元。上市公司天士力医药的营业收入主要由两部分组成：一部分是医药工业，2019 年营业收入为 62.15 亿元，工业板块涉及现代中药、生物药及化学药，主要聚焦在心脑血管、消化代谢及抗肿瘤等治疗领域；另一部分则是医药流通，具体来说既有商业分销业务，也有零售业务，两部分业务合在一起 2019 年的营业收入为 127.17 亿元。2017 年，天士力医药将医药流通板块剥离出来成立了天士力医药营销集团股份有限公司，并挂牌“新三板”。

天士力医药营销集团下属的辽宁天士力大药房就是承载天士力集团零售战略的法律实体。辽宁天士力大药房成立于 2007 年，到 2016 年年底时已形成辽宁全省覆盖，辐射东三省、京津冀地区，门店数 500 多家，会员 300 多万人，年营业额达 10.3 亿元的大中型连锁药店。在中国药店 2018—2019 年度的“中国连锁药店综合实力百强榜”中，辽宁天士力大药房已经迈入前 50 强，名列第 38 名。

依托辽宁天士力大药房，天士力集团还获得了天津市政府批准的糖尿病门诊特殊病患者在线购药、医保结算的许可。截至 2017 年，该平台累计征集患者近 10 万人，2017 年实现销售额 3.45 亿元，为天津市医疗保障局实现了千万级的费用节省。

在资本纷纷涌入医药零售市场的 2017 年，辽宁天士力大药房也加快了扩张的步伐，在其 2017 年公布的五年计划中提及：2017 年要增加两个省内新市场、一个省外新市场，直营店达到 555 家；2018 年要覆盖辽宁省内所有地级市，并增加一个省外市场，直营店达到 800 家；2019 年要覆盖东三省、内蒙古及天津，直营店达到 1000 家；2020 年直营店达到 1500 家；2021 年新增一个省外市场，直营店达到 2000 家。

其他规模化涉入医药零售板块的工业企业还有广州白云山，其旗下已经拥有知名连锁品牌如“采芝林”“健民”等，截至 2018 年，其门店数为 78 家。除了自有品牌经营，广州白云山还与一心堂、广东广药金申股权投资合作共同设立白云山一心堂，在广东市场开拓零售业务。此外，广州白云山还持有一心堂 7.38%的股份，为一心堂第一大法人股东。

5.7　收购药店如何估值

资本估值是一门学问，估值的方法有很多种，常见的有 PE（市盈率）、PS（市销率）、PB（市净率）等。以 PE 为例，简单来说，用估值除以盈利得到的值就是 PE，PE 反映了企业未来赚取利润的能力。如广州白云山，2017 年 1 月以 8 亿元收购一心堂 6.92%的股权，换算过来广州白云山对一心堂的市场估值是 115.6 亿元，而根据一心堂 2016 年年报可知其年盈利为 3.53 亿元，两个数字相除就得到了一心堂的 PE 约为 33 倍。

以此类推，PS 为估值除以销售额，PB 为估值除以净资产。不同的行业往往采取不同的估值方法：重资产行业如传统制造业常以 PB 为主、PE 为辅；轻资产行业如服务业常以 PE 为主、PB 为辅，新兴行业和高科技企业常以市场份额为远景考量，估值常以 PS 为主。

医药零售行业属于轻资产行业，适宜使用 PE 作为主要的估值方法，在实际操作中往往通过不同的估值方法进行综合判断。从中国市场的实际情况来看，资本收购对于很多连锁企业的经营者来说还是一种新兴的事物，“到底自家的连锁企业应该估值多少”，很多时候收购方和被收购方并不知道如何用科学的估值方法来正确判断企业的估值，于是出现了很多企业买贵或卖便宜的案例。

企业估值是一门很深的学问，需要对行业、对企业运作乃至对人性有着深刻的理解。如果你要收购一家医药连锁企业，很难简单用行业普遍的 PE 乘以盈利来确定标的连锁企业的价格。连锁企业当前的盈利水平是否有可持续性？标的企业是否为了做高估值通过会计手段等提高了企业盈利？标的企业对于收购方的战略意义是什么？当前市场对于行业前景的预期是怎样的？这些都将影响收购方对企业估值的判断。

对于医药零售行业来说，在医药分家、处方院外流转、新零售等行业趋势推动下整体行业发展前景看好，众多资本的涌入无疑又让准备出售自家连锁企业的经营者有了更多的选择，整体估值是逐步走高的趋势。下面将从有公开数据的几个收购案例中来分析如今的连锁企业到底估值多少。

在医药连锁企业的收购案例中，许多数据是不公开的。投资公司的收购通常选择不公开，即使公开的案例也有很多只公布了收购标的和价格，没有说明标的的营业收入情况。表 5.2 选取了近年几家上市公司的收购案例进行分析，其数据来源于各家上市公司的收购公告，并对其 PS 和 PE 进行了整理。其中，收入和利润数据因收购的时间点不同而采取了不同时间点的金额。例如，益丰收购上虹大药房和老百姓收购无锡三品堂都在 2018 年下半年，且两家企业都对标的的 2018 年净利润做了预估，故采取的是 2018 年的预估值。益丰收购新兴药房和阿里健康收购漱玉平民均发生在 2018 年上半年，故均采取了 2017 年的数据作为估值依据，其他以此类推。

表 5.2 近年几家上市公司收购情况汇总

时 间	收 购 公 司	类 型	收购标的	估值（亿元）	收入（亿元）	利润（亿元）	PS	PE
2018 年 8 月	益丰	上市连锁	上虹大药房 51%股权	2.8	—	0.134	—	20.9
2018 年 7 月	老百姓	上市连锁	无锡三品堂 55%股权	0.6	—	0.03	—	20
2018 年 6 月	益丰	上市连锁	新兴药房 86.31%股权	16.03	9.05	0.45172	1.77	35.49

续表

时　间	收购公司	类　型	收购标的	估值（亿元）	收入（亿元）	利润（亿元）	PS	PE
2018 年 6 月	阿里健康	互联网	漱玉平民 9.34%股权	48.61	—	1.17	—	41.3
2017 年 12 月	老百姓	上市连锁	普泽大药房 51%股权	2.3	—	0.115	—	20
2017 年 9 月	老百姓	上市连锁	通辽泽强 51%股权	5.32	—	—	—	17.33
2017 年 1 月	白云山	上市工业	一心堂 6.92%股权	115.6	62.49	3.53	1.85	32.75

从 PE 角度来考察药店估值，我们可以看到几大上市公司收购连锁企业的估值基本在两个区间，一个是 20 倍左右，另一个是 30～40 倍。例如，上虹大药房、无锡三品堂、普泽大药房和通辽泽强都在 20 倍左右，新兴药房、漱玉平民和一心堂都在 30 倍以上，其中阿里健康收购漱玉平民达到了 41.3 倍的最高值。这里面有几个有意思的逻辑。

（1）上虹大药房、无锡三品堂、普泽大药房都属于小型连锁企业，门店数普遍在 50 家左右，而新兴药房、漱玉平民和一心堂都是大型连锁、品牌连锁企业，门店数最少的新兴药房也有 400 多家门店，一心堂更是上市公司，比较起来大型连锁企业的盈利能力、抗风险程度、管理水平等多个维度都要远胜于小型连锁，这也反映在资本市场对连锁企业的估值上。

（2）老百姓对收购标的给出了持续稳定的 20 倍的估值，其在 2018 年 7 月通过控股子公司收购无锡三品堂的 PE 是 20 倍，2017 年 12 月收购普泽大药房的 PE 也是 20 倍。而 2017 年 9 月老百姓收购通辽泽强给出的 PE 只有 17.33 倍，主要原因是这家公司是混合经营，既有零售业务，也有批发业务，批发业务的 PE 要低于零售业务，故整体 PE 低于 20 倍。

（3）阿里健康对漱玉平民的估值明显偏高，这里没有基石、高瓴几家资本收购的数据，不知道他们会不会为了快速收购整合而给出高于市场的溢价，但 40 多倍的 PE 从市场来看还是偏高了很多，上市公司一心堂的 PE 也仅在 32.75 倍。从投资角度看，阿里健康的这笔投资显然不划算，比较合理的解释是阿里健康投资漱玉平民有更多的战略层面考虑，具体如何就看交割完后两家的具体动作了。

从 PS 角度考察各家公司的估值，从可获得的数据来看，新兴药房和一心堂的估值都在 1.8 倍左右，其中新兴药房 PS 为 1.77 倍，一心堂 PS 为 1.85 倍，这两家企业都属于大型连锁企业，PS 有一定的参照性。此外，一心堂在其 2017 年年报中对 3 年来的 31 个并购项目进行了分析，以 2017 年实际年化销售作为计算依据得出公司单项目最高 PS 为 1.11 倍，最低为 0.22 倍，31 个并购项目综合 PS 为 0.68 倍。一心堂收购的标的以中小型连锁企业为主，从中我们也可以大致得出中小型连锁企业的 PS 应在 0.7 倍左右。

如前所述，在中国市场的实际情况中，由于交易双方对估值方法的认知各不相同，虽然收购方多为益丰、老百姓、一心堂这样有实力、管理科学的大企业，熟稔市场中各种不同的估值方法，但在实际的交易中也需要得到被收购方的认可，因此估值的方法也是各种各样。例如，益丰收购浏阳市天顺大药房采取了资产收购法，对其经营场地租赁使用权、账面及实物固定资产、低值易耗品、门店装修、品牌字号、会员信息、软件等有形或无形资产进行估值认定价格为3500万元，并以不超过950万元购买其存货，折算下来就是4450万元，如果按照其2017年4700万元左右的年收入来计算，PS就是0.9倍，大致与中小型连锁企业的PS一致。

5.8 新增门店带来的增长需要打折吗

在《医药经济报》发表四大上市公司2019年半年财报分析时，有网友反馈说新开门店带来的增长需要打折，因为新开门店的回本周期已经越拉越长。这是一个颇有意思的论断，总觉得背后似乎用财务手段给门店带来了超过真实价值的增长。经过仔细思考似乎又觉得不是那么回事，这个话题与药店收购扩张有关，放在一起可以帮助我们以更加冷静的视角来看待扩张。

5.8.1 从财务角度看新增门店增长

网友对新开门店的表述模糊，虽然从字面意思看是新开设的门店，但结合半年财报进行分析，这里应该理解为既包含新开设的自建门店也包含通过收购方式获取的新门店，这样更符合上下文语境。

对于连锁企业来说，如果是自建门店，那么开设门店所需要的房租费、装修费、人员招聘费等绝大部分会并入销售费用，与之相应的总部行政管理费用会并入管理费用，这些都是成本项。开设门店后不管赚不赚钱，只要产生了收入就会计入营业收入。营业收入的增加意味着增长，从财报角度分析是实打实的增长，除非财务造假，没有哪里是需要打折的，和新开门店回本周期没有关系。

对于连锁企业以收购方式增加的新门店，严格讨论会比较复杂，如包括有控股性收购和非控股性收购。对于大型连锁企业来说，绝大多数情况是控股性收购或百分百控股性收购。这里我们只讨论控股性收购。

对于控股性收购而言，只要年底前能够完成收购相关事项并进行了实质性股权变更，对于连锁企业来说就可以进行财务并表。并表时新纳入门店的全年营业收入会并入连锁企业的营业收入，相应的全年费用如租金、人员费用等也会并入连锁企业相应的费用项。同样，除非财务造假，也没有哪里需要打折。

收购门店与自建门店的主要区别在于收购时连锁企业是付出股权还是付出现金，对于四大上市公司来说通常付出的是现金，因此在财务做账时需要减少银行存款项，增加长期股权投资项。如果企业收购频繁，自有资金就会出现问题，这时就需要通过银行借款、发行债券、增发等形式来筹集所需资金。一般来讲，增发不需要连锁企业现金的支出就可以获得市场的资金投入，但是增发会带来对现有股东权益的稀释等问题。如果是银行借款或发行债券就会产生利息，借款的金额高了利息就会很高，利息记入财务费用，相应的财务费用就会很高。

这些问题通过财报很容易就能分析出来，只要营业收入的增长和净利润的增长出现较为明显的倒挂现象基本就可以判断与财务费用的增高有关。例如，知名商业公司瑞康医药半年财报显示，2019 年上半年营业收入同期增长 15.8%，而净利润却与同期相比减少 33.99%。其背后原因就是瑞康医药在快速扩张期间加大了财务杠杆，导致银行利息费用快速增长。表 5.3 所示为四大上市公司 2019 年半年财报表现。从表 5.3 中可知，四大上市公司营业收入与净利润的增长基本一致，其中有较为明显区别的只有益丰，营业收入同比增长 68.65%，净利润同比增长 36.78%。

表 5.3　四大上市公司 2019 年半年财报表现

公 司 名 称	营业收入（亿元）	营业收入增长（%）	净利润（亿元）	净利润增长（%）
老百姓	55.34	24.71	2.7	22.08
大参林	52.52	28.65	3.81	32.21
一心堂	50.6	17.90	3.37	15.31
益丰	50.48	68.65	3.08	36.78

究其原因是益丰属于快速扩张型连锁企业，这带来了其营业收入的快速增长，同时也带来了其财务费用的快速增长。2019 年上半年益丰财务费用支出为 3474 万元，而 2018 年同期财务费用支出仅为 429 万元，同比约增长了 710%，增加的 3000 多万元财务费用占到了净利润增长的 15%。

根据网友的论断，从营业收入角度来看，新开门店并不存在打折，而是直接反映在净利润增长幅度上。从财报角度来看，“打折说”并不成立。

5.8.2　新店开设成本逐年上升

依靠新开门店拉动营业收入增长的含金量正在逐步下降，其原因可以从两个角度来看：一个是开设成本，另一个是成本回收时间。

由于高瓴等资本的进入，药店收购市场变得非常火热，使得平均收购成本从原营业收入的 0.7 倍左右上升到 1.5 倍左右，收购成本增加了一倍。同样的投入，在资本开始大规模进入医药零售市场前（大概在 2016 年）能够收购两家药店，现在只能收购相似规模的一家药店。因此，以收购方式开设门店的含金量下降了。

以 2015 年我国二线城市某连锁企业开一家 80 平方米的门店来计算开设新门店的成本，如表 5.4 所示。总体来看，连锁企业大约需要投入 22 万元开设这样一家门店。这个成本没有考虑如大型连锁企业开设门店需要配套的信息系统投入及总部的其他要摊在门店中的成本。

表 5.4　2015 年我国二线城市某连锁企业开设新门店成本分析

成　本　项	支出（元）	说　　明
店租	60000	租金 12000 元/月，押二租三需要先付 5 个月租金
装修	65000	装修费 30000 元，货架 20000 元，电脑、空调、冰箱等 15000 元
铺底货	50000	店内的首批库存
人员费用	43200	平均月工资 3000 元，缴纳三险一金，按工资 1.2 倍计算企业实际支付成本，按 3 个月计算，两班交替 4 名店员
挂证费用	1500	500 元/月，按 3 个月计算

相应地，2019 年我国二线城市某连锁企业开设新门店的成本分析，如表 5.5 所示。从表 5.5 中可知，2019 年开设新门店成本大约需要 28 万元，整体上浮了 27%，其中店面租金（店租）增长带来了 9%的额外投入，装修成本的上涨带来了 6.8%的额外投入，人员成本由于合规监管加强不能再挂证又带来了 10.8%的额外投入。

当然，连锁企业开设新门店的成本肯定要远大于这个估算模型，但这个模型基本反映了几年来新店开设成本的上涨水平。对于上市连锁企业来说，成本可能上升得更明显。上市企业要满足合规性要求给员工缴纳五险一金而不是三险一金或不缴纳，其中蕴含的隐性工资成本很多。总体来说，开设药店的成本上升了。

表 5.5　2019 年我国二线城市某连锁企业开设新门店成本分析

成　本　项	支出（元）	说　　明
店租	80000	租金 16000 元/月，押二租三需要先付 5 个月租金
装修	80000	装修费 35000 元，货架 25000 元，电脑、空调、冰箱等 20000 元
铺底货	50000	店内的首批库存
人员费用	68400	平均月工资 4000 元，缴纳三险一金，按工资 1.2 倍计算企业实际支付成本，按 3 个月计算，两班交替 4 名店员，其中一名店员是执业药师，月工资 7000 元

有人好奇为什么新开门店成本在 28 万元左右，而收购门店的成本要增加一倍？投资公司收购门店主要考虑如下几个因素：一是资本要拼速度，如果自建达到千级乃至万级门店数的水平就需要 5～10 年时间；二是在我国药店高密度发展的今天要找到好的店铺是非常困难的，必须考虑店铺转让成本；三是一家新店从起步至达到正常营业收入水平需要 2～3 年时间，而收购的店铺直接就可以产生稳定收入，这个时间成本也是需要考虑的。

5.8.3　门店越来越不赚钱了

直接估算成本回收时间是比较困难的，需要仔细测算从开始开店的平均月收入情况等。要看门店的赚钱能力主要看过去 5 年平均月收入是否有变化，这些可以从门店过去 5 年坪效的变化来观察。坪效说明的是每平方米门店的赚钱能力。表 5.6 展现了四大上市公司 2014—2018 年的日均坪效数据，单位是元/（平方米 · 日）。

表 5.6　四大上市公司 2014—2018 年的日均坪效数据 单位：元/（平方米 · 日）

公司名称	年份				
	2014 年	2015 年	2016 年	2017 年	2018 年
老百姓	60.63	63.6	60	59	53
一心堂	—	—	—	46.23	46.3
益丰	57.5	59.65	60.75	63.88	61.05
大参林	—	—	—	94.37	85.07

上市公司通常将自己的店铺根据面积划分成大店、中店、小店，或旗舰店、大店、中小店，通常面积大的门店因为地处核心商圈且连锁企业着重运营，因此日均坪效要高出普通门店很多。表 5.6 中的日均坪效数据是综合了不同类型门店日均坪效的结果。

从表 5.6 展现的数据可知，老百姓在 2014—2018 年的坪效呈现明显下降的趋势，从 2014 年的 60.63 元/（平方米 · 日）到 2015 年的 63.6 元/（平方米 · 日）有短暂上升，此后一直下降。益丰的日均坪效则在 2017 年达到最高点后开始下降。大参林只能找到两年的日均坪效数据，也有明显的下降趋势。

这些数据反映的是药店盈利能力下降的现实，每平方米门店给药店带来的收入正在下降，这其中有医药电商的冲击、有消费者行为的改变、有全国总门店数不断增加使竞争加剧等多方面的原因。

事实已经非常清晰。随着店铺租金的不断上涨，人员成本的不断上涨，经营合规性要求使运营成本不断上涨，因此新开门店的总成本正在不断上涨。同时，受竞争加剧等多方面因素的影响，药店的盈利能力却在不断下降。因此，药店通过新开门店获取收入的能力确实“打折”了。

未来的药店需要依托超大规模的效率化经营来稀释成本，通过创新的差异化竞争手段来获取客流并留住用户。竞争必将越来越激烈，但这是社会进化的必然。

第 6 章

新零售时代的创新业态

进入新零售时代，药店从业者在药店的业态形式上做了很多的探索，本书第一章就介绍过张仲景大药房和支付宝合作“未来药店”的探索，自从张仲景大药房开了这个头以后，越来越多的连锁药店开始了类似模式药店的建设。不少连锁企业的形象店、旗舰店都有类似的设计风格、区域划分、功能设置及品类规划，也都有类似与远程问诊、人工智能等科技结合的元素。

新时代的药店形态究竟应该长什么样？应该有什么样的经营理念？能够传递给用户什么样的感觉与体验？品类上如何创新？如何更好地运用科技服务用户？这些问题也许并没有标准的答案，不断变化的环境需要药店人不断地探索创新、勇于试错，寻找最能满足用户需求的未来业态。

本章通过对分子药局、润天智慧药店和万芸健康药房 3 个不同特点案例的介绍，或许能给大家带来一些灵感，原来药店还可以这样开！

6.1　“网红”分子药局

位于中国台湾台中歌剧院斜对面的分子药局具有不同于传统药店的高调华丽风格，刚一开张就被称为“全台最美药店”。这家药店的创始人是一位“80 后”，家传三代开药店的他希望能够颠覆药店的传统业态，使药店融入当代的多元化环境。

6.1.1　融合健康、艺术与人文的分子药局

分子药局期待将老祖先在森林中采集植物尝试功效与一路延展至今的高科技实验室结合起来，这成为分子药局内装的创意来源。从天花板上垂下的干燥黑木耳、小米、荜婆等药草，与古铜金色的架子及玻璃试管相互交错，不仅是点缀空间的装饰艺术，也象征药学的变迁过程。墙面堆叠起纯白色鹅卵石，搭配木质台面与洁白货架，再摆放一些古老药罐，散发的历史与人文氛围，打破了人们对药店理性、冰冷的刻板印象。图 6.1～图 6.3 展示了这家药店的部分内景。

图 6.1　进门处的药品陈列

图 6.2　整体印象

图 6.3　衔接不同楼层的古铜金色螺旋梯

温暖、舒适、可以逗留的空间，是分子药局想带给顾客的体验。大家认为药店是解决问题的地方，买完药就离开；但分子药局希望药店不是用户“有事”时才会来的地方，而是一处能休闲放松的空间。这样的理念也反映在药品的摆设上，不同于传统药店喜欢将陈列空间塞满，密密麻麻让人眼花缭乱；分子药局则是将药品视为可观赏的艺术品，摆放得较松散且具有美感，顾客的视觉也可以得到舒缓。图 6.4 所示为药品等店头陈列。

图 6.4　药品等店头陈列

分子药局在领慢性处方药的调剂区前方设有一处咖啡吧台，来访的顾客可以在这里喝上一杯现磨现泡的咖啡。最初设立吧台是为了让等待药师配药的顾客可以坐着休息，后来增加了手冲咖啡，让有需要的顾客可以轻松地喝杯咖啡、与药师聊聊天、了解一些健康新知和保健资讯等，让等待的时间不再无事可做。

喝完咖啡如果还有时间，顾客可以沿着古铜金色的螺旋梯拾级而上，参观二楼的艺术文化空间。分子药局不定期和艺术家合作，展出各种类型的艺术作品，旨在将健康、艺术与人文结合在一起，让药店变成更温暖的多元空间。

分子药局将自己定位在“健康渠道”，而不是“药店渠道”。分子药局除了销售保健品及常用药品之外，还特地挑选了生活中的日常用品，如天然无化学添加的保养品、化妆品、洗洁精等，就是希望帮助顾客在日常生活中做好保健，落实健康渠道的核心价值。为了拉近与社区居民的距离，分子药局也趁假日到临近大楼举办保健讲座，借由社区互动满足更多人的健康需求。

有意思的是，分子药局还携手知名冰品店联名推出低热量冰品，一共 6 款不同口味的冰激凌，以意大利式手法打造，当中使用了自然椰糖渠道加工的蔗糖，低热量之外还加入了营养保健成分，包括缓解宿醉、清晰思绪、极度白美、美好生活、释放压力、安好入眠等不同配方。分子药局还联合知名甜点店推出联名款的米其林胶囊创意甜点 Knowing Me，3 种不同口味的甜点阐述了女性不同的价值观，可谓创意多多，这成为分子药局的又一特色。

此外，分子药局还开通了自己的网站为顾客提供服务，如保健食品、美容保养品等都能够通过分子药局的网站进行购买。

而今，已成为知名网红打卡地点的分子药局成了台中旅游的必选之地，每日客流熙熙攘攘，生意红火。分子药局的成功来源于其定位“健康关怀”的理念，将药品与美妆等产品有机融合，将药店与艺术、人文有机结合，再加上独特的自带“网红”气质的装修风格，其已成为新模式零售药店的典型代表。

6.1.2 “审美型”药店的影响力在扩散

分子药局的出现与成功无疑如一枚重磅炸弹丢入医药零售行业的大河中，分子药局的照片一度在药店圈广为流传，药店人的脑洞一下被打开了：原来药店还可以这样开。作为一个标杆，分子药局的出现无疑会为我国药店整体审美的提升做出非常重要的贡献。

2019 年 10 月，福建省菩心医药就效仿分子药局的审美风格在龙岩市区开店。在此之前，菩心医药的董事长黄彩连几次到中国台湾参访，痴迷于分子药局艺术美的装修风格，也为店内的咖啡、茶香、花香所倾倒，念念不忘，就想在自己熟悉的药店传统经营基础上创新开店模式。

医生出身的黄彩连花费不菲请来理念超前的设计装潢公司，也到福建中医药大学拜请名师专家，想在亚健康调理、中医药养生、健康管理等方面进行突破。2019 年，黄彩连开的这家菩心医药新店除了正常的药品销售区，还设置了药膳厅、道地食药材陈列区、配餐区等具有创新色彩的区域。尽管目前这家新店的准备还并不完善，经营状况也还不十分理想，不过相信在黄彩连的不断推动优化下，这家门店一定能走出自己的特色。

此外，重庆万和药房与中国台湾大树药局交流频繁而在近两年开出的“变态”健康城，其门面形象和内部空间设计、陈列布局等均有较大改变；福建福州市区的易安堂屏西店、龙岩连城的回元欣旗舰店，由于得到了中国台湾药店视觉营销老师的指点辅导，在门店形象等方面也有比较大的改变。

更早一些时候，中国台湾台南的新高桥药局到上海开店，以色列舒普玛与贵州一树合作开出的药妆店（目前已在贵州落地生根），武汉开到全国的普安药店，上海的欧美药妆店，以及最早在沃尔玛、家乐福开设店中店的深圳中联大药房，还有中国台湾可以卖药的屈臣氏、康是美到大陆发展等，都值得进一步探究其在门店品牌形象、空间设计、陈列布局等方面的创新求变，是如何增进和改变中国零售药店整体样貌的美学特征的。

6.2 润天智慧药店：科技赋能、店仓合一

我国愈发强大的物流体系使得药店的服务半径不再局限于 300～500 米，而是能覆盖 3～5 公里乃至更大的范围。借助数字化升级后的药店被赋予了更加灵活的“店+仓”的经营模式，经营效率得到提高。下面介绍的案例就是这样一家将门店的仓储功能用到极致的药店。

6.2.1 润天智慧药店初体验

南京市玄武区丹凤街有一家不太像药店的药店。窗明几净的药店内几乎看不到药品，装修风格高端大气，进门就是红色地毯；右手边的特医食品展示区设有休闲区，仿佛某家私人会所而不是药店；左手边能够选择药品下单的竖长大屏幕及整个最左边一堵密封的金属质感墙面，还有墙面上伸出的两个标有“取药口”的药槽，让人隐隐约约有一种期待感。

这就是由南京邮政、润天医药共同打造的润天智慧药店。图 6.5 展示了润天智慧药店的内景。这个智慧药店可不是简单放置了一些无人售药机的所谓智慧药店，整个药店的核心是一套基于先进机器人系统的自动药物分发系统。

图 6.5　润天智慧药店的内景

图 6.6 展示了这套机器人配药系统的内核，中间的机器触手能够高速移动，通过激光实现精准定位，一旦收到取药指令机器触手就能在不到 5 秒的时间内完成从药品架上取药到放到取药口的全部过程。整个取药架能够容纳 12000 个 SKU，并且同时支持冷链存储。

再往里走，在机器人背后的小房间里有一个健康体验中心，这里可以进行常规的血压、血脂、血糖、骨密度等项目的检测，还不定期有医师过来为患者提供健康咨询服务。

图 6.6　机器人配药系统

机器人对面的小房间里则有一个特药药房和一个患者服务室，有特药需求的顾客能够凭借医院的处方在润天智慧药店购买肿瘤药等特药，如果在用药等方面有疑问还可以获得专业服务人员的帮助。润天智慧药店特药室还对接了不少基金会的慈善赠药项目，为有经济困难的患者提供金融支持。

从药房正门出来右手边有一个无人售药机，它可以为夜间有需求的顾客提供服务。无人售药机背后连接的也是前面那套先进机器人配药系统，这就比普通只拥有几十个乃至几百个 SKU 的无人售药机的用户价值要高很多。无论常用药、慢性病用药还是其他的药品、器械等，顾客的购药需求基本都可以通过无人售药机来满足。

越过无人售药机是一个颇有意思的区域，里外两进的房间。外面是邮政健康学院，是由南京邮政联合润天连锁药房、健康网、《祝您健康》杂志社等共同打造的健康知识分享平台，结合线上直播及线下讲座，为社区居民普及健康养生、寻医用药等方面的知识。里面的房间则是颇为时兴的直播间，补光灯、背景板、麦克风等一应俱全，支持主播同时通过多个主流直播平台开展教育直播。健康直播间如图 6.7 所示。

图 6.7　健康直播间

6.2.2 润天智慧药店的新用户价值

智慧药店不能只是一个噱头，智慧药店的核心是“创造了什么样的新用户价值”，而这种价值是传统零售药店提供不了的。笔者认为润天智慧药店最直观提供的是一种创新用户体验的价值，药店精致而高于普通药店的装修本身就传递给用户一种可信赖感——既然是药店老板花了这么多心思打造的店铺，服务应该不会差——走进这样的药店相比走进普通的药店天然就会感觉更为信赖。

此外，直接通过大屏幕选择药品下单、人脸支付等都给用户创造了一种不同的体验，形成与普通药店相比的差异化竞争优势，而这个独特优势的核心正是店内那套价值近 200 万元的先进机器人配药系统。尽管不少所谓“新零售”或“智慧”药店也提供类似服务，但要么能够选择的药品太少，要么选完以后还需要店员在药柜四处寻找，徒增了用户的等待时间。新零售体验背后的支撑体系薄弱，实际上没有真正地实现创新用户体验，久而久之还会给用户留下不好的印象，觉得这家药店就是喜欢搞噱头。

基于先进机器人配药系统，润天智慧药店还能拓展服务的范围，除周边社区外还能为更远的用户提供 O2O 送药服务。用户通过小程序在家中就可以选择药品并下单，信息将自动同步到配药系统，南京邮政的快递人员到智慧药店取药后送货到门。在这种模式下，机器人配药系统实际上起到了城市中央仓的作用，药店不需要增加任何额外的人手就能与 O2O 业务进行自然对接。南京邮政还宣布将在南京市的邮政网点自主区域放置电子购物屏，用户下单购药后同样由邮政的快递人员到智慧药店取药配送。在门店、在家里、在邮政网点……用户购药的场景正在不断丰富。

润天智慧药店内设的健康学院也颇令人惊喜。对于用户特别是老年用户来说，能够在社区周边的药店内听医生分享疾病管理知识，老年用户之间还能开展社交互动，丰富老年人的精神生活。以往这类服务更多由一些有一定欺骗老年人性质的“健康屋”来提供，现在更加专业的药店加入后既解决了市场的需求，也为市场的正规化发展提供了路径。

此外，健康学院内结合时代潮流设置的健康直播间是另一个用户价值的亮点。对于时间更为充裕、社交需求更为强烈的老年用户来说，线下的讲座更能满足需求；对于时间较为紧张、社交需求相对偏弱的中年用户来说，线上直播更为有效。反过来，对于药店来说，直播还能够帮助拓展新客流，与 O2O 业务结合起来可以给药店带来更多的生意。

6.2.3 润天智慧药店的挑战

不过我们也留意到，近年来不少“新零售”药店或者“智慧”药店项目开始的时候大家都觉得很好、很不错，但一两年后便没有人再提及。润天智慧药店会不会也面临类似的挑战？这个问题可以从两个维度来看。

首先，此前大多数“新零售”药店或者“智慧”药店项目失败的主要原因是用户价值创造环节的薄弱。如前所述，虽然表面上看起来那些药店也提供相似的服务，但底层缺乏像先进机器人配药系统这样的强大供应链管理工具，实际用户的价值获得感很低，久而久之便乏人光顾了。

其次，润天智慧药房并没有面临上述的挑战，通过大手笔的投入保障了前台与后台用户体验的一致性。润天智慧药房面临的挑战更多的是这笔投入是否能够保障足够的回报来覆盖成本，目前缺乏具体的数据较难做准确的判断。不过，笔者认为有特药药房打底作为核心利润来源，有先进机器人系统为供应链提供有效保障，通过有效利用健康学院、南京邮政网点等合作资源来获取传统药房覆盖不到的用户并提升既有用户的黏性，只要不断驱动卓越运营，润天智慧药房盈亏平衡只是时间问题。

6.3　万芸健康药房：贯彻“药店生态位”

万芸健康药房成立于 2015 年，创始人陈春华是多年的医药零售“老兵”。在成立万芸健康药房之前他是上海联华复星药房连锁有限公司的总经理，在此期间他还将自己多年的药店经营心得整理出版了《药店生态位》一书。2014 年，在上海联华复星药房连锁有限公司参与了多起投资并购后，陈春华辞掉总经理一职并创立了万芸健康药房。

陈春华给万芸健康药房的定位是“创新思维引领者、传统药房颠覆者、线上线下融合者及健康生态的打造者”，陈春华希望脱胎于普通门店的万芸健康药房的每家门店都能够形成四大中心：展示中心、体验中心、服务中心和配送中心。万芸健康药房内还配有营养师、美容师、执业药师、健康师、中医师 5 类健康技能人才，并强化“养生调理——花草茶饮、检测康复——穿戴器械、营养咨询——保健食品、美容保健——个护药妆、品质提升——生活尚品、药学服务——中西成药”。

陈春华希望万芸健康药房的模式从传统药店的以促销为主转为以用户体验为主。陈春华说：“体验和服务才是我们的宗旨，也是新零售的必要条件之一，让消费者在自然的状态下，获得健康体验的解决方案，才是我们的目的。”

万芸健康药房 2018 年被高济医疗收购后虽然没有大规模推广健康服务中心，但试点的第一家门店当年就实现了盈利。现在，高济医疗名下的 2 家门店加上同上海老百姓原总经理熊伟联合开出的类似门店，共 4 家门店，经营状况良好，在上海零售药店的开店模式创新中独树一帜，而且还引得雷允上等连锁药店争相模仿。

6.3.1　深入万芸健康药房

万芸健康药房在风格上更像一家较为时尚的美容美妆店。典型的万芸健康药房标准面积是 300 平方米，整个店面包括药品区、个人护理区、康养区、美妆减重区、健康体验中心等不同的部分。其中，有类似星巴克样式的圆桌和沙发椅，有吧台，消费者坐下来就可以体验店员推荐的养生花茶。图 6.8 和图 6.9 分别展示了万芸健康药房的外景、内部吧台及休憩处。

图 6.8　万芸健康药房的外景

图 6.9　万芸健康药房的内部吧台及休憩处

万芸健康药房的盈利模式设计来源于商品和服务的销售，商品除药品外还包含许多的非药品。在陈春华看来，一家药房有 1000 多个药品，30～50 平方米的面积就能满足大部分用户的用药需求，剩余的面积可以开放来销售更多的非药品。万芸健康药房的非药品有美容护肤、日化用品、母婴用品、口腔护理等，除去销售药品的部分，万芸健康药房和屈臣氏销售的商品类型非常类似。陈春华非常推崇日本的药妆店模式，为此万芸健康药房引进了大量的日本进口商品来复制日本药妆店商品导向的成功模式。图 6.10 所示为典型的万芸健康药房店头的陈列，各式商品以非常温馨的方式陈列在一起，可以激发顾客购买的愿望。

图 6.10　万芸健康药房店头陈列

万芸健康药房希望非药品销售在商品销售中的占比能够达到 50%，考虑到一般连锁的非药品销售占比通常不超过 20%，50%是一个非常“有野心”的目标。万芸健康药房是否能够成功地在多品类经营上实现突破，值得所有连锁药店观望与学习。如果万芸健康药房能够取得成功，这将是能够大规模改变我国药店业态的可规模化复制的成功模式。

除了商品的销售，万芸健康药房还提供健康服务，具体包括美容 SPA、中医咨询、养生调理，甚至免费借雨伞等服务。在万芸健康药房的健康体验中心，会员还可以定期进行免费的身高、体重、血糖、血压、骨密度等多项检查，并且可以在移动端实时查看自己的健康数据。顾客可以根据自身健康情况线上预约相关的服务。图 6.11 展示了万芸健康体验中心内景。

图 6.11　万芸健康体验中心内景

万芸健康药房尽管规模不大，但其首家门店当年就实现盈利的经营业绩说明这种模式行得通，万芸健康药房的成功值得借鉴。

本章虽然仅举了 3 个例子，但实际我国药店在零售业态创新上已经开启了大规模创新探索的进程，几乎每家略有些体量的连锁药店都在探索如何能够打造一家与众不同的门店并将之规模化。尽管连锁药店企业受限于资金、资源及思路的限制，目前的探索还较少取得比较扎实的业绩，但如此多的尝试背后一定能够找到不少适合我国国情的创新业态模式。

第 7 章

新零售时代的新流量逻辑

新零售时代的一个重要特点是流量逻辑的转变，传统药店的流量核心是地理位置，是靠近成熟社区、商圈还是医院，交通状况如何，附近的竞争对手是谁，城市的规划是什么，药店地理位置确定了，潜在的客户流量和市场规模基本就确定了。新零售时代地理位置同样重要，但新的流量正在诞生，电商线下转化的流量、O2O 的流量、药诊所的流量、中医馆的流量、商业保险的流量……如同餐饮行业正在经历的一样，摆脱高租金地理位置的束缚，“酒香不怕巷子深”的新流量时代正在到来。

7.1 药诊所：“流量”与“留量”

传统药店的流量来源主要依托于靠近商圈、社区等人流比较集中的地带，从当地的自然流量中获取客流，再依托价格、服务等多元化手段留住客流。而药诊所模式则为药店创造了新的获取客流及留存客流的手段。

药诊所最成功的是美国 CVS 连锁药店的分钟诊所，通过以低廉的价格为常见病患者提供快速诊治服务而被誉为“医药领域颠覆式创新最成功的案例”，迄今，在 CVS 体系内已拥有超过 1000 家诊所。克里斯坦森在《创新者的处方》一书中曾对分钟诊所进行过细致的描述，书中提到，根据微型诊所领域专家玛丽•斯科特统计，在正确的支持下总计 60～100 种的疾病可以由分钟诊所来完成。

这些疾病主要包含过敏、女性膀胱感染、支气管炎、耳部感染、红眼病和睑腺炎、鼻窦感染、脓毒性咽喉炎、游泳性耳炎、流感、妊娠测试等常见病，以及足癣、唇疱疹、鹿蜱叮咬、脓疱病、轻度烧伤、轻度皮肤感染、皮疹、轻微晒伤、毒葛皮炎等皮肤病，还有白喉、破伤风、甲肝、乙肝等常见疫苗的接种。

在美国，微型诊所处理这些疾病所需的费用比患者看家庭医生所需的费用低 32%～47%，且不包含患者因此而节省的时间等间接成本。克里斯坦森认为，微型诊所并不是对低端市场的颠覆，而是一个新市场，光顾这些微型诊所的患者其中 60%并没有个人保健医生，这些需求在以往并没有被满足，微型诊所为这些患者提供了需求供给。

尽管在我国迄今并没有像美国这样细致的研究，但查阅各家正在经营的药诊所的营业执照描述经营范围大致可以看到，我国药诊所的主要经营范围聚焦在内科、外科、妇产科、儿科、中医科、皮肤科等，这些科室提供的服务与分钟诊所的业务范围基本相似，甚至增加了独具中国特色的中医服务，这与政策的支持、中国传统医学理念密不可分。

传统药店只能满足患者的购药需求及简单的药事服务需求（拥有资深药师的药店能够回答患者与常见疾病相关的很多问题因而颇受患者青睐，但具有这样能力的执业药师目前还太少）。由于无法充分满足患者的需求，传统药店的流量模式相对单一，而药诊所能进一步满足患者常见疾病、慢性病的诊断与问诊需求，新需求产生新流量。

根据国家卫生健康委员会统计信息中心公布的数据，尽管受到新冠肺炎疫情影响诊疗人次有较大程度的下降，但是 2020 年 1—8 月全国诊疗仍然高达 33.9 亿人次，其中在基层医疗卫生机构完成的诊疗也高达 11.7 亿人次，如此大的流量即便只有 10%的流量由药诊所来承载也是巨大的数字。

药诊所不仅带来了新流量，也为既有流量的留存创造了条件。对于既有客户来说，来到药店后除购药之外，还可以根据情况在药诊所咨询医生以获取更多服务。对于药店来说，这不仅提升了客户的客单价，还能因此与周边的其他药店产生差异化，吸引更多的客户，提升既有客户的留存（形成回头客）。

此外，在药诊所看完病的患者基本都会有用药需求，这些需求自然而然就能够在药店得到满足，形成了完美的交叉服务与交叉销售。药诊所在某种意义上就像一个小型的医院，与医院相比，虽然规模小了很多，但药品的属性更强，更容易与药店形成协同。

药诊所模式虽然看上去很理想，但在我国发展的速度并不快，其原因是多重的。药诊所投入门槛高，与几十万元就可以开一家药店相比，一家药诊所的投入通常需要数百万元甚至更高。药诊所需要满足监管最低条件且必要的经营面积、医疗器械、急救设施及经营所需要的软件系统等诉求，这些都带来了不菲的初始投入。

药诊所的运营成本高，诊所需要配备相应的科室及有资质的医生，而医生的综合成本与药店店员或执业药师相比要高出很多，且高水平的医生很少有愿意到药诊所工作的，对于药诊所来说如何招募到高水平的医生及如何培养、留住这些医生都是难题。

此外，政策对开设药诊所的监管也颇为严格，政策对中医坐堂医诊所的要求已从审批制改为备案制，但对西医药诊所的要求并没有放开，申请西医药诊所的门槛很高。西医药诊所提供的输液服务存在用药风险，一旦放开由市场经营属性强的药店来经营，如何管理其中的风险是值得探讨的话题。

尽管如此，我国医药连锁企业仍然看好药诊所模式所蕴藏的潜力，其中不乏像山西仁和大药房药店门店数和诊所数量达到近乎 1∶1 水平的连锁药店。四大医药连锁上市公司旗下也拥有很多诊所，如老百姓旗下诊所品牌百杏堂就在杭州、西安、常州、扬州等地设有执诊点，此外老百姓还拥有中北桥和宁波海曙等诊所品牌。零售巨头益丰旗下也有德慈诊所、南通益丰门诊部、五一诊所等诊所品牌，其在 2018 年对上虹大药房的收购中也吸纳了上虹大药房旗下的两家诊所。益丰在对江苏市民大药房连锁有限公司的控股收购中也吸纳了市民大药房旗下的无锡民康门诊部和无锡梁溪区德慈诊所。大参林和一心堂旗下也拥有一些中医诊所，此外区域性龙头企业如陕西怡康、山东漱玉平民、重庆万和、河南张仲景、河北神威药业、吉林大药房、沈阳成大方圆等旗下都开设有诊所。

总体来讲，从便民角度来看，诊所与药店结合能为患者提供更多服务、解决患者更多痛点；从运营角度来看，二者结合彼此放大流量、提升客单价、提高客户留存。药诊所是一种能带来多赢的有效商业模式，但由于医疗资源供给等多方面的原因，此模式在我国并没有形成规模化发展。

7.2 平安万家折戟药诊所的启示

说到药诊所，就不得不提平安万家，这是迄今最大规模的尝试过从外部系统化推进全国药店药诊所建设的企业，平安万家的得失成败有诸多值得思考的地方。

平安万家成立于 2016 年 7 月，在平安集团的战略规划中，万家医疗最早的使命是完成在 2015 年时提出的 10 年内投入 500 亿元开设 10000 家诊所，也因为这个使命而取名为“万家”。后来，平安集团意识到落地诊所的挑战太大，于是改自建为赋能别人来建诊所，但仍然没有舍弃“万家”这个平安集团情有独钟的名字。

万家医疗的核心任务是将线下优质医疗资源进行整合，构建线下医疗服务的入口。万家医疗的逻辑大概是这样的：通过为线下诊所等提供基于 SaaS 大数据平台的赋能服务将诊所黏在万家医疗的体系里，从而间接获取药店和诊所的客流，未来数千万级乃至亿级的精准患者用户对应的亿级数据的入口就能掌握在万家医疗手中，患者将通过万家医疗的入口来寻找诊所，类似于今天的用户习惯在大众点评上找餐厅。

但万家医疗显然不满足于类似大众点评线上流量的分发，万家医疗期待未来能够和平安集团其他板块形成交叉销售，将平安健康险等产品基于精准的数据与人群来进行销售。同时，万家医疗还能借助此过程将诊所的服务解剖，对诊所的药品、器械及耗材等方面的采购进行托管，形成新的营业收入来源。

为此，万家医疗构建了颇为专业的赋能体系，其中最核心的是万家云诊所系统，这个 SaaS 化的诊所信息化系统拥有诊疗工作站、经营分析工具、库房管理、诊所管理、连锁管理、患者健康档案、会员管理、随访管理、医患互动管理等模块。

在信息化系统基础之上，万家医疗还提供初评辅导、商品营销、人才服务、医疗保险、培训服务、运营手册等多方位的赋能，帮助诊所系统化解决诊疗水平低、管理运营能力弱、医务人员难招、运营不规范等系列化的问题。

至于如何构建诊所后面的赋能服务，平安集团出手自然不凡，凭借自身大平台整合了很多的优质资源。

在保险方面，与平安健康险合作开发相关产品，为优质诊所推荐客户，为诊所带来流量。

在教育培训方面，万家医疗与我国上海交通大学、美国春田学院等机构合作，为基层诊所医生提供线上线下培训课程。万家学院针对基层医疗机构的不同人群，提供各类别系统化课程，涵盖诊所的经营管理、诊疗、护理、服务等诸多方面。

在人才招聘方面，与第三方机构合作，为诊所提供人力资源支持。在药品采购方面与融贯电商、华药电商等电商企业合作，诊所可以通过平安万家的平台一站式线上完成药品、器械、耗材等产品采购。此外，万家医疗还与体检中心、医保部门等合作，平安集团旗下的医疗科技研究院的各类远程辅助人工智能技术也被整合进平安云诊所系统中。

在加快业务拓展的过程中，万家医疗自然地与连锁药店产生了交集，与分散的个体诊所相比，拥有数百家甚至数千家的市场化运作的连锁药店显然是更有潜力的合作伙伴。2018 年 5 月，万家医疗宣布与仁和、怡康、惠仁堂、漱玉平民、老百姓、好药师、九洲等连锁企业签署战略合作协议，帮助连锁药店企业解决快速建设诊所的问题。

万家医疗从诊所赋能切入基层医疗市场，其布局与投入超过了市场上所有其他的竞争对手，然而就在 2018 年 8 月，平安旗下的上市公司平安好医生发布的公告披露平安集团已经放弃对万家医疗的战略布局。在 2018 年 8 月的中报发布会上，平安好医生发布其以 9.8 亿元收购万家医疗的消息。

在 2018 年中报发布会上，时任平安集团副首席执行官兼首席保险业务执行官李源祥解释道，平安集团整个医疗生态的布局思路是主要抓住患者入口和支付方入口。患者入口就是平安好医生，将万家医疗注入平安好医生是为了更好地抓住这一入口。“（平安）好医生已经成为线上最大的一个流量入口，通过它搭建诊所网络，抓住线下的流量入口，把万家医疗注入平安好医生，这样我们会通过平安好医生这个平台抓住整个线上和线下的入口，另外也可以有效打通线上和线下，线上往线下引流，线下往线上引流。这就是平安好医生跟万家医疗合并的战略。”

显然，万家医疗是平安系旗下“赛马”中的失败方，在患者入口上，平安集团选择了成功上市的平安好医生，而不是万家医疗。这个结局也许从开始就注定了，直接获取C端流量的平安好医生与绕到B端、从B端“偷”C端流量的万家医疗相比，同一起跑线出发获胜的必然是平安好医生，除非平安好医生高管团队执行力太差，更何况平安好医生2014年8月便成立了，比万家医疗还早两年出发。

万家医疗为什么会失败？万家医疗在药诊所模式上的得失有哪些？万家医疗和药店的合作模式是收取药店3万元左右的费用，并为药店提供诊所搭建咨询、信息化系统、管理体制设计等一体化赋能服务。这种模式从商业设计出发可能就存在较大的挑战。

首先，诊所建设是一项复杂的任务，需要有足够的经验才能给连锁企业提供有价值的服务，万家医疗要么有足够多的诊所运营专家，要么有同咨询公司一样的系统化培养咨询顾问的能力。前者万家医疗显然没有，后者万家医疗没有足够的耐性，或者说平安集团也不会给万家医疗足够的时间来培养人才。连锁企业开设诊所最需要的其实是性价比合适的医生，而万家医疗并没有医生供给的能力，所谓第三方人才服务业目前只停留在概念阶段。万家医疗并没有真正解决药店建设诊所的难题，因此药店连3万元都不愿意付。

其次，从运营上来看也不划算，3万元给连锁企业提供这么多的服务，怎么看也不像是赚钱的生意。且不说万家医疗提供的诊所管理系统背后需要待摊的成本，对于其他类咨询服务来说，没有10万元级的收入很难收回成本，如人员的工资、出差费用（万家医疗总部在上海，几乎所有客户都在外地）、培训成本、商务宴请、闲置成本等各种成本平摊在3万元服务费用中，基本不够。

再次，如果万家医疗期待能够从供应链角度逐步切入药品的供给，也非易事。平安集团并没有自己的商业公司，且万家医疗首批签约的企业，如仁和、怡康、漱玉平民、老百姓等各连锁企业都有自己成熟的商业体系，仅依靠万家医疗非常薄弱的供应链服务就想撬动连锁企业核心价值链基本不大可能。当然，万家医疗也可以找那些药店渠道通常没有供应但诊所又要用到的商品，如常用医疗器械、耗材之类，这个需要万家医疗有足够的战略定力，同时也需要时间来逐步建立自己的相应供应链。当然，万家医疗也可以选择供应链服务外包，但是商业企业的利润本来就非常薄弱，如果万家医疗再分走一部分，可以预期签约企业的利润空间也是非常有限的。

最后，对于医药连锁企业这样利润薄弱的合作伙伴来说，如果只是从服务切入，那么更适合成本结构更低的中小型企业。这些中小型企业能够在很薄的利润下生存，而万家医疗的体系太过庞大、成本结构太高。如果从供应链切入，万家医疗又不如药师帮这样的B2B供应链平台，这些平台借助互联网就能迅速放大体量，并覆盖广大的单体药店、诊所等。如果看重的是未来的B2B2C构建的C端入口，不如平安好医生直接从C端来得更为直接有效。缺乏合适定位的万家医疗从成立之初也许就注定了最后的结局。

7.3 电子处方对于药店的流量价值

一般来说，只要购买处方药就需要凭借医生处方，而随着数字技术的发展及政策的逐步放开，电子处方逐渐成为可以接受的处方形式。在医院里凭借处方购买处方药没有问题，但在社会化零售药店里购买处方药就存在着挑战。因为药店里通常没有医师，而执业药师根据法律规定并没有处方权。

7.3.1 电子处方保流量

尽管监管部门要求必须凭借处方购买处方药，但在实操层面处方的形式并没有严格的操作落地方案。因此根据地域不同，药店可以接受凭借病历购买处方药、凭借处方原件购买处方药、凭借处方照片购买处方药、凭借患者口述购买过该处方药来认定等不同的处方形式，甚至监管较松散地域的药店不做任何确认就直接销售处方药。

从监管角度来看，首先要防止的是麻醉药品、放射性药品、精神药品、终止妊娠药等用药风险程度高的药品的滥用。如果完全严格要求药店必须按照医院的处方来销售处方药，但医院的处方流出又受限制，那么会对药店生态构成毁灭性打击，给老百姓的用药方便带来挑战。因此，现状虽然不完美，但也是医改进程中较为现实的现状。不过监管政策逐渐收紧的趋势是明显的，很多地方出台了相应的法规要求药店保留处方备审，如果患者到店后确实没有处方将无法购买处方药，那么对于药店来说这将是流量的损失。

于是，围绕药店的这个痛点，很多企业开始提供相应的解决方案。较早参与的实际是广东省网络医院，通过深圳友德医科技有限公司提供的技术解决方案，广东省第二人民医院将问诊服务延伸到药店和社区医院，当患者到药店后有问诊需求可以通过网络医院询问医生，医生开具的处方可以打印出来提供给药店以进一步购买处方药。网络医院提供的不仅是一张处方，更是提供了问诊的服务。

2015 年，微医推出乌镇互联网医院后很快就发现了药店的这种需求，并开始推出面向药店的“药诊店”服务。微医的药诊店如图 7.1 所示，在药店的某个角落设置能够远程与医生互动问诊的计算机，放置计算机的桌子和背后的墙面有相应的品牌提示。问诊方式通常可以接受文字互动、图文互动、语音互动和视频互动。随着监管的日趋严格，已经有越来越多的省市要求药店问诊方式必须通过视频方式进行。

微医的药诊店也有多种形式，空间比较宽裕的药店还会设置专门的房间，房间内设有可触摸的大屏幕来实现患者与远程医生的互动问诊。微医还推出了专门的一体化问诊设备，这种设备占用的空间非常小，放在药店的柜台上就可以进行运作。

此类药诊店服务与药诊所模式不同，也与广东省网络医院的模式不同，药诊店主要解决药店需要有合法处方销售处方药的问题，部分解决患者到店问诊的问题。而药诊所的模式主要是从医疗服务出发，旨在为患者提供便利的就医服务，进一步与药品销售形成整合。

图 7.1 微医药诊店

广东省网络医院在药店的服务终端与药诊店模式乍看很类似，但是细看有很大差别。广东省网络医院的服务主要解决的是患者在药店获得便捷诊疗服务的痛点，且医院并不向药店收取费用，医生提供的主要是在线服务。而药诊店通常要按照门店月费向药店收取费用，药店的主要诉求是医生能实时响应、能够开出的药品要与药店的药品数据库联动、能够开出处方等。虽然形式类似，但目的不同也就导致了在运营上的不同。

2016 年，微医推出药诊店服务后很快就宣布已覆盖全国近 2 万家门店，此后由于商业竞争等失去了一部分客户，之后又重新开发客户，2018 年维持在 2 万家门店左右。同时，在老百姓等企业的年报里也能看到与微医相关的药诊店合作，同时微医也开始向正在进入医药零售的屈臣氏等提供服务。初步观察，迄今微医推出的药诊店服务覆盖的门店数并没有出现大规模增长，其背后原因可能与该业务不赚钱甚至亏钱有关。

无论是微医还是其他提供类似服务的企业，都会按照每家门店每月 400 元左右的定价来收取费用，而医生的每单问诊成本在 2.5 元以上。假设一个门店一天有 10 个订单，一天微医就要有 25 元的成本，一个月就是 750 元的成本。虽然有的门店问诊量大、有的门店问诊量小，整体可以持平，微医也可以在商业政策上进行诸多约束，但是怎么看这也不是一个太赚钱的业务。此外，很多药店还会通过门店间共享账号来欺骗系统，从而增加了服务提供方的运营成本。

微医在推进药诊店时帮助落地的企业叫思瑞健康，思瑞健康起初主要提供的是屏幕、摄像头等硬件及在药店的落地实施服务，后续也开始独立运营自己的互联网医院并直接为药店提供相应服务。通过天眼查可以看到，思瑞健康的股东结构中有很多连锁药店，如浙江瑞人堂、河南百家好一生、赤峰人川、甘肃众友等诸多连锁药店，自然为其增加了很多合作客户。

思瑞健康还为药店定制了专用的屏幕如图 7.2 所示。图 7.2 中的两款屏幕上半部分是可以选择医生进行问诊的屏幕，下半部分是显示屏，显示屏可以显示指导用户如何开展远程问诊服务，也可以作为广告屏来显示商家的广告。显然与微医相对单一的药诊店按门店、按月收费的商业模式不同，思瑞健康也有意在药店终端广告领域有所突破。不过可惜的是思瑞健康最终也没有破解商业模式的困局，持续的入不敷出导致了思瑞健康最后的失败。

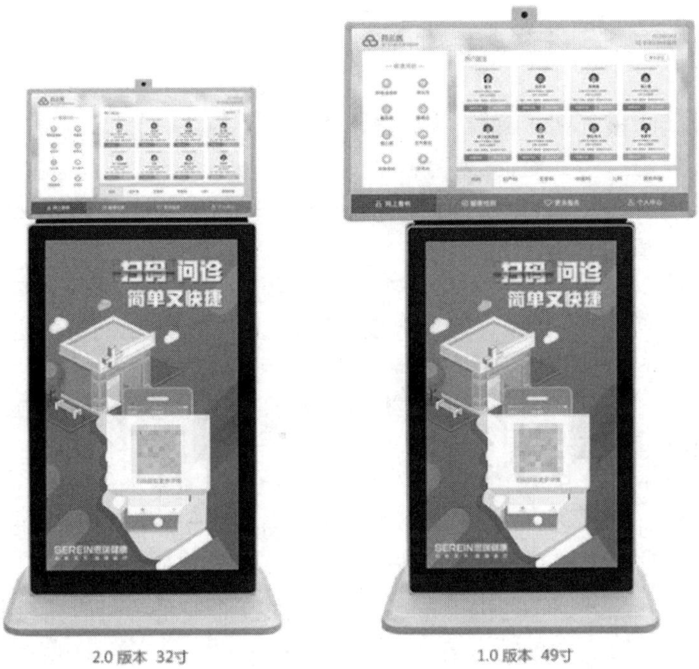

图 7.2　药店专用屏幕

从全国范围来看，提供类似服务的主要参与者还有位于四川的富顿科技公司，该公司的微问诊产品在药店市场已经形成一定知名度。富顿科技公司的微问诊设备如图 7.3 所示，由一个可触摸的屏幕、一部可与医生互动的话筒及一台可以扫描原始处方的扫描仪构成。

图 7.3　富顿科技公司的微问诊设备

微问诊从四川出发，借助四川各地市政府大力推进电子处方的东风很快实现了对成都等省内重要城市的覆盖。随后微问诊走出四川，进入浙江、山东、江苏等多个省份。富顿科技、思瑞健康及微医都采取类似的按门店、按月收费的模式。

很多医药连锁企业都引入了电子处方解决方案，特别是在电子处方监管比较严格的省份，这些服务已被广泛使用。2018 年，仅国大药房一家通过与电子处方平台合作总处方量就已超过 50 万单。

7.3.2 院外处方流转平台带来新流量

如果药诊店模式的核心在于确保到店的处方需求不流失，那么政策及很多企业层面正在推动的则是从医院到药店完整的处方流转与衔接服务。其典型特征是，政府或企业主导推进某个城市规模化实现医院与药店电子处方信息的共享，以及医院处方外配，为药店带来了来自医院的新处方流量。

较早有报道的是 2016 年 3 月，上市药企新华制药旗下的新华大药店与原淄博市卫生和计划生育委员会、京东签署《“健康城市”战略合作协议》，落地淄博市医疗处方流转信息平台及处方药电子商务项目。项目中三方将共建包括医院信息系统、医生医疗处方流转信息平台、云药房平台、社会药店、配送系统等在内的互联互通网络，以实现门诊就医后患者自助选择线上或线下购药方式。

随后，2017 年 5 月，广西梧州市红十字会医院与百洋旗下的“易复诊”合作启动了处方信息共享平台，当时首批入驻的有广西梧州百姓大药房文澜门店及广西嘉进药房百福堂药店等门店，后续计划推广至梧州市所有社会药房。

据百洋官方介绍，该处方信息共享平台以医院为核心，平台可直接连接医院的 HIS 系统，医患面诊时医生根据患者的情况开出处方提交医院药师审核，医院药师审核通过后可直接上传至处方信息共享平台，平台将处方以短信的形式推送给患者，患者可以自主选择与平台有合作的药店完成线下购药。药店核验患者处方信息，打印处方并完成售药。

2017 年 11 月，广西梧州市宣布启动全市处方信息共享平台搭建，全市 20 余家二级及二级以上医院与百余家药店共同接入处方信息共享平台。广西梧州市人力资源和社会保障局还印发了《关于在处方共享药店试行医保门诊特殊慢性病直接结算有关问题的通知（征求意见稿）》，意见稿指出梧州市签订了医保服务协议的医保定点医疗机构的处方共享药店，同时可以实现医保门诊特殊慢性病直接结算，该意见稿 2018 年 7 月 1 日起试行。

百洋还推动了处方共享平台在辽宁、黑龙江、陕西、山西、湖南、广东等多个省市的开展。2018 年 6 月，百洋宣布了与大参林、一心堂、老百姓、益丰等全国 16 家主流连锁药店的战略合作协议，就易复诊第三方处方共享平台与智慧药店整体解决方案达成深度合作。

除了百洋这样的商业公司，2017 年互联网巨头腾讯宣布与商业公司柳州医药携手柳州市工人医院签署战略合作，共建院外处方流转平台。2018 年，腾讯宣布与广西柳州医院合作也建立了院外处方流转服务平台，其中腾讯的主要诉求在于试点通过区块链技术如何确保处方信息不被篡改。

7.3.3 政策发展推动处方流转平台建设

院外处方流转平台建设与政策发展息息相关。随着医改的不断推进，为了斩断医院市场医与药的利益纽带，政府一度推进药房托管，鼓励医疗机构通过契约形式在药房所有权不变的前提下，将药房交由具有较强经营管理能力并且能够承担相应风险的医药企业进行有偿的经营和管理。

在政策的鼓励下，很多实力雄厚的企业开始大规模托管医院药房，如国药控股、上海医药、华润医药、九州通等全国知名商业公司。例如，2017 年上海医药年报显示，截至 2017 年上海医药共计托管医院药房 226 家，2017 年新增了 97 家。其他医药公司如工业企业康美药业也大规模开展医院药房托管，其 2017 年年报显示康美药业签约托管的医院药房数已经超过 100 家。

然而，药房托管并没有实际斩断利益纽带，医院仍然变相地收取托管费或药品盈利分成。例如，某家医院设立了如设备改进费、药事服务费、药学部人员工资支付等合同条款，要求托管方支付这些费用。托管后，药厂或药品经销商照样可以影响医生的处方行为。2018 年 11 月 26 日，国家卫生健康委员会发布《关于加快药学服务高质量发展的建议》，提出“坚持公立医院药房的公益性，公立医院不得承包、出租药房，不得向营利性企业托管药房”，喊停了药房托管业务。

既然药房托管这条路“走不通”，将医院的处方“赶出”医院就成了更加重要的选择。2018 年 4 月，国务院办公厅发布《关于促进“互联网+医疗健康”发展的意见》提到要完善“互联网+”药品供应保障服务，“对线上开具的常见病、慢性病处方，经药师审核后，医疗机构、药品经营企业可委托符合条件的第三方机构配送。探索医疗卫生机构处方信息与药品零售消费信息互联互通、实时共享，促进药品网络销售和医疗物流配送等规范发展”，表达了对于建立处方信息共享平台探索的支持态度。

随后，多个省份都跟进发布了具体实施意见，其中广东省 2018 年 6 月 5 日最早发布了《促进“互联网+医疗健康”发展行动计划（2018—2020 年）》，该计划明确提出要推广处方流转平台、推广智慧药房。2018 年 10 月已有媒体报道广东省第二人民医院上线处方流转平台，自费患者在医院看病后，处方流转到该平台，平台提示患者到附近有资质的药店取药或者配送到家，医院药房和平台药店同规同价。

2018 年 12 月，福建省福州市也开始允许门诊患者自主选择在定点医疗机构或定点零售药店购药。据了解，福州市的电子处方信息共享平台是基于医保信息化系统的延伸而建设的，可以确保医保基金和患者信息的安全，确立电子处方流转信息共享平台的公益性。

2019 年 3 月 4 日，海南省人民政府办公厅发布《关于印发海南省促进“互联网+医疗健康”发展实施方案》。表 7.1 展示了部分已经发布过要搭建处方流转平台的省（自治区、直辖市）及相关政策要点。

表 7.1　处方流转相关政策一览

序号	省（自治区、直辖市）	发文时间	文　件　名	相关政策要点
1	海南	2019/3/4	《关于印发海南省促进“互联网+医疗健康”发展实施方案》	探索建立全省统一的处方流转系统；支持和鼓励医院、药店、符合条件的第三方机构共同参与处方流转及药品物流配送；鼓励社会力量建设和运营药事服务；推广智慧药房
2	贵州	2018/12/18	《贵州省人民政府办公厅关于促进“互联网+医疗健康”发展的实施意见（征求意见稿）》	规范电子处方流转；探索医疗卫生机构处方信息与第三方配送机构，以及药品零售消费信息互联互通、实时共享；推进非处方药品网络销售和医疗物流配送等规范发展

续表

序号	省（自治区、直辖市）	发文时间	文　件　名	相关政策要点
3	重庆	2018/12/12	《重庆市加快“互联网+医疗健康”发展行动计划（2018—2020年）》	2019年，探索建立电子处方信息共享流转机制，零售药店试行凭电子处方销售处方药；2020年，推行基于电子处方流转的线上药品销售配送新模式
4	江西	2018/11/23	《江西省办公厅关于推进“互联网+医疗健康”发展实施意见》	开展处方流转信息平台建设；2020年初步建成处方流转信息平台
5	辽宁	2018/11/20	《辽宁省促进“互联网+医疗健康”发展的实施方案》	支持医院、药品生产流通企业、药店、符合条件的第三方机构共同参与处方流转、药品物流配送
6	四川	2018/11/15	《促进“互联网+医疗健康”发展的实施意见》	推动区域电子处方平台建设；在线开具的处方未经医疗机构配药的，不计入医疗机构药占比
7	广西	2018/9/21	《广西促进“互联网+医疗健康”发展实施方案》	推广处方流转平台，发展药品配送中心，支持医院、药品生产企业、药品流通企业、药店、符合条件的第三方机构共同参与处方流转及药品物流配送
8	甘肃	2018/8/6	《甘肃省人民政府办公厅关于促进“互联网+医疗健康”发展的实施意见》	开展“智慧药房”配送服务试点，对线上开具的常见病、慢性病处方，经药师审核后，医疗机构允许处方流转至药品经营企业或委托符合条件的第三方机构配送
9	广东	2018/6/5	《广东省促进“互联网+医疗健康”发展行动计划（2018—2020年）》	推广处方流转平台和智慧药房

在美国医药分开已经相当成熟的市场，医生在医院开出处方后，患者很容易就能在几乎任意一家药房凭借处方购买处方药品，医疗保险、商业保险的接入也已经非常完善。而今，从各个省的政策指引及落地现状来看，我国也正在朝这个方向发展。

7.4 京东到家、饿了么、美团等O2O平台如何创造新流量

早在医药O2O风口时，通过提供快速送药上门服务获取流量并引导到线上或线下成交的业务就吸引了行业的许多关注。例如，从2014年开始切入O2O市场的叮当快药就以“28分钟市区免费送到家”树立了当时医药O2O行业配送速度的新标准，后来这个速度被巨头们不断地打破。

7.4.1 医药O2O的草莽时代

2014年成立的叮当快药最早的模式是，当用户下单后通过自建的线下配送团队到合作药店取药并在28分钟内送到家。为了达到这个速度，叮当快药开发了电子围栏技术，精准

规划配送范围，在范围内选取优质药店进行合作。借助叮当快药大股东仁和药业丰富的线下资源，叮当快药上线一年多的时间就覆盖了全国 26 个一、二线城市，与 600 多家药店建立了合作关系，是所有医药 O2O 平台中覆盖范围最广的。

2015 年 7 月，叮当快药入驻美团外卖，后续又接入了百度外卖和大众点评，通过与互联网流量平台的合作，叮当快药在线上获得了稳定的流量和用户。此外，叮当快药还与主打轻问诊平台的春雨医生展开合作，尝试构建从在线问诊、购药送药到健康管理的 O2O 全产业链完整闭环。

同一时间开发的药给力是一款基于 LBS（Location Based Service，基于位置的服务）提供在线购药、用药咨询服务的软件。药给力主打“1 小时送药上门”服务。用户在线上下单，药给力平台在线下进行药品的配送。根据覆盖地区不同的情况，配送可以由药给力自建的配送队伍完成，也可以由第三方配送或由药店店员完成配送。互联网背景出身的创始人任斌拥有丰富的互联网人脉资源，药给力 App 上线 3 个月后就先后与百度、美团、饿了么、大众点评四大外卖平台开展深度战略合作，为药给力提供了更多的流量来源。

同一时期开展医药 O2O 业务的还有问药、快方送药、搜药送、U 医 U 药、送药 360、药去哪、药快送、悦康送等。不过，如今大多数公司已经不复存在，其中存活下来的公司如叮当快药转而构建自有线下药房体系。医药 O2O 作为 B2C 医药电商的一种变形，与 B2C 电商运营相比还要多加一部分配送队伍的成本，这对本就利润微薄的企业来说无疑是雪上加霜，这是医药 O2O 模式存在的致命伤。

7.4.2　O2O 巨头：“配送+超级流量”的巨大威力

医药 O2O 面临的配送成本问题，对于本身就拥有流量平台及强大配送能力的互联网巨头来说，根本就不是问题。对于饿了么、美团大众点评等互联网企业来说，不断的品类扩张本身就是自身商业逻辑的自然拓展，增加药品只是多了一个品类。两家公司都拥有庞大的线下配送体系，配送费用可以下行转嫁给用户，与医药 O2O 公司相比，互联网巨头存在着很大的优势。

最早系统化进入医药 O2O 的企业实际是京东到家，成立于 2015 年的京东到家从最开始就设置了健康类目，掌舵人是医药 O2O 圈里的知名人物邵清。京东到家实际是京东在医药 O2O 领域的布局，对于拥有自建物流体系的京东来说，切入医药 O2O 业务是再自然不过的选择。为了弥补“最后一公里”配送的不足，京东到家还收购了众包物流平台——达达，以加强“最后一公里”的配送能力。

京东到家健康频道主要提供的服务是药品送货到家，患者在京东到家 App 中下单后，骑手会根据用户选择的药店到店取药品后送药到家，这和用户在饿了么或美团上点外卖的形式并没有本质区别。根据京东到家官网提供的数据，京东到家整体拥有超过 7400 万名注册用户，超过 3000 万名活跃用户。

饿了么切入医药 O2O 的步伐略慢，开始的时候服务内容非常简单，当用户有了购药需求时把药品名字输入 App 中，下单后大概 1 小时骑手会从药店取药后把药品配送给用户（这项服务如今的配送速度是24×24，即全天24小时送，24分钟内送达），用户需要为药品费用和骑手的物流费用买单。饿了么逐渐演化出完整的送药上门服务，患者可以自行搜索，也可以根据平台上预先分好的药品类别选择需要的药品，选择门店后由饿了么物流体系配送到家。为了提升用户体验，饿了么药品频道还提供了线上问诊服务。

O2O巨头美团也提供药品的O2O服务，美团提供的服务与饿了么基本类似，不过体量是饿了么的两倍还要多。从配送速度上，2020年美团买药已经实现平均23分钟的送达时效，也就是说在半个小时内，美团就能够满足用户对腹泻、胃痛等急性病常规用药的需求。不仅如此，美团买药同样提供24小时服务，能够保证用户即使在凌晨下单，药品也能够实现全时段的及时送达。根据美团2020年第三季度发布的财报数据，美团单季度药品订单同比2019年提高了200%以上，入驻美团买药平台的药店截至2020年第三季度末已达到近10万家。

对于线下药店来说，很难界定来自O2O平台的流量是增量的流量还是只把以往线下的既有流量转移到了线上。但可以肯定的有两点：首先，必然有部分用户因为怕麻烦即使病了也懒得去药店，而更便利的O2O平台释放了这部分人群的需求；其次，O2O平台给药店导流的游戏规则是先到先得，先参与的药店必然会抢夺周边未参与药店的流量。

所以，无论O2O带来的是增量还是存量转换，对于平均毛利率在30%左右的药店来说，只要流量成本在毛利率可接受范围之内都是划算的。据饿了么披露，在北京部分药店上线仅一个月其线上交易额就占到了总交易额的20%。知名连锁企业海王星辰通过与饿了么合作，高峰时每日的订单数量已经超过5万单，如果按照客单价40元来计算，一天就是200万元，一年365天就是7.3亿元，这对于连锁药店来说可是不小的市场。

阿里巴巴旗下的另一家公司阿里健康同样发力医药O2O，阿里健康在2018年“双11”时曾对外披露过数据，数据显示全国有5000多家药店参与其组织的医药O2O活动，覆盖全国82座城市。阿里健康在北京、广州、深圳、杭州4个城市推出24小时送药上门服务，其中到家配送环节由饿了么蜂鸟和菜鸟点我达提供服务支持。根据阿里健康公布的数据，在4个城市的白天（8:00—20:00）成功出单的配送时间平均在20分钟以内，夜间（20:00—次日8:00）成功出单的配送时间平均在30分钟以内。

阿里健康的“急用药”药品O2O服务里排名前十的是漱玉平民、泉源堂、贵州一树、大参林、天济、康佰馨、海王星辰、安徽国胜、高远百康和上海华氏。其中，漱玉平民、贵州一树和安徽国胜都是在阿里健康入股的企业，泉源堂属于在电商及创新营销领域表现较为突出的连锁企业。2018年“双11”当天销售额排名靠前的主要品牌有东阿阿胶、雅塑奥利司他（减肥药）、999感冒灵、优思明短效避孕药、达克宁乳膏和妈咪爱小儿腹泻药等。

7.4.3 O2O助力连锁巨头

看到O2O的巨大价值，连锁企业早就开始了与几大O2O巨头的合作，国大药房曾披露其2018年与美团、京东到家等公司的合作累计达成销售额1404万元，与2017年同期相比增长167%。

早在 2017 年老百姓就开始了与诸多外部平台的 O2O 合作业务，老百姓主要与美团合作，截至 2019 年年底已在 84 个省级市场开展相关业务。老百姓通过延长营业时间、运力调度、人口热力分布优化等精细化运营和智能技术手段等来满足用户 24 小时不间断的用药需求。老百姓 O2O 服务核心城区夜间售药、送药服务范围超 10000 平方公里，各项智能系统调整保证了订单妥投率超过 98%，用户满意度超过 99.8%。

2019 年，老百姓 O2O 线上门店数超过 3500 家，其总体完成超过 500 万单的年订单需求，同比增长高达 166%。如果按照客单价 40 元来计算，500 万单就是 2 亿元，约占老百姓零售板块营业收入的 2%，这对于老百姓这样体量的零售药店来说是相当惊人的数字了。

与老百姓相比，一心堂合作的平台更分散些，根据不同的区域有不同的合作伙伴。一心堂 2019 年 O2O 业务销售额达到 3700 万元，同比增长 222.3%，交易次数增长 396.46%，总交易次数超过 100 万次，客单价 36.46 元。一心堂的 O2O 业务主要以市区为主，市区销售占比 96.62%，交易次数占比 96.38%，州县地区合计销售占比仅 3.38%，交易次数占比仅 3.62%。

此外，益丰披露截至 2019 年年底其 O2O 线上门店数量超过 3000 家，大参林披露截至 2019 年年底其 O2O 线上门店数量超过 3200 家。

7.5 商业保险创造新流量

在商业保险发达的美国市场，很多医疗行为的买单方都是商业医疗保险公司，很多提供创新医疗服务的科技公司的买单方也是保险公司。例如，移动医疗圈里知名的美国 Welldoc 公司，其推出的全球首个糖尿病 App 处方的主要买单方就是美国 Medicare 保险公司。美国商业医疗保险的异常发达还催生了 PBM（药房福利管理）业务的发展。提供 PBM 服务的公司通过与商业医疗保险公司、药品生产企业、医疗机构等协调监督来控制医疗费用支出，促进治疗效果。

根据中国保险行业协会发布的《2018 中国商业健康险行业分析报告》，2016 年美国商业医疗保险总支出为 1.12 万亿美元，占美国国家卫生支出的 34%，覆盖了美国 67.5%的人口，渗透率极高。美国市场用户教育程度完成度高，一般采取“先投保，后享受定点服务”的模式，以健康险公司作为支付方来主导医疗行为。

例如，美国联合健康集团，通过健康保险公司 OPTUMHealth、健康信息技术服务公司 OPTUMInsight 及药房福利管理公司 OPTUMRx 三家公司来为健康险提供服务。其中，保险公司作为支付方为客户提供产品，其余两家公司则作为管理方打通后端服务，实现控费和良好的就医体验。

过去几年，我国的商业健康险取得了长足进展，根据中国保险行业协会的数据（见表 7.2），2009 年我国健康险商保收入仅为 574 亿元，到 2017 年已达到 4389 亿元，占整体保险收入（国家基本医保+健康险商保收入）的比例也由 2009 年的 11.06%提升到 2019 年的 23.24%。虽然与美国 1.12 万亿美元的规模相比还有很大差距，但我国商业医疗保险的长期发展充满潜力。2020 年 1 月，国家医疗保障局等 13 部门还出台了《关于促进社会服务领域商业保险发展的意见》，提出到2025年我国健康险市场规模力争超过2万亿元。

表7.2 历年健康险商保收入占比

年 份	国家医保收入（亿元）	健康险商保收入（亿元）	商保/（医保+商保）
2009	4617	574	11.06%
2010	5612	677	10.76%
2011	7559	691	8.38%
2012	9324	862	8.46%
2013	10988	1123	9.27%
2014	12515	1587	11.25%
2015	14488	2410	14.26%
2016	16368	4042	19.80%
2017	18973	4389	18.79%
2018	21384	5448	20.30%
2019	23335	7066	23.24%

但是，我国健康险主要以长期险（重大疾病险）为主，与发达国家短期医疗保险为主的机构相比还有较大差距。我国健康险发展时间较短，监管措施等相对尚不完善，存在健康险公司将理财类保险产品包装成健康险产品，尤其是包装成长期护理险等问题。

无论如何，我国商业健康险市场的不断成熟及互联网等新技术的不断渗透，为疾病治疗创新支付提供了发展空间，隐藏在支付背后的流量也共同推动了我国医药零售药店的发展，为药店带来了新的流量，为药店的患者服务树立了新的标杆。

通过商业保险为药店创造流量的方法主要有4种：第一种通过指定药店为特定保险的核销点来引导用户流量，如慈善赠药项目的合作药店；第二种通过增加患者的用药依从性（复购）来为药店留住老顾客，提升用户终生价值，如持续购买指定慢性病用药免费获得疾病发作时的医疗费用报销保险；第三种通过创造新的服务来增加药店对顾客的吸引力，从而提升客流，如药品过期换新服务险、意外怀孕服务险等，为药店延展了创新性服务，成为新的获客手段；第四种通过将购买了商业医疗保险公司保险的消费者的医疗福利引导到药店落地，来为药店带来新的流量。

下面通过健易保、药联、镁信健康3家保险科技公司的案例来说明商业保险如何为零售药店创造新的流量。健易保主要目标市场就是药店，其通过与药企、保险公司合作提供创新保险产品提升消费者黏性。药联则主要通过与商业医疗保险公司合作共同管理消费者的与医疗相关的商保福利为药店带来流量，并通过向药店提供增值服务帮助药店吸引客户来提升消费者黏性。镁信健康与DTP药房深度合作，通过疗效险、慈善赠药项目等将消费落地场景导向到DTP药房来创造流量。

此外，医卡通（现名健保通）、益企保、赔付宝、普康宝、钥匙卡等公司也通过各种方式进入商业医疗保险与药店业务结合的场景。

7.5.1 健易保：创造重复购买流量

健易保创建于 2017 年，其创始人张圣明曾就职于默沙东、辉瑞等企业，了解药企的运作模式，后续又加入泰康在线大健康事业部，参与带病人群场景保险产品开发，了解保险产品精算、设计等操作模式。有过医药企业、保险企业两种行业背景的张圣明看到了保险公司传统高成本的获客方式难以应对带病人群保险低客单价的长尾市场，药企创新类新特药上市后的较长一段时间无法进入国家统筹医保覆盖范围。如何解决其中的痛点引导着张圣明创建了健易保。

有过健康险相关产品设计与销售的读者可能知道，商业险在医院里通过医生推销给患者并不可行。抛开不同疾病领域的不同特点来说，医生日门诊量大，与患者的沟通时间有限，很难保证有时间为患者做保险产品介绍，并且医生不是销售员，也不掌握销售的技巧。多种因素使很多健康险在医院的销售并不理想，而具备充分市场运作环境的药店与医院相比更适合保险产品的销售与推广。

健易保的第一款产品就是在这样的环境下诞生的，通过与赛诺菲零售团队合作，为赛诺菲产品用户提供心脏血管内支架术后一年内发生心肌梗死（以下简称“心梗”）的保险。这款保险的基本设计原理是，针对心梗患者心脏血管内支架植入术后一年内如果发生心梗住院将予以相应费用的报销，如果被保险人因心源性猝死导致疾病身故后将予以相应赔偿。

这款保险产品还免费提供给购买氯吡格雷的用户，购买一盒即可领取一份，每份保险针对心梗发作保障额度 200 元，针对心源性猝死保障额度 1000 元。单个用户每个月最多可以领取 10 份保险，每年最多可以领取 60 份保险。此外，该保险产品限制了被保险人的年龄，须在 18 周岁到 70 周岁，被保险人必须是心脏支架术后两年内的患者。具体的销售场景是药店，由接受过培训的店员向患者推介，患者通过手机在线填写相应的个人信息后免费领取保险。

对于合作药企来说，心脏血管内支架术后两年的患者按照学术指南建议持续服用相应产品，患者因各种原因未能持续服用，影响治疗效果，通过保险杠杆撬动患者持续服用药品，对药企也是有利的。对于合作药店来说，基本没有付出任何成本就可以为自己的顾客提供增值服务，增加了新的吸引顾客的手段；同时通过保险产品可以吸引顾客回来持续购买相应的药品，并且还能产生其他产品的交叉销售。对于保险公司来说，只要精算下来保费的收入大于保费的潜在开支就是值得尝试的创新。

尽管运营层面仍存在这样或那样的挑战，但是商业医疗保险“提升患者依从性，多方共赢”的逻辑并没有问题，同时赢得了许多参与项目的连锁药店老板的欢迎。并且保费的设计往往基于公开可获得的如《中国心血管病报告》等类似报告中提供的患者人数发病率等数据来设计，当健易保运营的保险品种越多、覆盖的各类患者人数越多时，积累的实际发病率等数据就能帮助健易保设计更精准、更成本有效、更吸引用户的产品。一旦进入产品设计与运营的正循环，健易保就能建立足够的数据壁垒，将竞争对手阻挡在墙外。

2019 年，健易保还推出了一款名为“心易保”的保险，这款保险产品针对在药店购买指定药品（氨氯地平阿托伐他汀钙片、通脉养心丸等）的患者。患者在药店购买指定药品后，即可选择购买“心易保”99 元/年和 199 元/年的两款保险产品。患者投保后，如罹患心梗住院接受治疗，即可获得相应的医疗费用报销。

此外，“心易保”还附带“用药报销计划”，如果患者坚持遵医嘱用药，将能够获得 79 元至 399 元不等的药品费用报销，以此鼓励患者坚持用药，主动管理自己的病情。“心易保”的目标是在全国 60 多家连锁品牌近 23000 家连锁药店门店投放。“心易保”的设计思路与第一款产品的设计有很多相似之处，但是从患者免费获取到患者付费购买，相信健易保在产品的运营中积累了很多患者付费意愿信息及保险精算的数据，这些数据的持续积累将帮助健易保提升长远竞争力。

健易保另一款与药店合作的产品是 2019 年 6 月联手陕西众信医药连锁推出的针对药品不良反应的保障计划——“用药无忧”健康保障计划。这款保险产品主要是面向 18～80 周岁的连锁药店会员而推出的，对于使用急性胃穿孔、急性肾功能衰竭、急性呼吸衰竭、急性心力衰竭、过敏性休克药品的会员都可以免费领取。

根据健易保管理团队在公开场合的数据分享，截至 2019 年 7 月 14 日，其共与全国 28384 家药房门店开展数据对接，注册店员 56627 名，实现保单覆盖 370645 人次，累计保额 5.03 亿元。保险流量对于药店的赋能在健易保得到了印证。

7.5.2 药联：导入商业医疗流量

商业险用户与创新医疗服务之间的关联性在平安好医生的案例上早已得到最好的验证，平安好医生的核心板块家庭医疗服务早期基本来自平安保险的用户。类似购买车险的用户可以获得一年两次免费酒后代驾服务一样，购买平安保险的用户可以获得一年若干次的在线免费问医生的服务，以此提升用户的黏性和续保率。2018 年，平安集团寿险及健康险业务收入 4656 亿元，财产险收入 2119 亿元。如果仅按照寿险及健康险用户续保率提升 1%计算，带来的保费收入达 46.56 亿元。保险公司有足够的动力和空间来为创新医疗服务买单。

图 7.4 药联权益页面

这正是药联商业模式的核心，药联与中国人民财产保险、中华联合财产保险等合作，为其车险等客户的增值服务部分提供运营支撑。商业医疗保险用户可以在药联合作的全国线下药店通过“药联直付权益”通道购买健康用品、药品等，到店出示“药联直付权益”二维码即可，无须支付任何费用。药联权益页面如图 7.4 所示。

根据药联公开的数据，其已与国内超过数十家保险公司建立业务合作，和国内近 500 家连锁药店对接合作，覆盖全国 29 个省、自治区及直辖市逾 6 万余家线下门店，为商业医疗保险用户提供到店购药、O2O 送药上门的购药服务。在开通药联直付业务的连锁药店，药联导流给合作连锁药店的交易额有些占到了门店总销售额的 5%，部分门店销售占比甚至达到 20.52%。结合 O2O 导流的流量，两部分流量叠加最多的情况能占到一家门店超过 40%的流量，新零售流量的想象空间巨大。

在药联分享的数据中，我们能了解国大药房与药联直付合作半年后直付业务月度突破 100 万元（国大药房也公布了其 2018 年商保卡业务同比增长 17%）。此外，益丰、漱玉平民、山东幸福人、十堰用心人、青岛同方等连锁企业也加入了“药联直付百万俱乐部”。截至 2018 年 11 月，药联整体的直付业务规模月度已突破 5000 万元。

为了提升用户黏性，药联还推出了很多创新支付项目，如“药品过期换新”保险服务，药店会员只需要花 5 元钱购买一份该服务，当药品过期后就可以将装有残存药品的药盒拿到门店换取等额的用药权益。此外，药联推出的创新保险服务还有意外怀孕关爱、慢性病服务（如糖尿病、高血压）、应急救助关爱服务等多项融合了商业医疗保险的增值服务。这些增值服务帮助药店增加了获取新流量、稳定既有流量的手段。

7.5.3　镁信健康：构建广泛的 DTP 网络流量

上海镁信健康科技有限公司（以下简称“镁信健康”）是一家成立于 2017 年的医疗创新支付公司，创始人张小栋原是上药云健康的首席运营官，镁信健康也是孵化自上药平台的企业。镁信健康的业务主要是向药企提供肿瘤、肝病药物等销售过程中的金融支持。

针对价格高昂的肿瘤药品，在进入医保前，对于许多普通家庭来说，其年耗费金额未必能够承受。为此，药企需要设计金融支持项目，如买赠活动等来缓解患者的负担，也相应增加患者服药的依从性。在此基础上，镁信健康设计的肿瘤靶向药物金融分期付款方案能够减轻患者家庭的短期现金支付压力，这一点打动了药企。具体来说，镁信健康可以帮助药企与金融公司沟通衔接并设计相应的方案，同时还可以提供患者还款过程中的风险管控等。

对于某些外资医药公司上市的丙肝特效药，镁信健康还设计了名为“肝愈保”的疗效险，凡是经过检查符合确诊为基因 1b 型，且基线无 NS5A 相关耐药突变的丙型肝炎条件的患者，加入“美信健康”会员计划即可获得“肝愈保”疗效保险一份。患者在完成一个疗程（24 周）的治疗并随访 12 周后，若未能达到治疗效果，将补偿部分购药费用，赔付最高可达 30000 元，同时享受在线获取检测报告、专线咨询答疑、送药到家、药师协助、疗程管理等专属会员服务。

无论与哪类保险的合作，最终患者购买药物的地点都落在了与镁信健康有合作的 DTP 药房上。随着与镁信健康合作的企业及镁信健康服务的患者人数越来越多，汇聚起来的流量对 DTP 药房充满了吸引力。

镁信健康在患者保险专业服务领域快速突破并积累了一定的行业口碑，同时依托上药集团的资源，2019 年 4 月镁信健康获得了与腾讯旗下保险平台微保的合作。微保推出的这款产品名为“药神保”，是为与阿里系旗下知名保险产品“相互宝”打对头而推出的，而“相互宝”是推出不到半年就吸引了超过 6000 万名用户的网红保险产品，腾讯给予“药神保”的流量支持是巨大的。

“药神保”主要针对的是十数种癌症发作时的药品使用予以保险，购买了“药神保”的用户如果罹患癌症，可以在指定药店免费或以非常优惠的价格获得超过50多种肿瘤用药中的一种或多种，而镁信健康正是帮助腾讯微保运营药房网络的公司。

假设十数种癌症汇总起来的发病率仅有1%，腾讯经过半年或一年无论如何也能做到超过6000万名的用户，那汇总起来就有超过60万名的“药神保”用户最终会有需求到线下药店购药。这个体量的特殊药物用户可是不小的规模，对于DTP药房的吸引力很大。

在上药集团的支持下，镁信健康还以初创公司的身份获得了和光大银行发联名信用卡的机会。光大镁信信用卡白金卡用户可以在合作药店以9.5折优惠购买处方药或非处方药；享有新特药免费送药上门服务；享有包括执业药师体检咨询、个性化预防、保健、用药指导等在内的专业药事服务，以及包括全程病案管理、多模式诊断咨询、合作医院门诊VIP预约、高端国际医疗咨询等在内的管家式医疗服务。

对于光大银行来说，镁信信用卡拓展了对其客户的附加价值，且镁信健康能够帮助光大银行管理相关优惠在合作药店的具体落地。对于镁信健康来说，借助光大银行拓展了自身的影响力，借此可获得诸多优质客户。而对于药店来说，光大镁信信用卡同样意味着流量。

根据镁信健康官网发布的数据，镁信健康截至2019年8月底已覆盖全国30个省300个城市的1200家DTP药房。镁信健康通过支付创新构建了其独特的连接DTP药房的流量体系。

7.6 院边店的巨大流量价值

所谓院边店是指位于医院旁边的药店，因为毗邻医院，自然就能够承载很多来自医院的患者流，从单店产出角度来看远高于普通药店，所以也成为连锁药店的必争之地。

曾有一段时间为推动医药分家，相关政策一度支持院内药房托管，鼓励医院将院内药房托管给第三方企业运营，以达到医药分家的效果。看到其中蕴藏的商机，很多商业企业、零售企业发力院内药房托管，但政策实施不久，相关部门就发现商家与医院之间的利益链条并没有因托管而斩断，因而院内药房托管被喊停。院边药房因而变得更有价值。

此外，工业企业也成为院边店发展的重要推手，其背后原因主要有3个方面。首先，随着“4+7”带量采购及招标采购导致的价格联动等，使得众多药品品种为了维护价格而转战院外市场，院边店便成为首选；其次，随着“两票制”的推行，“工业—商业—医院”的财务处理带来的风险要远远大于“工业—商业—零售”，工业企业更有动力推动处方院外流转至院边店；最后，医院控费，限“药占比”使得部分产品在院内的渠道不畅，药企只能转战院边店。

看好院边店的发展，2018年民营商业龙头企业九州通和知名医药工业企业步长制药联合投资建立的九步大药房也开始发力院边店、DTP药房、院边门诊等多种院外模式。九步大药房成立于2017年，彼时九州通与步长制药的目的在于托管院内药房。而随着政策的转变，九步大药房也很快调整策略，转向院边店，其门店数截至2019年8月已不少于80家。

第 8 章

自有品牌：新零售时代药店品类发展的必然逻辑

医药新零售不仅是流量逻辑的重塑，也是品牌逻辑的重塑。与拥有消费者直接购买大数据的零售商相比，厂家更具有满足消费者需求的优势，如何将消费者的需求更好地运用在品类管理上？如何将消费者的需求运用在自有品牌建设上？总结国内外知名零售企业案例，我们发现自有品牌几乎是所有成功零售企业及成熟市场的必然选择。

8.1 自有品牌：零售企业必经之路

自有品牌对于成熟零售市场是很常见的策略，零售企业销售的商品主要由制造商品牌和自有品牌组成。典型制造商品牌如宝洁、蓝月亮、李宁，它们往往广为人知，享有品牌制造商的广告支持，消费者通常认为其产品质量好、有信誉。自有品牌则是由零售商自己设计、拥有的品牌，该品牌使零售商拥有更高的毛利、更便于控制，不会被竞争者销售，售价能够更便宜，并能进一步使消费者对零售商忠诚。不过相应地，拥有自有品牌的零售商也需要承担起相应的品牌管理责任，零售商必须自己选择供应商，安排实体分销和仓储，发布广告，设置店内陈列，并承担商品积压带来的损失。

几乎所有知名的零售商都有自己的自有品牌，知名电商亚马逊在销售数百万种制造商品牌商品的同时也销售自有品牌 AmazonBasics、Amazon Elements；英国乐购超市拥有 4 种不同的自有品牌，每个品牌至少涵盖 500 种商品；刚进入中国市场的开市客（Costco）旗下自有品牌 Kirkland Signature 系列在消费者心中拥有很高的声誉与口碑；知名连锁药店企业沃博联旗下拥有 NICE！、DeLish™、SOAP & Glory、No 7 等 20 多个自有品牌……

零售行业发展之初，制造商、批发商和零售商的边界相对清晰，价值链上的每个环节都有自己的定位和利润空间。20 世纪 70 年代以后，沃尔玛等零售巨头很快借助规模效应同时占据了批发商和零售商两个角色，构建了从品牌商直达最终消费者的快捷低成本销售渠道，也形成了零售行业市场份额不断集中的趋势。

随着竞争的加剧，零售商逐渐把眼光投向了价值链的上游——品牌商。借助自有卖场对销售数据的占有和分析，零售巨头开始尝试“抄袭”品牌商的热销商品以获得额外利润。具体做法简单而粗暴——针对那些销量大、购买频繁、产品标准度高的商品，寻找贴牌制造商（OEM）按照几乎一样的规格和包装进行生产，然后上架到热销商品旁边，标价直接降低 20%～30%。

对于零售商来说，这些品牌不需要广告和营销费用，即使降价 30%也能够在保障商品质量的前提下有利可图。此外，对于大的零售商来说，有诸多的制造商愿意与他们签订合同，竞争有助于零售商降低成本。自有品牌商品的价格通常比制造商品牌商品的价格低 20%～30%，这既给消费者带来了好处，也给零售商带来了好处。针对那些对品牌不敏感的消费者来说，同样的商品价格能够低 20%～30%是很不错的福利。对于零售商来说，尽管价格比品牌商品低了不少，但省掉市场、销售等费用，自有品牌商品仍然比销售品牌商品要赚钱。

自有品牌的发展确实给消费者带来了福利，表 8.1 展示了知名连锁零售商开市客的自有品牌 Kirkland Signature 旗下各品类与美国国内知名品牌相比为消费者节省费用比例的数据，从中我们可以看到整体上自有品牌价格与知名品牌价格相比有较为明显的优惠。

表 8.1　Kirkland Signature 旗下品类节省费用比例分析

品 牌 品 种	美国知名品牌	节省费用比例（%）
咸花生	Anne's House of Nuts	32
沙拉酱	Hellman's	16
织物柔软剂	Bounce	95
洗衣液	汰渍	43
阿司匹林	拜耳	646
复合维生素	善纯	118
白鳍金枪鱼	Bumble Bee	-2
光面相纸	Liford	58

另外，从历史上看，消费者往往是在收入总体下降、经济萧条、不愿意再为品牌付出更多溢价的大背景下，开始追求更多的自有品牌商品的。后来消费者开始对自有品牌商品形成了高度认知，当经济回暖时，这种品牌认知就深入人心了。

而同时，自有品牌对零售商营业收入的贡献也变得越来越重要，根据巴里·伯曼和乔尔·R. 埃文斯在《零售管理》一书中提供的数据，2008 年美国市场自有品牌的销售额约占美国零售收入的 17%，而销售量占 22%。在美国，食品店的自有品牌的销售额占 19%，药店（包括处方药）自有品牌的销售额占 15%，大众商店自有品牌的销售额占 12%。在北欧，意大利的自有品牌的销售额占 13%，而在西班牙自有品牌的销售额占 32%。

相关数据显示，2018 年开市客自有品牌贡献了开市客 28.17%的营业收入，沃尔玛旗下的山姆会员店自有品牌也贡献了其营业收入的 16.89%。

在美国市场，以往自有品牌通常都被认为是中低端商品，而现在市场正在发生转变，零售商采取更为积极的战略来帮助自有品牌发展，包括更独特的标识、新颖的包装、店内展示商品及更有特色的广告支持。这些努力逐渐改变了消费者对自有品牌的认识，自有品牌现在已不再被看作知名品牌的低价替代物，消费者逐渐认识到自有品牌与相应的全国性品牌一样好，有时可能会更好。

根据《福布斯》杂志 2017 年的调研，80%的购买者认为自有品牌商品和品牌商的商品相比，无论从质量上还是从包装上都一样好甚至更好。Kantar 咨询公司 2019 年的报告显示，85%的美国消费者购买自有品牌商品，66%的消费者表示如果他们喜欢零售商，也会相应认可它们的自有品牌商品。

事实上，在发达国家，自有品牌已经全面完成了消费者教育，并且已经开始向高质量、高价格的品牌转型。简单来说，早期自有品牌的核心定位是替代低品质、低价格的品牌商品，之后自有品牌努力向高质量、全国性品牌的商品质量要求靠近。而今开始出现高端特征的自有品牌并自由发展，再从上至下导入低价格自有品牌进行细分。

我国零售企业相对美国零售企业发展的时间虽然还短，但我国的龙头零售企业很早就开始了自有品牌的试水。例如，华润万家旗下拥有润之家、简约组合两大品牌覆盖生鲜、家庭食品、休闲食品、家居用品、服装、鞋类等六大主打品类，华润万家的目标是在 2022

年将自有品牌的销售占比达到 15%～20%；苏宁旗下也有苏鲜生、百邻、狮客等自有品牌；京东旗下的 8 个自有品牌八享时、初然之爱、Hommy、佳佰、INTERIGHT、LATIT、京选及京觅，涉及食品、母婴、家居、日用百货、服饰、箱包、家电和生鲜品类，产品界面均印有明显的“京东自有品牌”“京东出品”字样。

无论是从理论上还是从实践上，对于追逐更高利润空间的零售商来说，自有品牌都是大零售商的必然选择。《新品牌的未来》一书的作者翁怡诺甚至认为自有品牌将是中国消费领域的一个超级现象，会在很大程度上改变品牌商、制造商和零售商之间的博弈关系。

下面我们就围绕亚马逊和沃博联两家公司的自有品牌建设做重点介绍，亚马逊是线上零售的代表，而沃博联是知名连锁药店的代表，这两家公司都在自有品牌建设上取得了瞩目的成绩。

8.2 亚马逊自有品牌策略

2009 年，知名电商品牌亚马逊推出了第一个自有品牌——AmazonBasics，AmazonBasics 的初期定位主要是电子易耗品品类，如 U 盘、视频/音频线、网线和空白刻录光盘等，核心竞争力是中等质量和富有吸引力的价格。

2009 年，在亚马逊上销售额最高的空白 DVD-R 刻录光盘是知名品牌 MaxWell，价格为百片装 25.79 美元。而 AmazonBasics 的百片装 DVD-R 价格为 18.39 美元，比 MaxWell 的价格低 40%左右，这对客户选择的影响是非常大的。

OneClickRetail 零售市场分析公司 2017 年的报告显示，亚马逊自有品牌商品的销售额已达 3 亿美元，年增长率在 12%左右。这与亚马逊 1779 亿美元的年销售额相比也许不值一提，但是对于特定品类来说，亚马逊自有品牌的影响是实实在在的。

根据市场分析公司 1010DATA 数据，2015 年 9 月至 2016 年 8 月 AmazonBasics 电池占亚马逊全网销售电池的 31%，远超传统电池品牌金霸王、松下和劲量。在此期间，AmazonBasics 电池年销售额增长达到 93%，AmazonBasics 电池还在不断拉大与其他电池品牌的销售差距。

AmazonBasics 电池能够取得如此佳绩有赖于亚马逊在平台层面广泛的数据支撑和营销资源的投入。在产品方面，亚马逊通过综合各家电池厂商不同规格、不同包装的电池销量，选择了用户经常购买的 AA（5 号）电池 48 粒装，并根据已有电池定价区域下调 15%～30%作为 AmazonBasics 的定价标准。在营销方面，亚马逊毫不手软地在客户搜索电池相关产品的结果页面显著位置推广自有品牌电池，而且会根据客户的购买行为和当前购物情况在相关推荐位进行自有品牌电池的交叉销售。

最终的结果是，AmazonBasics 电池的销售转化率（Conversion Rate）达 17.7%，比亚马逊网站上的电池类商品平均转化率 9.8%高出近一倍。在进入产品页面后，客户购买 AmazonBasics 电池的可能性比整个电池品类的平均水平高 50%。

传统电池厂商在亚马逊的精准产品设计和关联营销细节面前完全没有招架之功。这如同两军对垒争取客户，自己的底牌被对方看得一清二楚。尽管在与亚马逊自有品牌的竞争中如此被动，但面对一个占据了 94%的线上电池销量的电商平台，几乎所有厂商都无法轻言放弃。

同样的故事也发生在婴儿尿片这个品类上。从销售转化率角度来讲，亚马逊自有品牌尿片的销售转化率为 46.9%，是亚马逊网站婴儿尿片类商品平均转化率 13.5%的近 3.5 倍。在进入产品页面后，客户购买亚马逊婴儿尿片的可能性是整个品类的平均销售水平的 3 倍。

婴儿尿片市场销量最大的是传统品牌好奇和帮宝适。而目前亚马逊自有品牌的尿片销售额排在所有尿片品牌网络销售额的第 3 位，占据了尿片网络交易销售量的 16%。亚马逊自有品牌尿片的销售额年增长率高达 266%，远超其他品牌。照此趋势，用不了多久亚马逊就会占领婴儿尿片网络市场。

在快速消费品市场，产品的差异往往并不像品牌商宣传的那么大。当剃须刀里的电池从金霸王换成松下时，你基本不会感觉到任何使用上的差异。同样的道理，当 AmazonBasics 的电池在不知不觉中一点一点替换着顾客购物篮里其他品牌的电池时，亚马逊的顾客也不会有任何担心。

借助自身电商平台上强大的数据收集和分析能力，亚马逊默默地倾听着顾客的声音，记录着品牌商和自有商品的每一笔交易，了解客户的来源、特征、喜好和市场的不断变化，并最终形成各种丰富的业务信息，指导自有品牌商品选择最佳的营销路径和营销时机。

除传统的交易数据之外，商品的顾客反馈区也是挖掘新需求的“金矿”。在亚马逊，只要是热销商品，不论是自有的还是第三方的，在评论区都聚集着成百上千条顾客评论。亚马逊还可以提供基于打分和关键字的顾客评论筛选，让潜在顾客有选择性地浏览。借助这些自发的顾客评论，亚马逊可以对竞争对手和自有品牌商品的优缺点了然于胸。

在 AmazonBasics 进入电子易耗品品类大获成功后，它又扩展进入普通家用品如床单、浴巾和厨房刀具等，并逐渐在更多的品类里形成自己的竞争优势。

从 2017 年开始，亚马逊的自有品牌商品发展进入快车道，推出了 50 个以上的自有商品品牌，涵盖了服装、鞋类和珠宝首饰等品类。根据 Recode.net 的统计，到 2017 年年底亚马逊共有超过 70 个自有品牌。除了 AmazonBasics 和 Amazon Elements，还有一大批服装、母婴、宠物和保健品品牌。

这里介绍一下亚马逊的服装自有品牌策略。服装品类是一个很特殊的市场品类。因为服装按照消费对象与子类别的不同，呈现着两种不同的消费需求。

第一种是基本服装配件，如内衣、袜子、衬衫、T 恤等，尤其是面向男士和儿童的单品，呈现出快速消费品的特征。对于这类商品，顾客往往有着固定的购买习惯，并且没有太大的差异化购买需求。亚马逊用单一品牌 Amazon Essentials 来覆盖这类基本需求：简单、可靠、高性价比，面向有选择障碍症的消费者。

第二种则是完全个性化的服装单品，如面向女士的裙子、毛衣、上装，甚至珠宝，呈现出典型的时尚消费品的特征。对于时尚消费品，顾客的眼光是挑剔的，需要品牌形象清新，设计感强，针对特定人群，商品更新快。亚马逊设计了超过 40 个品牌覆盖不同的需求人群，这些品牌有一个共同的特点，那就是刻意隐瞒自己和亚马逊的关系。

亚马逊在 2016 年推出了女性时尚品牌 Lark & Ro 和儿童服装品牌 Scout + Ro，之后又推出了牛仔品牌 Hale 和毛衣品牌 Cable Stitich。此外，还有 Ella Moon、Mae、Paris Sunday、

Buttoned Down、Goodthreads 等多个男女时装品牌。这些品牌都针对特定的细分人群，占据着最好的推荐位，着力打造自己独特的品牌形象。只是在其最下方标注的“专供亚马逊会员”（Exclusively for Prime Members），显示了其和亚马逊的特殊关系。

亚马逊是如何获得对时尚元素的把握的呢？答案还是对数据的占有和分析。2017 年 8 月，在亚马逊力邀知名运动品牌进驻自己的平台开辟直销渠道后，美国最大的鞋类连锁专卖店 Foot Locker 的股票价格当即下滑 28%。一旦顾客习惯于在亚马逊平台上购买自己钟爱的商品，那么与这个商品有关的数据就会成为亚马逊寻找新机会的“金矿”。

根据摩根士丹利的研究数据，2017 年在美国服装零售市场上，亚马逊已经占据了 7.9% 的市场份额，仅次于沃尔玛。通过引入一些潮流品牌进驻亚马逊直销，一方面吸引了大量服装品类的潜在顾客，另一方面也获取了真实的顾客行为与消费数据，可谓一举两得。事实也证明亚马逊的策略是有效的。

根据 Coresight Research 的研究，亚马逊自有品牌在服装和鞋类品类中，客户购买意愿名列第 4。SunTrust Robinson Humphrey 的分析师预测，到 2022 年，亚马逊自有品牌商品的零售总额将达到 250 亿美元。

借助数字化的能力，亚马逊以传统零售商无法想象的优势收割品牌商的利润，但这还不是最高境界。

8.3 沃博联自有品牌

沃博联是全球知名的医药公司，主要经营药店和批发业务，沃博联对于医药零售行业从业人士来说大概没有不知道的，本书第 12 章会全面介绍沃博联，这里聚焦介绍沃博联的自有品牌业务。

沃博联旗下拥有 NICE!、DeLish™、SOAP & Glory、No 7、Almus、Botanics、Liz Earle、Sleep MakeUP、CYO、YourGoodSkin、Well 等 20 多个自有品牌，每个品牌覆盖不同的品类，如 NICE!包含头发护理、纸盘、密封冷冻袋等各类日常家居用品。No 7 是沃博联 2014 年收购英国博姿时获得的自有品牌，是英国知名的美妆品牌，其下有口红、面膜、精华液、乳液、面霜等多种不同的美妆品类。Well 则主要包含维生素等营养补充剂、各类非处方药、情趣用品、个人护理用品、急救用品等。Almus 是沃博联旗下仿制药的自有品牌，也是 2014 年收购英国博姿时获得的自有品牌。沃博联在美国市场并没有推出自有的仿制药品牌，这与美国市场仿制药竞争激烈、仿制药利润薄弱有关。沃博联旗下各自有品牌加起来覆盖的品类估计已超过 100 种。

沃博联通常从分析既有客户数据开始，基于庞大的零售消费者数据，沃博联很容易就知道最受消费者欢迎的商品是什么，从而帮助决策哪些商品是沃博联应该选择推出的自有品牌。沃博联也把品牌企业的常用手法引入自有品牌的运作流程中，如焦点小组、店内模拟陈列等。如同亚马逊，沃博联领先于品牌商的地方在于与消费者的直接接触，以及掌握与之相关的数据。

在过去几年里，沃博联一直在不断减少既有自有品牌下的品类数量，更加聚焦大健康及与美容护理相关的品类。同时，沃博联也没有停止开设新的品牌，特别是对既有品牌下的品类进行重新定位。2019 年 5 月，沃博联推出了“Complete Home”品牌，这个品牌包含纸和塑料制品、家用清洁用品、电子产品、枕头和毛毯等。这些商品此前都在沃博联 NICE!品牌下。在沃博联看来，把这些商品和 NICE！旗下的其他商品（如汽车挡风玻璃、雨刷器、油之类的商品）混在同一个品牌下对消费者的体验并不好。

和其他零售商一样，沃博联同时也发现了自有品牌的低价区隔策略对消费者来说并不够。随着零售商越来越擅长分析消费者数据，他们开始重新思考如何在店内展示商品，重新思考哪些品类也适合推出自有品牌。例如，美国知名百货公司塔吉特推出自有品牌的速度已经大大超过以往，它提供的不再仅包含生活必需品，而开始提供更多类别的服务，如婴儿护理。又如，美国知名百货公司 Kroger 推出了自有品牌的餐具，沃博联也推出了自己的餐具品牌。零售商自有品牌的视角正变得越来越宽泛。

与其他零售商生产的自有品牌商品只在自家的零售店销售不同，沃博联的商品同时也在其他的零售渠道销售。在墨西哥，当地知名零售药店连锁品牌 Benavides 就在销售沃博联旗下的 NICE!和 Well 品牌。

此外，与普通零售商不同的地方还在于沃博联主要开发的是顾客冲动购买的商机，顾客到沃博联的药店购买需要的药品时会顺带购买一些他们看到的其他商品。沃博联财报显示，沃博联的同店销售额仍然持续在下降，2018 年第四季度下降了 3.8%。自有品牌策略能帮助沃博联在流量下降时提升利润率从而保持利润的持续增长。

作为零售背景出身的沃博联在自有品牌业务的开拓上也没少走弯路，2011 年沃博联推出 NICE!品牌时，它几乎把所有类型的自有商品都放在了这个品牌下，NICE!很快变成了一个非常“笨重”的品牌。可以想象，几乎没有一个购买过 NICE!品牌厕所漂白剂的顾客愿意购买同样品牌的牙膏，并且彼时沃博联自有品牌覆盖的品类已经超过 120 个，很难有公司能将 120 多个品类都经营得很好。

此后，沃博联采取了一系列的调整措施，从 120 多个品类中裁掉了 20 多个品类。沃博联选择从那些已经有全国知名品牌和成熟玩家的领域撤退，如牙膏领域。在这个领域里已经有像宝洁和高露洁等这样非常具有品牌知名度的企业，沃博联很难在这个领域取得成功。沃博联的品牌组合开始逐渐向健康护理等领域倾斜。

目前，沃博联的 20 多个自有品牌占据了沃博联非药店销售额的 20%，自有品牌的销售额 2018 年在 50 亿美元左右，并且未来还将有更大的成长空间。沃博联数十万名员工及更广泛的家属网络能帮助自有品牌迅速启动市场。沃博联员工购买自有品牌可以享受 7.5 折的优惠，每年还会有一个季度享受 6 折的优惠。

8.4　我国药店自有品牌

自有品牌商品在我国起步比较晚，但越来越多的零售企业开始意识到自有品牌的重要性，相继开始实施开发自有品牌策略，屈臣氏便是成功开发自有品牌的典范。自有品牌目前在我国药店领域还属于比较新的概念，尽管我国有足够的市场容纳自有品牌药品，但是在我国特殊的医药环境下，我国自有品牌还没有真正发展起来，与西方国家相比，我国的自有品牌药品要少得多。

8.4.1 我国药店自有品牌发展情况

近年来，我国医药零售行业的快速发展，使得零售企业之间的竞争愈发激烈，同时随着互联网等产业的发展，跨行业、跨国际交流日益紧密，我国的连锁企业很早就意识到了自有品牌战略的重要性。寻找高毛利品种、开发自有品牌也成为我国药品零售企业渐趋一致的策略选择，而药品零售企业的自有品牌也覆盖了药品、保健品、日化品、医疗器械、中药饮片、保健凉茶等品类。

早在 2001 年金象大药房就推出了金象牌家庭血压计，这种血压计的单价比品牌产品欧姆龙同类产品要便宜 200 多元。此后，海王星辰、大参林、美信大药房等品牌企业都不断选择品种进行贴牌，截至 2015 年年底海王星辰自有品牌个数达 171 个，共覆盖 2172 个品种。

国外药房自有品牌的供应来源主要有 3 种方式。第一种方式是自行生产，由连锁企业向药品监督管理部门申请药品注册取得药品批准文号并自行组织生产。这种方式要求社会药房在产品设计研发、注册、营销工作之外，还要担负投资设厂、组织生产加工等工作。第二种方式是委托生产，连锁企业自行向药品监督管理部门提出注册自有品牌药品的申请，并获得自有品牌药品的所有权，然后委托生产厂商进行生产，在自己的门店内进行销售。第三种方式是贴牌生产，连锁企业选择符合要求且已获得药品批准文号的产品生产企业签订供货合同，在产品上贴有药房的注册商标，同时标有生产企业的信息。具体操作方式为连锁企业完成药品的商标注册并拥有注册商标权，而药品生产企业则负责产品的注册申报，获得药品的生产批准证明文件，并负责药品的生产，连锁企业从该药品生产企业获取自有品牌药品后，在各门店出售。

在我国医药连锁企业的实际操作中，如果选择自行生产的方式，那么需要药店具备自行建厂的能力，这加大了药店自有品牌建设成本，因此通常只有在部分品类的自有商品生产上有实力的连锁企业才会选择这条道路。例如，益丰在 2019 年成立了恒修堂药业有限公司，围绕“恒修堂”品牌进行中药饮片研发、生产。

对于委托生产来说，根据我国《药品生产监督管理办法》，药品委托生产的委托方应该是取得该药品批准文号的药品生产企业。原本我国法律要求药品上市许可持有人和生产许可持有人必须是同一主体，药店如果选择委托生产的方式其实就和自行生产没有本质区别。2016 年《药品上市许可持有人制度试点方案》发布后，上市许可持有人和生产许可持有人可以是同一主体，也可以是两个相互独立的主体，这使得委托生产变得可行。

在实际运行中，我国医药连锁的自有品牌以贴牌生产为主，也就是所谓的 OEM（Original Equipment Manufacturer），委托生产更类似于 ODM（Original Design Manufacturer）。选择委托生产方式的连锁企业不是简单的贴牌，而是要输出自己的价值理念和产品设计，这种方式对连锁企业也提出了相应的要求。

但是，我国连锁企业在自有品牌发展的道路上进展得并不顺利，因为我国连锁企业规模小，市场集聚度低。而具备一定规模和实力是连锁企业实施自有品牌经营战略的前提。当与国际理念已提前对接但实力与规模尚未达到要求的连锁企业开始启动自有品牌策略时，也会引发一系列的问题与挑战。首先便是质量、品牌与人才。

自有品牌建设首要的挑战是质量问题，药品不同于普通商品，日化、食品、服装等消费品都可以通过试用的方式证明其品质和消费者反应，而药品则不能，没病的人不会去试用。从监管层面来说，药品的品质控制和检验要强于普通消费品。

目前我国连锁药店的销售规模还不大，不能很快和快速消费品商超的规模相比，一家超市一天的收入可以超过一家中型医药连锁一个月的收入。因此，药店自有品牌的规模都有限，且通常只能在自己的药店内销售，利润有限，这使连锁企业必须把生产企业的供货价压得很低，基于此连锁企业难以找到品牌厂家与其合作生产自有品牌产品，只能找小企业生产，因此质量保障成了难题。

自有品牌建设还面临品牌问题。长期以来，我国连锁药店普遍存在着经营同质化问题，大部分药店定位模糊，千店一面，不同零售企业供应的药品品类基本类似，很难突出自己的经营特色。另外，连锁企业提供的药学服务水平较低，所提供的药学服务主要集中在电话购药、上门送药、代煎等供应保障措施上，能提供专业药学服务的寥寥无几。这些也导致了连锁企业难以在消费者心中建立起自身品牌形象。

而连锁药店的自有品牌策略与药店品牌形象又是紧密相连的，社会药房应首先建立自身品牌形象，在此基础上开发属于本药店的自有品牌。目前，连锁企业的同质化经营现象比较普遍，未形成很好的药店品牌差异化直接影响了自有品牌药品的开发。

人才的缺失也限制了连锁品牌的发展。要做好自有品牌建设，连锁企业需要的人才结构与经营连锁企业的人才结构不同，进行自有品牌建设需要懂生产、懂质量管理等方面的相关人才。连锁企业自有人才体系里很难培养出这样的人才，而外部的优秀人才大多汇聚在品牌药企，连锁企业自有品牌体系小、战略规划不清，很难吸引他们。

尽管问题重重且挑战重重，我国医药零售企业仍然在自有品牌开发的道路上走出了自己的特色。例如，大参林孵化了众多自有品牌如“紫云轩”系列参茸滋补药材，“大参林”牌金银花露、罗汉果菊花茶、葡萄糖补水液等；益丰旗下的“恒修堂”系列中药饮片、参茸贵细、传统滋补、日常饮茶、中成药等。

下面重点介绍海王星辰，在 2016 年从纳斯达克退市前海王星辰每年的财报都披露了其重点发力自有品牌的业绩表现情况，海王星辰自有品牌销售额高峰时期占到海王星辰总销售额的 30%、毛利润的 41.3%。如此大规模的自有品牌策略推进在中国零售药店乃至中国零售产业都闻所未闻。海王星辰多年运行自有品牌的经历给了我们一个绝好的观察零售药店自有品牌运行的窗口！

8.4.2　海王星辰的自有品牌之旅

海王星辰成立于 1995 年，是我国较早成立的一家连锁药房，其脱胎于海王药业，当时市场经营药店的企业还比较少，竞争远谈不上激烈。经营药店的毛利率为 20%～40%，高于家电流通领域的 3%～5%，也高于普通零售连锁的 10%～20%。海王星辰的两位创始人朱丹与张思民敏锐地把握住了医药零售市场的先机。

从 1995 年成立到 2004 年，海王星辰总计发展了 713 家零售门店，在当时已是中国最大的连锁药店企业。2004 年，高盛以 4000 万美元入股海王星辰后，海王星辰扩张速度加快，2015 年零售门店数为 1115 家，2006 年达到 1446 家，到 2007 年美股上市那一年年底达到了 2002 家。

但是美股市场对中国医药零售股显然不太看好，2015 年年中时海王星辰股票价格在 2.06 美元左右，总体市值在 2 亿美元左右。而彼时刚上市的老百姓市值已在 150 亿元人民币左右。这个强烈的反差使得海王星辰萌发了退市意愿，并最终于 2016 年 8 月从纳斯达克退市。

2005 年，正处于扩张期的海王星辰在扩张与利润之间艰难地寻找平衡，而高盛的加入显然也给海王星辰的传统医药背景团队注入了国际化元素，为海王星辰带来了更多的视角与思路。海王星辰开始被相对制造商品牌毛利率更高的自有品牌吸引，对于工业背景出身的海王星辰来说自有品牌的生产并没有难度，于是海王星辰开启了自有品牌战略，推出被内部称为“P 商品”的贴牌商品。

海王星辰认为自有品牌能够减少厂家的促销费用及渠道费用，能够在为消费者提供具有竞争力的商品价格的同时保持不错的毛利率。海王星辰认为自己的自有品牌商品对消费者非常具有吸引力，因为海王星辰自身的品牌增强了消费者信心。同时，海王星辰自有品牌商品的高质量也使消费者获得了信心。海王星辰表示，将持续执行严格的质量控制以继续保持消费者信心，并继续投入足够的市场资源支持以持续提升品牌。

海王星辰从众多厂家中选择了 442 家来为其生产自有品牌商品，这些厂家均需要满足 GMP、合规、质量、生产、包装、运输、存储及价格等多方面的要求。为了开发自有品牌商品，截至 2015 年海王星辰共获得了 612 个商标，其中 104 个商标通过海王星辰持有，251 个商标获得了厂家的独家授权，248 个商标获得厂家非独家授权。表 8.2 展现了 2015 年海王星辰自有品牌占所在类目营业收入比重情况。

表 8.2　2015 年海王星辰自有品牌占所在类目营业收入比重情况

类　目	自有品牌占所在类目营业收入比重（%）
处方药	6.3
非处方药	8.1
营养补充剂	38
中草药	22.8
其他（个人护理、家庭护理、便利品等）	21.1
总体营业收入占比	13.8

综合来看，海王星辰是所有医药零售企业中在自有品牌道路上走得最远的企业，2015 年退市时的财报显示，海王星辰自有品牌营业收入占整体营业收入的 13.8%，毛利润占整体营业收入的 20.1%。同期与海王星辰一样开启自有品牌战略的老百姓自有品牌的营业收入占比要小很多。通过老百姓的招股说明书可以发现，其自有品牌销售在 2012 年、2013

年、2014 年占比分别为 3.8%、3.05%、2.14%。

自有品牌在海王星辰的发展战略中占据了非常重要的地位，2007 年财报显示自有品牌商品占海王星辰全部营业收入的 18.70%，占毛利润的比例更是高达 30.70%。2011 年，海王星辰自有品牌发展达到了顶峰，其 148 个自有品牌下开发了 1885 种商品，贡献了海王星辰营业收入的 30%、毛利润的 41.30%。但是自此却开始呈下降趋势，截至 2015 年，海王星辰自有品牌营业收入贡献下降至 13.80%，毛利润贡献下降至 20.10%。海王星辰历年自有品牌发展详情如表 8.3 所示。

表 8.3　海王星辰历年自有品牌发展详情

类　别	年　份								
	2007 年	2008 年	2009 年	2010 年	2011 年	2012 年	2013 年	2014 年	2015 年
营业收入占比	18.70%	24.40%	29%	29.40%	30%	26.80%	23.50%	17.50%	13.80%
毛利润占比	30.70%	37%	43.30%	41.10%	41.30%	38%	31.80%	24.80%	20.10%
自有品牌个数	133 个	128 个	131 个	144 个	148 个	160 个	160 个	171 个	171 个
商品种类数	1356 种	1455 种	1524 种	1770 种	1885 种	2019 种	2104 种	2156 种	2172 种

如果单纯从财务角度来看海王星辰的自有品牌策略，应该说发展还不错。自有品牌营业收入贡献的毛利润明显高于非自有品牌贡献的毛利润。2007 年自有品牌营业收入占比 18.70%，却贡献了 30.70%的毛利润，这意味着自有品牌创造毛利润的能力是普通商品的 1.64 倍。

不过自有品牌的营业收入占比是多还是少并没有明确的标准，尚未有研究横向比较不同国家零售商自有品牌占比与业绩表现的关系，且适合不同类型零售商的自有品牌营业收入占比也会不同，因此很难说中国医药零售行业自有品牌占比多少合适。海王星辰 2011 年自有品牌营业收入占比最高峰时达 30%，这个比例显然比美国医药零售商平均 15%的比例要高，但很难说是好还是不好，不过高峰过后，海王星辰明显开始降低自有品牌的销售占比。

2011 年以后海王星辰在自有品牌策略上做出了较大的调整，2012 年自有品牌营业收入占比下降到 26.80%，2013 年进一步下降到 23.50%，2014 年下降到 17.50%，2015 年则降低到了 13.80%。与此同时，海王星辰的管理层也发生了较大的变化，海王星辰大力发展自有品牌期的掌门人是钱建农（任职期：2006—2009 年），此后在屈臣氏担任高管多年的 Ian Wade 短暂接棒（任职期：2009—2010 年），再之后是张福祥（任职期：2011—2015 年），而今是张英男（任职期：2015 年至今）。

海王星辰自有品牌策略发生重要调整的 2011 年、2012 年也是在海王星辰任职多年从基层一步步走上前台的张福祥掌舵期间，张福祥掌舵的前一年海王星辰的年利润从 1.1 亿元降到了 2100 万元。但是利润的下降与自有品牌策略并无直接关系，彼时全国调整最低工资标准，平均增幅在 20%以上，再加上租金市场价格的显著上浮，导致海王星辰的销售费用显著上扬，从而降低了利润。

从所看到的数据很难说明海王星辰调整自有品牌策略的原因，在 2012 年及以后的财报中，海王星辰也并没有对自己的自有品牌策略变化做任何解释。但是借助搜索工具，我们可以查到 2011 年、2012 年期间与海王星辰相关的报告。2011 年已是 PC 互联网较为发达的时代，通过搜索引擎搜索“海王星辰”并将搜索时间调整到2011年1月1日至2012年12月31日，搜索结果前三页中关于海王星辰的负面消息占据了显著的位置。

通过这些报道的资料，我们可以解读到海王星辰的自有品牌策略在终端使消费者产生了不满，从而引发了记者的注意并进行了相关的报道。这正是自有品牌的一大问题——如何才能保障不损害顾客利益。顾客对品牌商品的诉求、对货真价实商品的诉求从未改变，海王星辰的自有品牌策略显然伤害了顾客。

海王星辰与品牌药企在这个过程中的合作关系也出现了恶化，海王星辰为了提升利润几乎对所有的知名品牌都进行了拦截，只推销自己的替代品。海王星辰还一度将知名品牌的药品撤柜，导致了上游厂家的集体反对。合作关系恶化，厂家对于海王星辰的促销补贴等也逐步放缓，缺乏厂家支持的海王星辰需要以一己之力来独撑市场的发展显然力不从心，从2007年到2011年海王星辰的营业收入速度除2008年短期上扬之外一直增速缓慢，2009年还一度出现负增长。2007—2011年海王星辰营业收入及增速如表8.4所示。

表8.4　2007—2011年海王星辰营业收入及增速

类　别	年　份				
	2007年	2008年	2009年	2010年	2011年
营业收入（亿元）	19.55	23.96	22.18	23.57	24.91
增速（%）	12.88	22.56	−7.43	6.27	5.69

海王星辰的案例给了我们观察中国医药零售市场自有品牌策略演化的绝佳机会。在海王星辰整个自有品牌策略演化的过程中，我们既看到了自有品牌对企业毛利润贡献的价值，也看到了其中平衡消费者价值与厂家价值的重要性。

第 9 章

重构供应链

随着经济与贸易全球化及社会专业分工的深入，产业链的合作分工逐步取代“自用自产”成为很多领域内企业重要的发展模式。在此模式变迁中，以信息技术为依托，供应链成为企业连接上下游的核心网络之一。与传统意义上的商业物流活动不同，供应链包括物流活动和制造活动，涉及从原材料采购、加工后运输到产品交付最终用户的整个物流增值过程。在医药活动领域，为了帮助和实现医药行业中的各类经济实体和个人之间的有效沟通和合作，医药供应链应运而生。图 9.1 展示了典型供应链的重要组成部分。

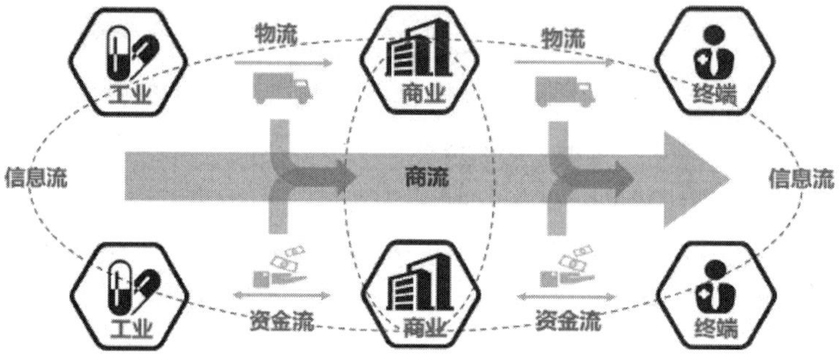

图 9.1　典型供应链的重要组成部分

简单来说，医药供应链是指药品从供应端到需求端的整个流通增值过程，涉及上游的原料供应商、药品生产商，中间环节的药品批发与配送代理商，以及终端的各级各类医疗机构和零售连锁药店、最终消费者等。根据迈克尔·波特（Michael Porter）的“五力模型[①]”，供应链上的每一个环节参与者都具有双重甚至多重身份：对其上游合作单位是购买者，对其下游单位可能是供应商。

事实上，与普通供应链不同，医药供应链比较特殊，受限于药品生产质量管理规范（GMP）和药品经营质量管理规范（GSP）的要求，需要对药品从生产到流通的全生命周期进行严格全面的管控，在此过程中除了要考虑降低医药品的流通成本，还必须确保流通过程中药品的质量安全。这其中，居于中间环节的医药流通领域在整个供应链中起着承上启下的作用，是整个医药供应链的桥梁和纽带。

为了降低药品价格，规范流通领域的市场秩序，在《关于整治药品流通领域违法经营行为的公告（2016 年第 94 号）》、公立医疗机构药品购销两票制、营业税改增值税，甚至是带量采购等系列政策的作用下，医药领域购销格局迎来新一轮的行业变革。在政策的倒逼和大智云物移[②]等新技术的推动下，医药供应链也是枯木逢春。

① 五力模型是迈克尔·波特于 20 世纪 80 年代初提出的，他认为行业中存在着决定竞争规模和程度的五种力量，这五种力量综合起来影响着产业的吸引力及现有企业的竞争战略决策。五种力量分别为同行业内现有竞争者的竞争能力、潜在竞争者进入的能力、替代品的替代能力、供应商的讨价还价能力、购买者的议价能力。

② 大智云物移：近几年比较热门的技术概念，大数据、人工智能、云计算、物联网和移动互联网。

9.1 政策重塑流通格局，供应链重组势在必行

为了整顿和规范药品流通秩序、严厉打击医药行业的违法经营行为，2016 年 4 月底，原国家食品药品监督管理总局发布《关于整治药品流通领域违法经营行为的公告（2016 年第 94 号）》（以下简称“94 号文”），决定对药品流通领域的违法经营行为开展集中整治，核心内容如下。

（一）为他人违法经营药品提供场所、资质证明文件、票据等条件。

（二）从个人或者无《药品生产许可证》《药品经营许可证》的单位购进药品。

（三）向无合法资质的单位或者个人销售药品，向药品零售企业销售疫苗，知道或者应当知道他人从事无证经营仍为其提供药品。

（四）伪造药品采购来源，虚构药品销售流向，篡改计算机系统、温湿度监测系统数据，隐瞒真实药品购销存记录、票据、凭证、数据等，药品购销存记录不完整、不真实，经营行为无法追溯。

（五）购销药品时，证（许可证书）、票（发票、随货同行票据）、账（实物账、财务账）、货（药品实物）、款（货款）不能相互对应一致；药品未入库，设立账外账，药品未纳入企业质量体系管理，使用银行个人账户进行业务往来等情形。

（六）将麻醉药品、精神药品和含特殊药品复方制剂流入非法渠道，或者进行现金交易。

（七）在核准地址以外的场所储存药品。

（八）未按规定对药品储存、运输、进行温湿度监测。

（九）擅自改变注册地址、经营方式、经营范围销售药品。

（十）向药品零售企业、诊所销售药品未做到开具销售发票且随货同行。

根据文件要求，药品批发企业应对照文件提出的十大问题，对过去 3 年的药品经营情况逐一排查，在一个月内形成自查与整改报告提交监管部门。

“94 号文”发布后，各省级监管部门按照要求立即开展专项整治行动，在自查阶段结束后，全国有 12480 家药品批发企业提交了整改报告，370 家企业到期未提交，75 家企业申请注销《药品经营许可证》。值得注意的是，提交报告的 12480 家药品批发企业数量与 2015 年 11 月底公布的 13508 家相比，半年内减少了 1028 家，减少幅度达 7.6%。

以“94 号文”的发布为标志，国内药品流通领域进入了强监管时代。2016 年 7 月 19 日，原国家卫生与计划生育委员会、国家发展和改革委员会、国家税务总局、原国家食品药品监督管理总局等九部委联合下发《2016 年纠正医药购销和医疗服务中不正之风专项治理工作要点》，提出要对医药购销全过程进行规范管理。针对流通领域，该文件明确提出：“维护健康有序药品流通市场环境，严厉打击挂靠经营、商业贿赂、生产经营假劣药品和发布虚假药品广告等违法违规行为。严厉打击垄断行为。”

此后，医药领域的飞行检查逐步常态化。2016 年年底，原国家食品药品监督管理总局药化监管司药品流通监管负责人在接受采访时指出：“当前流通领域企业过剩，希望通过政策合力，引导行业优胜劣汰、转型升级，提高行业集中度。今后针对流通领域的监管必将

更严格、公开透明，尤其飞行检查将形成常态化。”

2016 年 3 月，震惊全国的山东非法疫苗案爆发，其中一个原因就是流通环节的挂靠走票、洗钱。在流通领域的专项整治行动开展的同时，为了减少流通环节，有关部门开始推动在公立医疗机构药品购销中实行“两票制”。所谓“两票制”，就是指药品从出厂到医院只允许开两次发票：一次是从生产企业到流通行业，另一次是从流通行业到医院。2016 年 4 月，国务院常务会议审议深化医药卫生体制改革 2016 年重点工作任务时，明确提出要推行“两票制”。

在经过一系列的调研和内部征求意见之后，2017 年年初，国务院深化医药卫生体制改革领导小组办公室（简称国务院医改办，现已撤销）等联合发布了《关于在公立医疗机构药品采购中推行“两票制”的实施意见（试行）的通知》（国医改办发〔2016〕4 号），明确提出：“综合医改试点省（区、市）和公立医院改革试点城市要率先推行‘两票制’，鼓励其他地区执行‘两票制’，争取到 2018 年在全国推开。”随后“两票制”进入执行阶段并全面推开，“两票制”的简要发展历程如下。

2006 年 10 月，《广东省医疗机构药品网上限价竞价阳光采购实施方案（试行）》中首次提出“两票制”。

2009 年 1 月，原卫生部、国家发展和改革委员会等六部委在《进一步规范医疗机构药品集中采购工作的意见》（卫规财发〔2009〕7 号）中原则肯定了“两票制”。

2009 年 9 月，福建省提出在招标采购中实行“两票制”，2010 年 5 月，福建省基药第七标药品集中采购正式执行“两票制”。

2016 年 8 月，全国卫生与健康大会提出实施药品采购“两票制”改革。

2016 年 9 月，安徽省发布了《公立医疗机构药品采购推行“两票制”实施意见》。

2016 年 10 月，在《中办 国办转发〈国务院深化医改领导小组关于进一步推广深化医改经验的若干意见〉的通知》中，提出要推广福建等地公立医疗机构药品采购“两票制”的经验。

2016 年 12 月底，中央全面深化改革领导小组召开第 31 次会议研究进一步改革完善药品生产流通使用政策，再次强调要推行药品购销“两票制”改革。

2017 年年初，国务院医改办等八部委发布了《关于在公立医疗机构药品采购中推行“两票制”的实施意见（试行）的通知》（国医改办发〔2016〕4 号）。

针对实施药品流通“两票制”这一政策的目的，时任国务院医改办专职副主任、国家卫生与计划生育委员会体制改革司司长梁万年指出：“两票制”减少了药品流通环节，使中间加价透明化，进一步推动降低药品虚高价格，减轻群众用药负担。

在药品购销过程中，与“两票制”相对应的是“多票制”，在实施“两票制”改革之前，医药行业普遍实施“多票制”。在“多票制”下，制药企业仅负责药品生产工作，生产完成后制药企业将药品批发给代理商，由代理商完成生产后的几乎所有环节，药品在经过多层代理商的分销后，再由流通企业配送到医疗机构和零售药店进行销售，最终到达消费者手中，这期间开了多次发票。

“两票制”通过减少流通环节，大大提高了流通环节的透明度。“两票制”落地实施之后，整个流通环节只能开具两次发票，改变了药品流通的整个模式。图 9.2 所示为“多票制”转向“两票制”的典型合规模式，这也是未来药品流通的主要模式。

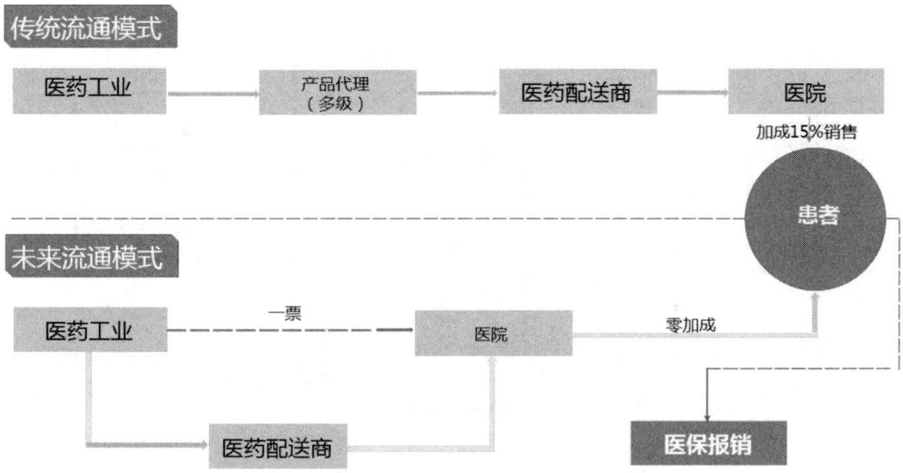

图 9.2　“多票制”转向“两票制”的典型合规模式

按照“两票制”的界定，医药经营企业为了合规合法，商业公司开始由原来的“经销型”向“服务型”转型，从上游医药公司及下游医院的需求出发，提供高附加值的增值服务，进行业务创新，拓展业务增长点成为新的破局之道。制药企业研产销一体化（见图 9.3）、销售服务外包（见图 9.4）、大型医药流通企业收购兼并（图 9.5）等方式成为企业合规的新选择，此举反而倒逼了供应链模式创新。

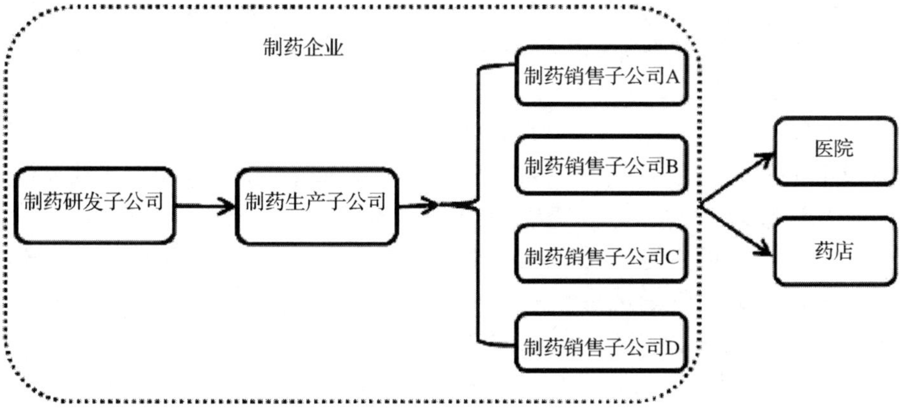

图 9.3　制药企业研产销一体化示意图

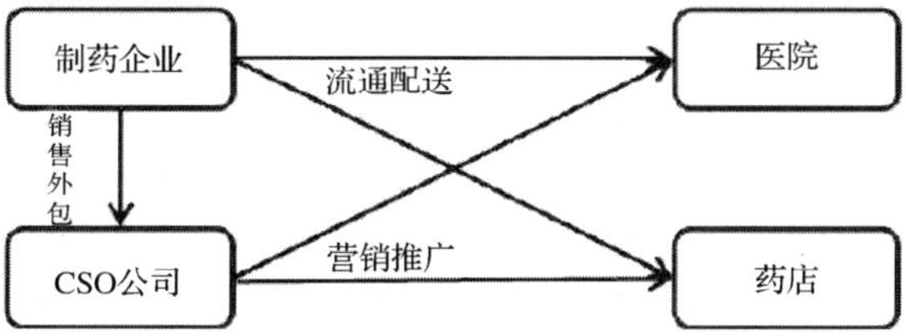

图 9.4　制药企业销售服务外包示意图

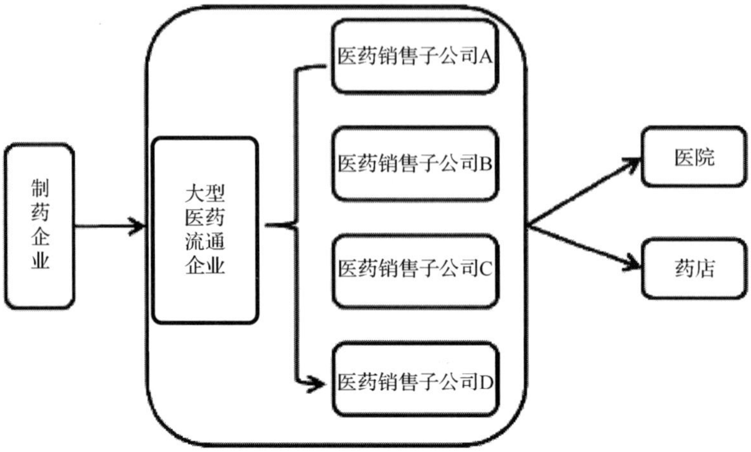

图 9.5　大型医药流通企业收购兼并示意图

为了配合“两票制”的落地实施，防止企业通过“低开转高开”的方式规避政策落地，从 2016 年 5 月 1 日起，国家全面实施营业税改增值税（以下简称“营改增”）政策。对于医药行业来说，“营改增”政策的全面执行将降低医药行业的税收成本，但同时也将加速终结目前行业存在的“高开高返”的营销模式，特别是给实施“两票制”后由底价代理转“高开高返”的企业致命一击。此后，伴随着国税、地税机构合并及“金税三期”的落地实施，这些都给医药行业（包括但不限于流通领域）带来了十分严峻的挑战。

2018 年全国两会期间，国务院机构改革方案公布，国家医疗保障局成立，按照部门职责分工，新成立的国家医疗保障局开始站到医改的舞台中央，手握药品价格管理的权杖，集医疗机构的药品定价权、招标采购权、支付权和监督使用权于一身。

2018 年 12 月 6 日，由国家医疗保障局主导的国家首次“4+7 带量采购”试点预中选结果公布，31 个试点通用名药品有 25 个拟中选，与试点城市 2017 年同种药品最低采购价相比，拟中选价平均降幅 52%，最高降幅 96%。结果一出，业界可谓“哀号遍野”。其中，中选品种赖诺普利、厄贝沙坦、厄贝沙坦氢氯噻嗪、恩替卡韦、氨氯地平、替诺福韦的价格比印度还低。以“4+7 带量采购”为标志，当前我国药品价格进入新一轮的调整期，无论目的如何，降价都是国家医疗保障局未来一段时间的主要工作目的之一。

长期来看，“4+7 带量采购”试点在实施地域和品种上扩大范围，乃至全面铺开推广将是必然事件。自第三批带量采购之后，有关部门明确表示集中带量采购已基本实现常态化的机制，未来将建立起触发机制，实现应采尽采；与此同时，各地市的带量采购也在如火如荼地进行中。

带量采购药品价格的大幅下降不仅严重冲击着生产企业的营销体系，同时也给流通环节带来了巨大挑战。这是因为：第一，药品价格的大幅下降压缩了流通环节的渠道利润，成本费用平衡压力加大；第二，药品价格的下降短期导致生产企业营销体系重构，长期来看为了应对成本压力的挑战，行业集中度的提升是大势所趋；第三，药价的下降叠加其他配套政策的实施导致医疗机构的处方逐步流向院外市场，使药品终端市场格局发生微妙的变化。

因此，以“94 号文”发布的流通领域核查为起点，“两票制”“营改增”“金税三期”“带量采购”试点等一整套政策组合拳开启了流通行业的变革大幕。事实上，中华人民共和国商务部在 2016 年就明确提出，鼓励药品流通企业加强供应链管理，提高医药供应链上的效率。目前，器械领域正在亦步亦趋地重复演绎着药品行业的变迁之路，中华人民共和国商务部“十三五”规划里就提及：“支持药品流通企业加强供应链管理，完善药品供应链集成系统，向供应链上下游提供市场开发、价格谈判、在线支付、金融支持等增值服务及综合解决方案，加快向药品供应链服务商转型发展。利用云计算、大数据等现代信息技术，整合药品研发生产、流通使用、疾病谱变化及患者健康需求和消费习惯等数据信息，加强对大数据的管理、分析和应用，为药品研发机构、生产企业判断市场趋势、调整产品结构及医疗机构改进用药选择、加强合理用药提供有价值的数据支撑，提高整个药品供应链的运作效率。”

除了流通领域，为了遏制卫生费用快速上涨，在生产端国家启动了仿制药一致性评价清理过剩批文，优化审批审评程序，加入 ICH 与国际接轨，让更多人民群众急需的抗癌药、救命药上市；在使用端限制总费用涨幅、严格控制药品与检查费用占比、限制抗生素与辅助用药使用，在购销上实行“两票制”与零差价，在支付上推进医保支付方式改革等系列措施。

这些举措的落地实施改变了此前医药流通领域货物流、资金流和数据信息流分开传输及回流的通路，真正实现了医药流通新定义。在此过程中，医药供应链重构势在必行，政策推动供应链变革如图 9.6 所示。

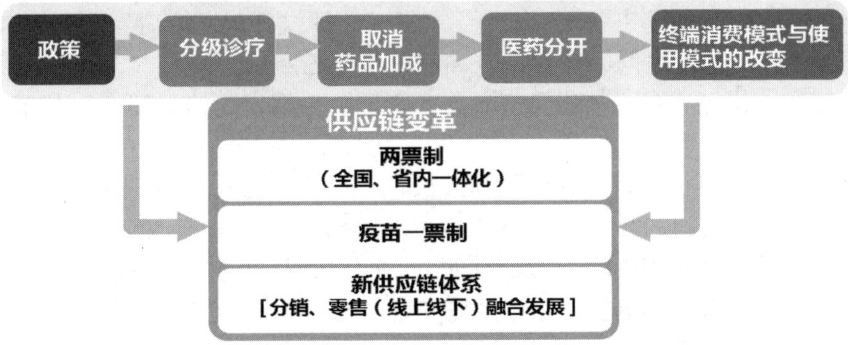

图 9.6　政策推动供应链变革

9.2　互联网重构药品供应链

互联网医药是互联网技术在医药领域的应用和发展，是互联网技术优化、改造甚至重构传统医药产业链的方式。互联网在医药供应链上的应用主要体现在两个方面：信息管理系统和医药电商，其中最典型和最基础的应用是医药电商。

医药电商是药品原料提供商、药品制造商、药品批发商、药品信息服务提供商、药品层级分销商、医疗机构、终端消费者，以及银行、保险公司等金融机构以互联网为载体，通过互联网应用平台进行的医药交易活动。从 1998 年上海第一医药开通网上药店至今，国内的医药电商已发展了 20 多年，其发展主要有 3 个阶段。

9.2.1 探索期（20 世纪 90 年代至 2013 年）

针对 20 世纪 90 年代兴起的互联网浪潮，为了规范药品的购销行为，1999 年原国家药品监督管理局发布了《处方药与非处方药流通管理暂行规定》，明确禁止网上销售处方药和非处方药。

2000 年 1 月，原对外贸易经济委员会指出 2000 年医药流通体制改革的重点工作之一就是设立医药电子商务试点。2000 年 2 月，在国务院颁布的《关于城镇医药卫生体制改革的指导意见》（国办发〔2000〕16 号）中规定："在药品购销活动中，要积极利用现代电子信息网络技术，提高效率，降低药品流通费用。" 2000 年 6 月，原国家药品监督管理局制定了《药品电子商务试点监督管理办法》，允许广东省、福建省、北京市、上海市四省市针对规范药品电子商务开展试点工作，具体规定："具有合法证照的药品生产、经营企业在与电子商务试点网站签订协议后，可以从事 B2B 形式的药品交易；合法资格的医疗机构经与电子商务试点网站签订协议后，也可以从事网上药品采购，但不允许向个人推出网上交易。" 2000 年 10 月，包括中国医药（集团）公司在内的 8 家单位获得试点资格。同时，原国家药品监督管理局制定了《互联网药品信息服务管理暂行规定》，将服务内容分为经营性和非经营性两类，并实行申报审批制度。

在此阶段，互联网医药以争取客流量、赚取差价收益为主要特征，依靠产品种类微利竞争。针对蓬勃兴起的互联网经济和日益高涨的行业呼声，2004 年 7 月 8 日，原国家食品药品监督管理局在修订《互联网药品信息服务管理暂行规定》的基础上，发布了《互联网药品信息服务管理办法》。

2005 年，原国家食品药品监督管理局发布了《互联网药品交易服务审批暂行规定》，允许非处方药网上交易。2005 年，出身于京卫连锁药店的李洪波，创办了全国第一家获批网上药品交易资质网站的药房网（B2C 牌照）。在药房网创始人李洪波看来："传统连锁药店的专业化运作和互联网先进营销思路的完美融合是网上药店的生存之本。"

2011 年，商务部在发布的《全国药品流通行业发展规划纲要（2011—2015 年）》中明确提出，要发展基于信息化的新型电子支付和电子结算方式，降低交易成本，同时鼓励经营规范的零售连锁企业发展网上药店。随后，互联网医药逐步兴起。

随着电子商务的迅猛发展，网上购药逐渐进入人们的生活，越来越多的人开始接受这种方便快捷的购药方式。但与此同时，由于互联网交易行为的虚拟性和隐蔽性，网上非法售药问题日益突出。2013 年，为了整顿和规范网上售药秩序，原国家食品药品监督管理总局等部门发布了《关于开展打击网上非法售药行动工作方案的通知》（食药监药化监〔2013〕123 号）。随后，原国家食品药品监督管理总局发布了《关于加强互联网药品销售管理的通知》（食药监药化监〔2013〕223 号），意在规范互联网售药行为。2013 年 11 月 23 日，原国家食品药品监督管理总局发布了《关于试点开展互联网第三方平台药品网上零售有关工作的批复》（食药监药化监函〔2013〕163 号），同意 95095 医药平台开展互联网第三方平台上的药品网上零售试点相关工作。

据统计，2012—2015 年国内网上药店增加了 300 多家，包括行业内日后比较知名的 1 药网、七乐康等企业。

与此同时，从 2000 年开始，国内公立医疗机构的药品购销开始尝试实行集中采购。为了提高医药采购效率、降低成本，从为患者服务的角度出发，国家正积极鼓励采用现代电子信息技术。2004 年 10 月 13 日，我国原卫生部等六部委联合下发的《关于进一步规范医疗机构药品集中招标采购的若干规定》中明确指出：“在药品购销活动中，要积极利用现代电子信息网络技术提高效率，降低药品流通费用。”2006 年，有关部门明确提出要大力推进以政府为主导、以省为单位的网上药品集中采购工作。2009 年新医改以后，这种模式被全面推广至今。

9.2.2　启动期（2014—2016 年）

2014 年 5 月，原国家食品药品监督管理总局发布了关于《互联网食品药品经营监督管理办法（征求意见稿）》，文件拟允许取得相应资格证书的互联网平台网络销售处方药，可以由第三方物流配送平台进行药品或医疗器械的配送，但随后该文件不了了之。

2015 年，国务院发布的《关于大力发展电子商务加快培育经济新动力的意见》（国发〔2015〕24 号）中提出，要推动医药电子商务发展。随后，国务院在发布的《关于积极推进“互联网+”行动的指导意见》中又重申了这一观点，同时还鼓励积极探索互联网延伸医嘱、电子处方等网络医疗健康服务应用。

2016 年，商务部发布的《全国药品流通行业发展规划（2016—2020 年）》中明确指出要发展“互联网+药品流通”的经营模式，拓展行业服务功能；同时指出要推动移动互联网、物联网等信息技术在药品流通领域广泛应用，鼓励企业开展基于互联网的服务创新，丰富药品流通渠道和发展模式；还指出支持药品流通企业与医疗机构、医保部门、电子商务企业合作开展医药电商服务，向患者提供非处方药的“网订（药）店取”“网订（药）店送”等便捷服务，促进线上线下融合发展。

总之，这一阶段在政策的不断开放和促进下，用户认知和提升市场集中度逐渐显现，互联网医药获得了越来越多的关注。

9.2.3　高速发展期（2017 年至今）

经过多年的发展，行业日趋成熟。2017 年，国务院先后取消互联网药品交易 A 证、B 证、C 证的审批。2017 年 7 月，由中国移动与深圳恒合互联网络科技有限公司共同研发的“首营电子资料交换平台 001PT.COM”正式上线。2017 年 11 月 14 日，原国家食品药品监督管理总局发布了《网络药品经营监督管理办法（征求意见稿）》，规定药品生产企业、药品批发企业可以通过自身网站与其他企业进行互联网药品交易，但不得向个人消费者提供互联网药品交易服务。药品零售连锁企业可以向个人消费者提供互联网药品交易服务，但不得超出《药品经营许可证》的经营范围，不得在网站交易相关页面展示、销售处方药，以及国家有专门管理要求的非处方药品。

2018 年 2 月，原国家食品药品监督管理总局发布《药品网络销售监督管理办法（征求意见稿）》，表明可以有条件地放开第三方平台向个人消费者售药，但明确禁止网上展示、销售处方药。2018 年 4 月，国务院办公厅发布《关于促进“互联网+医疗健康”发展的意见》则重新强调了“互联网+”在保障药品供应方面的功能和作用，明确指出对线上开具的常见病、慢性病处方，经药师审核后，医疗机构、药品经营企业可委托符合条件的第三方机构配送。探索医疗卫生机构处方信息与药品零售消费信息互联互通、实时共享，促进药品网络销售和医疗物流配送等规范发展。2018 年 5 月 4 日，平安好医生正式在港交所挂牌上市。2018 年 9 月 12 日，从 1 号店剥离出去的 1 药网母公司 111 集团正式在美国纳斯达克（NASDAQ）上市，成为中国互联网医药健康赴美上市的第一股。2018 年 12 月，国家发展和改革委员会同中华人民共和国商务部共同印发《市场准入负面清单（2018 年版）》，规定药品生产、经营企业不得违反规定采用邮寄、互联网交易等方式直接向公众销售处方药。

2019 年 1 月 3 日，国家市场监督管理总局提交的《药品网络销售监督管理办法（送审稿）》（以下简称《办法》）表示可以有条件网络销售处方药，此举让行业看到了一丝曙光。《办法》提及：“零售企业通过网络销售处方药的，应当具备处方药销售信息与医疗机构电子处方信息互联互通、实时共享的条件，确保处方来源真实、可靠，并按照相关要求进行处方审核调剂，对已购买处方药的处方进行电子标记。”

2019 年 8 月 26 日，十三届全国人大常委会第十二次会议以 164 票赞成、3 票弃权，表决通过新修订的《中华人民共和国药品管理法》（以下简称《药品管理法》）。在新版《药品管理法》中，处方药未被列入不得在网络上销售的药品种类中，这为业界探索处方药网络销售留下了一定的空间。

目前，依靠提供“药+医”解决方案进行供应链整合，各经营企业开始实施差异化的市场管理，市场发展趋于成熟。针对传统医药流通体系的痛点，“互联网+医药”可以使医药市场更透明、更高效、更专业。图 9.7 所示为针对医药行业的痛点，“互联网+”助力医药行业变革带来的解决方案。

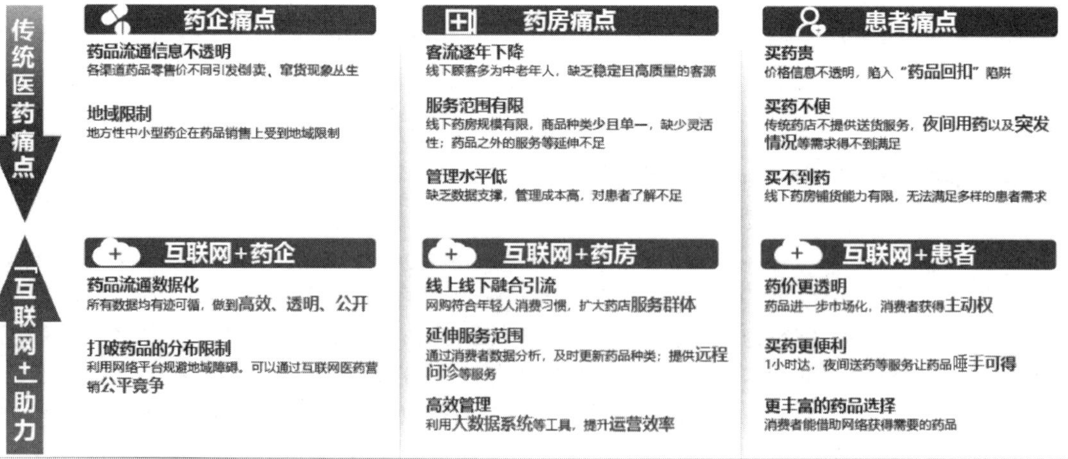

图 9.7 “互联网+”助力医药行业变革带来的解决方案

随着互联网的普及、国民医疗保健意识的增强，我国电商产业加速拓展细分市场，医药品类价值诉求趋高，医药电商行业不断发展，近几年其销售规模年均增速达到 35.4%，发展势头迅猛。

在这种高速发展的态势下，不论是传统医药商业、企业业务的线上化（医药+互联网）还是新兴互联网企业进入医药领域（互联网+医药），互联网正在逐步重塑药品供应的格局。

据统计，截至 2018 年年末，国内共有医药电商 A 证企业 54 家、B 证企业 245 家、C 证企业 692 家，共有 B2B、B2C、O2O 3 种模式，其用途如表 9.1 所示。

表 9.1　医药电商的业务模式及用途

证照类型	用　途	举　例
A 证	针对互联网药品交易提供服务的第三方交易平台经营者（B2B 或 B2C）	九州通医药网、珍诚医药等
B 证	针对通过自身网站与本企业成员之外的其他企业进行互联网药品交易的药品生产企业和药品批发企业（B2B）	天猫医药馆、京东医药馆、好药师等
C 证	针对向个人消费者提供互联网药品交易服务的企业（B2C 或 O2O）	药急送、叮当快药等

1）B2B 模式

B2B 模式是药品生产经营与医疗机构、药店之间进行交易的平台。虽然平台数量众多，但从类型上主要分两类。一类是政府主导的非营利性的药品招标采购平台，分为省级药品集中采购平台和省级基本药物集中采购平台，公开招标、统一配送、统一结算是集中采购模式的最大特点。虽然自 2009 年以来，政府主导的网上药品集中采购模式备受争议，但是其作用不容忽视。另一类是医药企业或第三方企业搭建的平台，这类平台只有持有我国食品药品监督管理局所颁发的《互联网药品交易服务资格证书》的 A 证或 B 证才能合法地提供服务或进行药品购销，盈利模式主要有收取交易佣金、收取药企广告费及物流配送费等。图 9.8 所示为 B2B 模式较传统深度分销的优势与价值。

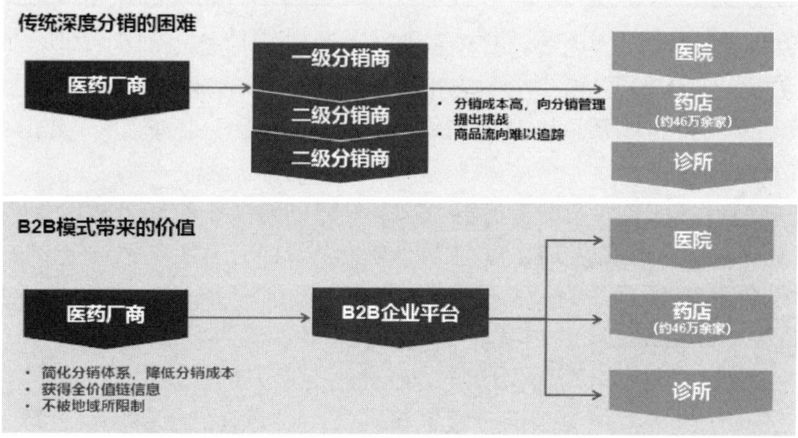

图 9.8　B2B 模式较传统深度分销的优势与价值

相对于传统深度分销模式，基于平台的医药 B2B 模式的优点是通过平台实现买卖双方的信息匹配，平衡买卖双方的需求与供给，减少交易环节，降低交易成本，从而优化了行业供应链。

2）B2C 模式

B2C 模式主要向个人提供药品购买服务，包括自营式 B2C 和平台式 B2C 两大类。

自营式 B2C 主要是持有“互联网药品交易服务资格证书”（C 证）的互联网企业和传统医药企业，通过自建网上药店向消费者提供医药电商服务。其中，互联网企业主攻线上交易，开设线下实体店为体验辅助；传统医药企业主攻线下连锁药店，开设网上药店拓展营销渠道，以 1 药网、健客网、康爱多为代表。

而平台式 B2C 是持有“互联网药品交易服务资格证书”（A 证）的平台医药 B2C 试点企业，以阿里健康为代表，经营模式类似于淘宝商城，通过引入不同药品商家入驻平台，为其提供药品展示、交易服务、IT 支持、数据分析等服务。在实际经营中，平台式 B2C 注重平台技术和流量优势，自营式 B2C 更注重其在传统业务中的积累优势。

3）O2O 模式

O2O 模式，即线上购买并通过线下药房即时配送药品到家的服务模式。医药 O2O 企业通过与药店合作提供线上预定、线下周边药店配送的服务模式。服务方包括自营 O2O 平台、综合 O2O 平台模式及第三方平台 3 种类型，如表 9.2 所示。

表 9.2　医药 O2O 模式

类　型	模　式	代表企业	开展业务
自营 O2O 平台	通过自营 App 提供送药到家服务	叮当快药、快方送药	叮当快药实现“1 分钟找到医生、28 分钟送药上门、28 分钟医护到家”
综合 O2O 平台	从外卖服务切入，与线下连锁药房合作提供药品配送服务	美团、饿了么	饿了么宣布推出“全天候”极速社区送药服务
第三方平台	与线下连锁药房合作，基于就近原则，提供送药到家服务	阿里健康、京东健康到家	阿里健康联合 65 家连锁药店成立“中国医药 O2O 先锋联盟”

除这 3 种单独的平台模式之外，行业的各领先企业以医药电商为核心，通过 B2B2C、B2B+O2O 及 B2C+O2O 的方式，努力构建“医疗+药品”的业务生态闭环，形成了全面联动的线上线下互联网医药体系。其中，111 集团以 1 药网为核心打造的“B2B+B2C+医疗服务”模式最具有代表性。

作为医药电商领域的佼佼者，1 药网由原 1 号店创始人于刚和刘峻岭于 2010 年创建，隶属于 111 集团。经过多年的发展，目前 111 集团旗下拥有 B2C 医药平台“1 药网”、互联网医院“1 诊”及 B2B 医药平台“1 药城”，公司通过构建 B2B2C 的模式（见图 9.9），实现了 B 端和 C 端、线上和线下、自营和平台、医和药的融合发展。

事实上，互联网的发展对医药供应链的最大改变是大幅缩短了中间环节，用数据化的信息平台替代了传统供应链中复杂的分级销售网络，显著降低了供应链管理的难度。并且借助电子商务平台大数据的分析力量，市场上下游的供需信息可以被及时收集与分析，医药企业可以建立供应链的信息共享管理系统，提高供应链上各企业信息交换的效率，降低企业间的交易成本。

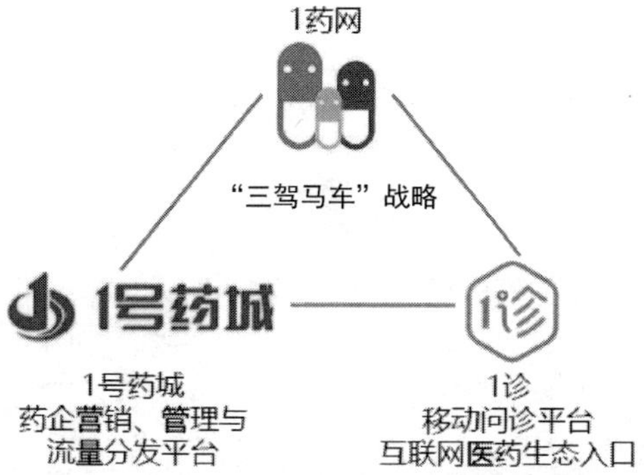

图 9.9 111 集团构建的 B2B2C 模式

国内现有的电商政策仅允许非处方药网络销售，因此实际销售中仍然以品牌 OTC 产品、保健品、医疗器械、计生用品为主，并未实现真正意义上的药品在线销售。但是我们相信，网络销售处方药的放开只是时间问题，在此变革过程中，国内医药行业的格局必将发生重大变化。

面对医药行业变革和互联网技术带来的优势，中国最大的民营医药商业企业九州通顺势而为，在原有 B2B 业务的基础上，推出了 FBBC 战略，该战略体系如图 9.10 所示。通过搭建连接药厂/供应商、终端客户、消费者的 F2B2B2C 平台，借以帮助上游厂商了解药品库存和销售情况，同时助力下游药店做好客户管理，提升客户黏性，并最终转为商品消费。图 9.11 和图 9.12 分别展示了 FBBC 战略的内部系统构想和 FBBC 战略中的“B2B+B2C/O2O”的设计。

图 9.10 九州通的 FBBC 战略体系

按照战略构想，该体系未来包括 B2B、B2C、智能健康服务三大功能平台。三大功能平台之间通过大数据与业务实现无缝集成，平台在通过获知市场产品信息，帮助供应商和入驻药店业务增长的同时，也促进了九州通自身业务的增长及转型。在此模式的推动下，2018 年九州通 B2B 线上业务销售额达 82.05 亿元，较上年同期增长 156.30%。

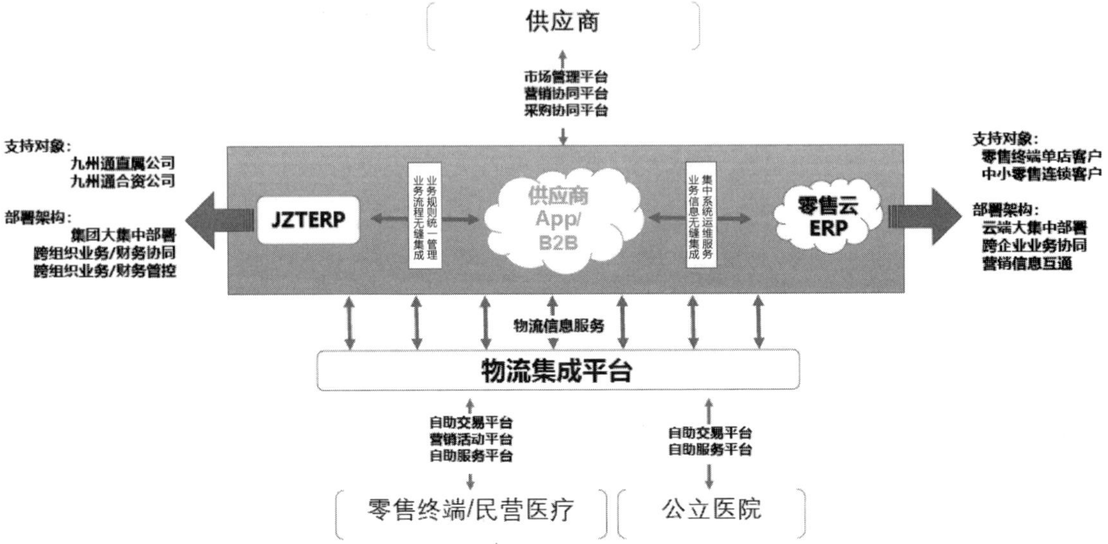

图 9.11　FBBC 战略的内部系统构想

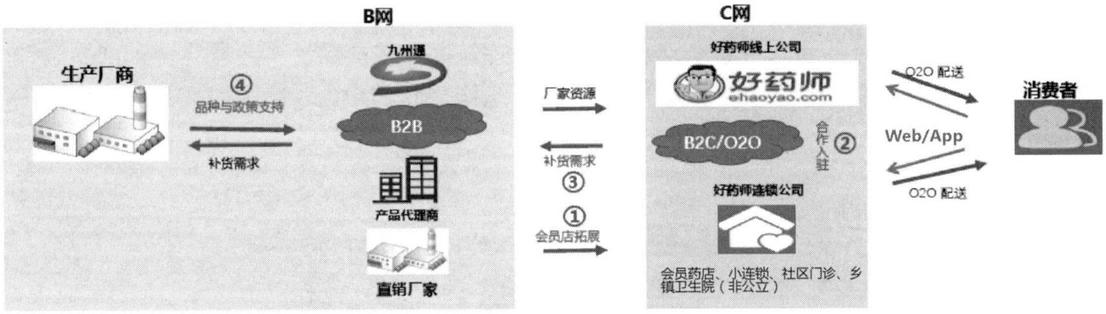

图 9.12　FBBC 战略中的“B2B+B2C/O2O”的设计

总体来讲，互联网自诞生并引进国内以来，改变了人们生活的方方面面。因此，我们有理由相信，互联网必将重新定义国内的医药商业格局。

9.3　大数据驱动商品选品逻辑重塑

数据分析是指用适当的统计分析方法对收集来的大量数据进行分析，提取有用信息并形成结论，进而对数据加以详细研究和概括总结的过程。在实践中，数据分析可帮助人们做出判断，以便采取适当行动。而选品则是数据分析方法在商业领域中普遍的应用实践之一。

实际上，选品是一个测试市场的过程，在不断试错的过程中寻找和选择合适的单品，往往能起到事半功倍的效果。在行业内，大家一致认为商业成功的关键是“七分在选品，三分在运营”，说的就是选品的重要性。

目前，互联网行业的红利逐步由移动互联网进入产业互联网时代，在此背景下，除了传统平台电商和科技企业，越来越多的消费类电商转而启动 B 端赋能计划，将目光切入上游供应链领域，利用自己平台积累的数据和技术提高厂商效率，反馈 C 端需求。与此同时，消费类电商通过迎合社会消费升级的趋势直接连接工厂，为消费者提供高性价比和个性化的商品。在此过程中，与传统电商 B2B 或 B2C 模式不同的 C2M 模式开始崛起。

C2M（Customer-to-Manufacturer）是一种新型的产业互联网的电子商务商业模式，由阿里巴巴 2012 年提出，是对传统工业时代 B2C 模式的根本颠覆。在 C2M 模式下，平台一方面通过直接连接上游供应商（上游工厂）与下游消费者，利用消费大数据分析用户偏好，指导上游工厂提升设计、工艺水平，并通过去除流通中经销商的加价环节和品牌溢价环节，为消费者提供高性价比和个性化的商品与服务。另一方面，通过“先订单后生产”的方式帮助工厂减小库存压力，实现效率提升。此过程实现了上游工厂、C2M 平台及消费者三方的共赢，工厂可以利用消费者产生的大数据指导生产，用于构建消费者画像，指导工厂选品、设计、改造工艺水平、预测销量等。

而以这种新型模式发展起来的新零售，其意义并不仅仅在于可见层面上的商业业态创新，更在于数字化运营模式的启蒙及以数据为基础的零售生态的塑造。在零售生态圈，阿里巴巴、腾讯成为零售行业不可或缺的基础设施供应商，为参与者提供数字化服务系统。在咨询公司科尔尼看来，这些基础设施系统至少包括客流优化系统、智能商品系统、数字化供应链系统三大部分。图 9.13 所示为科尔尼提出的新零售模式下的三大基础设施系统。

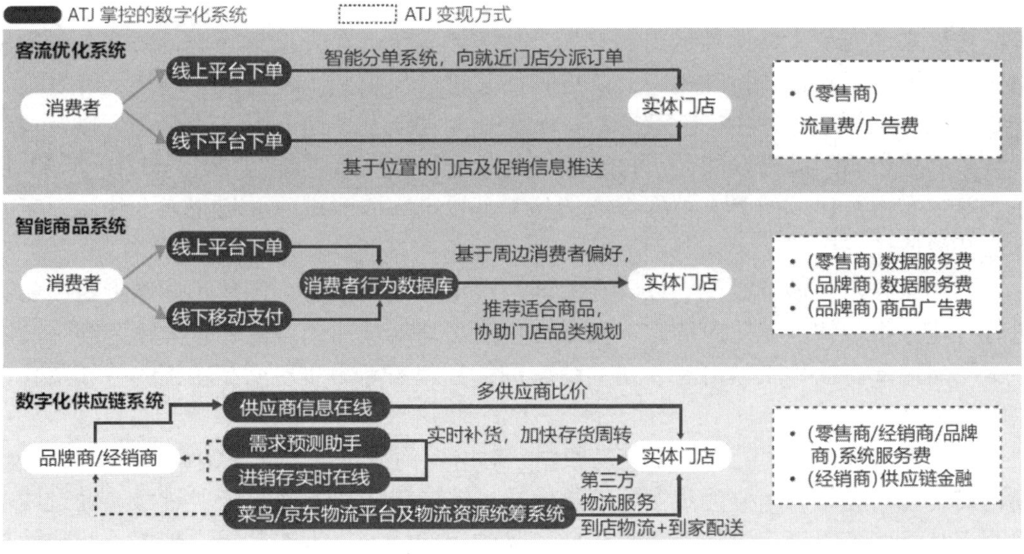

图 9.13　新零售模式下的三大基础设施系统

其中，消费者通过线上平台下单或线下移动支付产生的购物行为数据均可被追溯，互联网头部企业因此可以用大数据技术搭建庞大而全面的“消费者行为数据库”，从而产生消费者画像。对零售商而言，通过这一数据库可以根据门店位置及周边消费者的偏好，推荐适合的商品，协助门店进行品类规划。

通过智能化的商品系统，对于供应商而言：一方面可以基于大数据描绘消费者的行为画像，支持企业产品改进和研发；另一方面，这一系统可以择优将产品推荐给门店，实现基于大数据的商品品类遴选，成为连接品牌商与消费者的桥梁，这将深刻影响快消品企业的竞争力。

此前，那些小而美的品牌，一度苦于没有强大的经销商网络，未来可以通过平台触达更多门店和消费者；而对于那些曾经依靠庞大分销网络建立“帝国”的企业，既有的渠道资源不再是坚不可摧的“护城河”，产品和品牌变得比以往更加重要。

在新零售的模式之下，盒马鲜生就是这一思路的典型，这是因为传统零售是普遍、泛式的服务，用户只能被动地接受商品；而由大数据技术驱动的按需精准服务，被认为更能营造极致的用户体验。盒马鲜生的新零售模式就是建立在数据信息之上的，通过数据掌握消费者需求，反向驱动商品采购、中央厨房、加工中心、配送等环节的精准供应和流通效率，最终实现“3 公里范围内 30 分钟免费送达”的智能物流体验。这让盒马鲜生有足够的信心为消费者提供性价比更高、更前沿的商品和服务。不仅如此，当采用大数据分析后，盒马鲜生店按需供应，有效地减少了生鲜品的积压。

在当下商品数量过剩的商业环境下，平台运营已经进入精细化管理时代，运营的关键不在于有多少种类的商品，而在于对选定的产品倾注了多少时间和精力，在于选品逻辑是否科学。因此，无论是综合性平台还是垂直类平台，质优价适的产品是每个平台不懈的追求。选择合适的商品，即使只有很少的种类，也照样可以做出很好的业绩，这也是各新零售平台成功的不二法门。

一直以来，商品大数据及运用的缺失，使实体零售商在开拓新品类、新商品时容易陷入盲区，既影响了动销（拉动销售）的提升，又进一步限制了销售额的增长。针对这一行业痛点，京东到家凭借深耕零售行业多年所累积的 10 万家合作门店交易数据，以及自身领先的大数据分析和产品研发能力，打造了“大数据智能拓品工具”。2018 年 10 月 11 日，京东到家宣布由其研发的“大数据智能拓品工具”已完成测试，并将正式上线，向所有合作商家开放使用。

京东到家表示，该工具能够以省会大区、城市、门店服务范围等不同维度对商品大数据进行智能分析，智能化比对商家、门店在售商品与区域热销商品的差异，为商家门店自动生成拓品清单。这种工具可有效帮助商家进行合理拓品，实现商品动销的持续增长，进而带动销售额的增加。

在平台上，京东到家能够依据交易数据，对所有商品进行“动态销量评级”，依据一定周期内的销量情况将商品分为热卖、销量优异、销量较低、无动销 4 类评级。通过线上商品管理工具，商家可以清晰地看到每一款商品的评级情况，为选品提供依据。持续性地智能汰换，可以有效解决 SKU 增加导致的产能压力过大等问题，确保商家在售商品合理化。此前，该工具在沃尔玛、永辉、百佳等商家的测试中显示，使用该工具持续进行智能拓品的门店，其商品动销率提升可达 30%。

早在 2018 年 2 月，全家便利店在北京、上海、深圳、成都等城市核心地段的 212 家门店就已经入驻京东到家。全家便利店表示，希望公司的商品通过京东到家的大数据选品进行有选择的上线，满足消费者的个性化需求。京东到家相关负责人表示，在“零售赋能”的助力下，入驻京东到家的便利店均取得了不俗的线上业务增长，门店坪效实现快速提升。

事实上，不仅京东在利用平台进行大数据拓品，百度司南、百度指数、阿里指数和生意参谋等都是基于大数据的分析而输出结果的。数之点点、SEE 小电铺、有赞、点点客等独立的创业平台也在积极探索。以数之点点为例，它以基于大数据信息、为自媒体提供大数据分析和轻电商变现服务为主要业务，其核心就是通过构建自媒体粉丝人群画像，给自媒体贴上标签，以匹配拥有同类标签的商品，达到 AI 智能选品的目的。

面对这一变化，在医药领域以药店 SaaS、电商平台为主的企业也在拥抱这一新型模式，期望通过基于平台终端的数据信息，为 B 端企业和 C 端消费者提供更好的产品与服务。

例如，一家药店的商品 SKU 为 3000～5000 种，而全部的药品种类有 10 多万种，因此如何选择更优的进货品类成为一大难题，而智相健康科技（北京）有限公司（以下简称“智麦引擎”）就通过大数据的方法在为行业提供解决方案。

智麦引擎成立于 2015 年 3 月，起初公司专注于构建服务 C 端患者的智慧药学服务体系“智慧药箱”。自 2016 年下半年开始，智麦引擎将方向从 To C 转向了 To B，主打产品也从“智慧药箱”转为“智麦引擎”，开始为 B 端的药店和企业提供数据分析、会员管理、店员积分、产品营销，以及追踪销售数据、店员培训等服务，其四大优势如表 9.3 所示。目前，智麦引擎已经形成了药企营销费、产品代理销售佣金和药店服务费三足鼎立的服务模式。

表 9.3　智麦引擎的四大优势

项　　目	内　　容
复购时间分析引擎	系统通过数据分析预期到某种药品已经到了复购时间但患者还没来购药的时候，店员就可以有针对性地提供提醒和用药指导服务
关联销售引擎	通过计算药品的关联销售数据，再基于用药知识给店员自动化显示应该推荐的药品
品类结构分析引擎	打通了多家药店的数据壁垒，所以能够更大限度地对商品部/采购部提供指导，提高整体利润
药学服务数据库	通过微信/短信等给顾客定时推送自主撰写的个性化用药指导内容，以提高用药依从性，从而提升复购率

其中，智麦引擎开发的品类结构分析引擎打通了多家药店的数据壁垒，通过对不同厂家、药品、价格、利润区间的分析，能够更大限度地为商品部/采购部提供品类优化方案，打破了药店按照以往经验来进货的模式，提高了整体利润。也就是说，基于不同的地理位置，一家药店开在年轻人较多的社区和开在医院旁边，其选品通过大数据其实有据可循。未来，随着数据的日益积累和算法的逐渐优化，这一过程还将变得更加智能化。

不仅是智麦引擎，叮当快药也在试图挖掘数据背后的价值。叮当快药创立于 2014 年，是一家自营式医药新零售企业，其创立了“药厂直供、网订店送”线上线下一体化的医药新零售模式，目前正在逐步打造“医+药+保+养”的全场景健康新生态。为了对用户进行数据标签式的深度分析，叮当快药在 2018 年 3 月成立了叮当健康研究院，进一步挖掘用户需求。图 9.14 所示为叮当快药通过自身平台数据分析得出的不同购买需求。

综上所述，以医药电商和信息化系统为载体，以物流和终端消费者数据为基础，大数据技术将重构传统的选品逻辑，为行业演绎出新的变化。

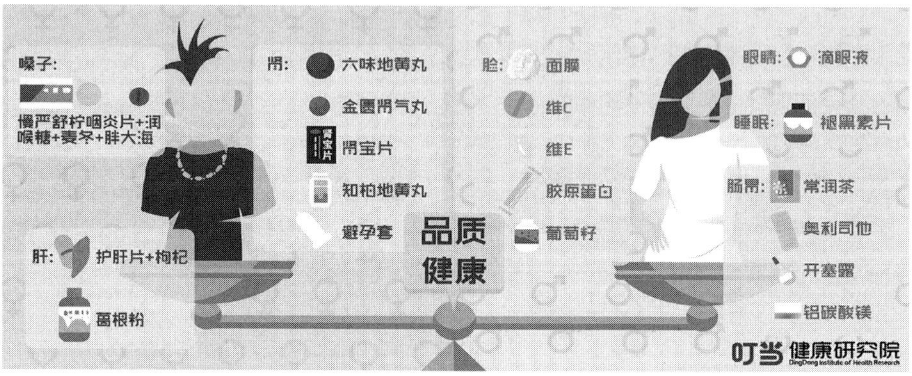

图 9.14　叮当快药通过自身平台数据分析得出的不同购买需求

9.4　供应链重组中的金融创新机会

从企业的角度看，供应链金额（Supply Chain Finance，SCF）是中小型企业的一种融资渠道，是供应链中核心企业与银行间达成的一种面向供应链所有成员企业的系统性融资安排。通过供应链金融，一方面，银行等金融机构将资金有效地注入处于相对弱势的上下游配套中小型企业，解决中小型企业融资难和供应链失衡的问题；另一方面，金融机构将信用融入上下游企业的购销行为，可以增强其商业信用，促使中小型企业与核心企业建立长期战略协同关系，提升供应链的竞争能力。

在供应链金融的融资模式下，处在供应链上的企业一旦获得银行的支持，资金一旦注入配套企业，也就等于进入了供应链，从而可以激活整个“链条”的运转。传统上的供应链金融模式有两种：向银行借贷形成的供应链金融贷和通过券商发行的供应链金融 ABS。图 9.15 所示为完整的供应链金融分类。表 9.4 是对各种类型供应链金融的定义。

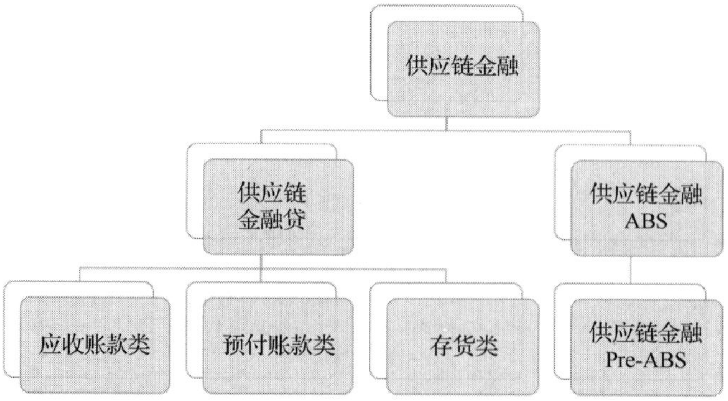

图 9.15　完整的供应链金融分类

表 9.4　各种类型供应链金融的定义

类　型	定　义
应收账款类金融贷	当下游向上游下达订单、接收货物和支付货款之间存在时间差时，就形成了应付账款类融资，此时就需要核心企业作为担保帮助上游供应商融资，即需要资金的是上游供应商
预付账款类金融贷	当下游企业已接受货物、完成销售和支付货款之间存在时间差时就形成了预付账款类融资，此时就需要核心企业帮助下游经销商融资来支付自己的货款，即需要资金的是核心企业
存货类金融贷	这是核心企业帮助下游分销商进行资金融通的一种方式，在下游经销商从核心企业进货后，由于销售周期长，核心企业要尽快回款，下游经销商就需要以库存抵押进行融资，向核心企业支付货款
供应链 ABS	这是一种由券商、保理服务商、供应链中核心企业和中小型企业共同参与的一种供应链融资模式，不过 ABS 不是借贷，而是将资产作为底层资产发行 ABS 进行融资

自 2001 年下半年，深圳发展银行在广州和佛山开始试点存货融资业务（全称为“动产及货权质押授信业务”）以来，由于供应链金融巨大的市场潜力和良好的风险控制效果，目前包括四大银行在内的大部分商业银行都推出了独具特色的供应链金融服务。以工商银行为例，如果以商用物业、商品存货、应收账款或金融票证等优质资产进行抵（质）押，客户就能在工商银行轻松获得融资服务。针对应收账款金融贷，工商银行甚至规定，凭借优质应收账款申请贷款，客户在工商银行最高可获得应收账款金额 100%的贷款。图 9.16 所示为应收账款质押融资的典型模式。

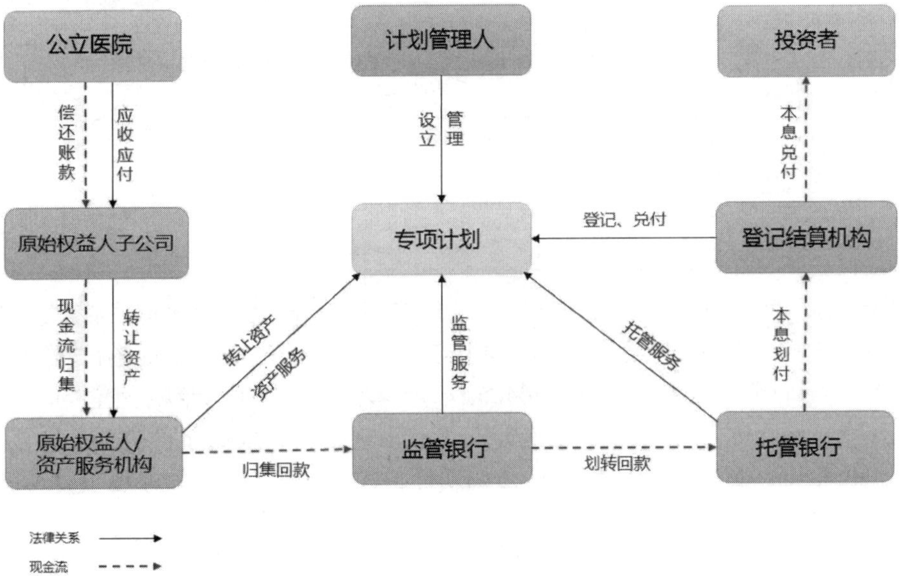

图 9.16　应收账款质押融资的典型模式

长期以来，由于国内医疗机构“以药补医”现象的存在，叠加取消药品加成实行零差价政策，导致医院现金流普遍紧张，此举进一步加剧了下游医疗机构应收账款的回款周期，给医药商业企业特别是流通公司造成了巨大的资金压力。为了缓解这一情况，提高企业资产的流动性，提升应收账款的内部管理水平，拓宽融资渠道，各企业开始尝试将医疗机构的应收账款证券化，提前回笼资金，改善现金流。自 2015 年以来，国药集团、华润医药、九州通、瑞康医药等企业纷纷采用这种模式，处理自身庞大的应收账款，缓解现金流压力，如表 9.5 所示。

表 9.5 2015 年以来发行的部分医药 ABS 产品

时间	名称	简介	规模
2016 年 7 月	长安资产-外贸信托海发医药信托受益权资产支持专项计划	海发医药对一家三甲医院的应收账款	2 亿元
2016 年 9 月	国金-国药（一期）信托受益权资产支持专项计划	103 家公立三甲医院的应收账款债权	—
2016 年 9 月	兴证资管-九州通应收账款一期资产支持专项计划	370 笔应收账款债权	10 亿元
2017 年 5 月	华润医药商业集团应收账款一期资产支持专项计划	三级医院应收账款债权	20.97 亿元
2017 年 9 月	国药器械应收账款一期资产支持专项计划	国药器械及所属 48 家子公司超过 22000 笔应收账款	13.68 亿元
2017 年 11 月	华润医药商业集团应收账款二期资产支持专项计划	华润医药商业及其下属公司对 279 家公立医院的应收账款	20 亿元
2017 年 11 月	兴证资管-瑞康医药应收账款一期资产支持专项计划	公司及下属分子公司持有的应收账款	12.1 亿元
2018 年 3 月	山西证券-盛业保理医药资产一期资产支持专项计划	国内首笔无第三方增信医药供应链 ABS 项目	3 亿元
2018 年 6 月	光证资管-九州通应收账款第三期资产支持专项计划	对二级以上公立医院形成的 396 笔应收账款	15 亿元
2018 年 11 月	天风证券-招商财富瑞康医药供应链金融资产支持专项计划	各供应商对瑞康医药及子公司的应收账款债权及其附属权益	30 亿元

以 2018 年 6 月九州通与光大证券资产管理有限公司设立的“光证资管-九州通应收账款第三期资产支持专项计划”为例，九州通以对二级以上公立医院形成的截至 2017 年 7 月 10 日的 396 笔应收账款，共计 1506670405.16 元为基础资产订立专项设置资产支持计划，分为优先级和次级，共募集 15.75 亿元，在增信措施上，不仅做了分类评级，还由大股东做了差额支付承诺。目前，产品到期后已如期偿付。图 9.17 所示为光证资管-九州通资产支持专项计划交易结构。

不仅医药流通企业对下游医院的应收账款资产证券化能够实现出表融资、加速回笼资金的效果。同样地，对上游医药生产厂商的应付账款可以参照地产公司的融资实践，操作反向保理供应链 ABS（见图 9.18），实现医药流通企业在供应链采购和配送两端的账期匹配，优化整体经营性现金流。

除了传统的金融机构，2017 年九州通曾公告出资 3 亿元筹备商业保理公司，但仅两周后因故表示终止设立。

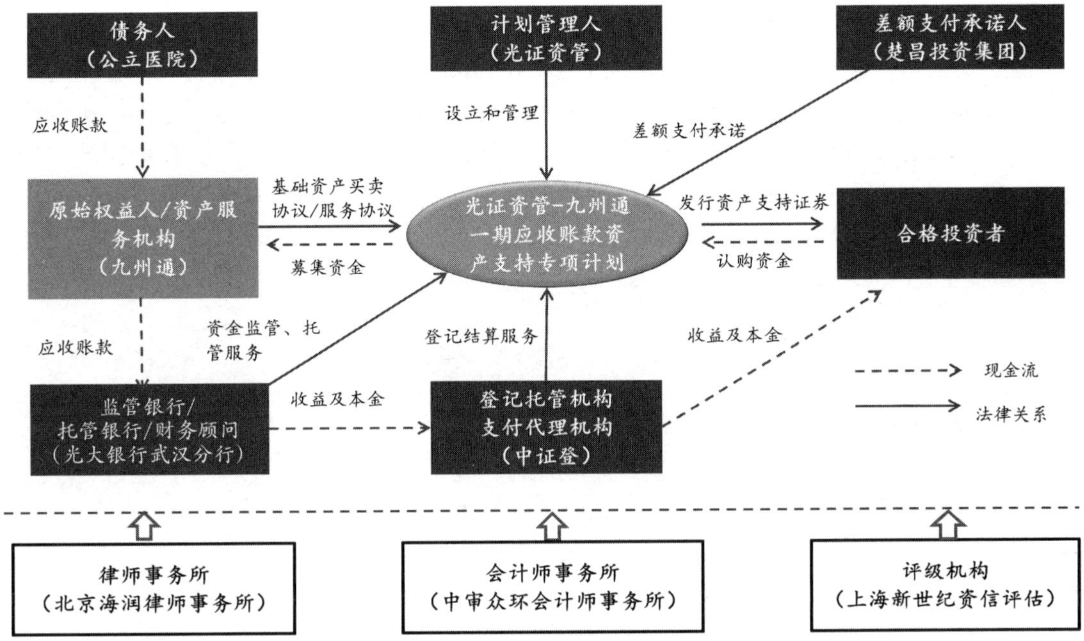

图 9.17　光证资管-九州通资产支持专项计划交易结构

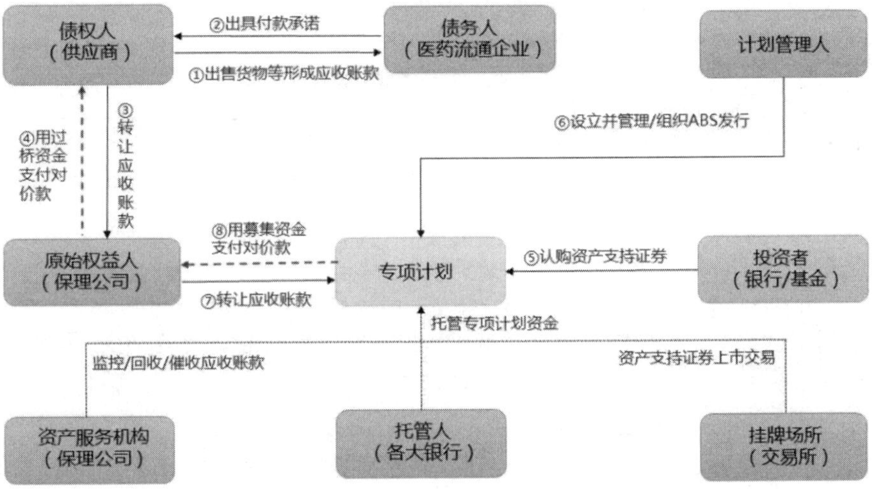

图 9.18　医药类反向保理供应链 ABS 的基本交易结构

总体来看，传统供应链金融的核心是信誉良好的核心企业，以其为中心在上下游开展业务。在“互联网+”时代，随着信息技术尤其是大数据的发展，供应链金融又有了新的发展。

在电商时代，借助互联网技术，大型的平台企业不仅为上下游企业提供交易平台和解决方案，还可以通过企业在平台上的主体信息和交易记录描绘出信用画像和决策算法来评估风险，开展供应链金融服务。大数据征信、普惠金融等创新模式出现并引入使用之后，供应链金融逐渐呈现新的发展局面。

其中，电商平台供应链金融就是供应链近年来发展中的一个新趋势。例如，蚂蚁金服/支付宝主要利用阿里巴巴生态圈中完善的电商和物流服务信息，形成一个以现金流为基础的闭环体系。通过平台能够实现监督其交易背景的真实性、资金流向的确定性、实现操作的封闭性及资金的自偿性。在这种模式下，供应链既没有核心企业，也没有货物的质押过程。资金方根据中小微商家在阿里巴巴网络中的采购体系、资金流体系综合分析，提供资金融通服务，如图 9.19 所示。因此，产业链上的规模较小、相对分散但历史信用和经营稳定的公司，同样可以通过供应链进行融资。

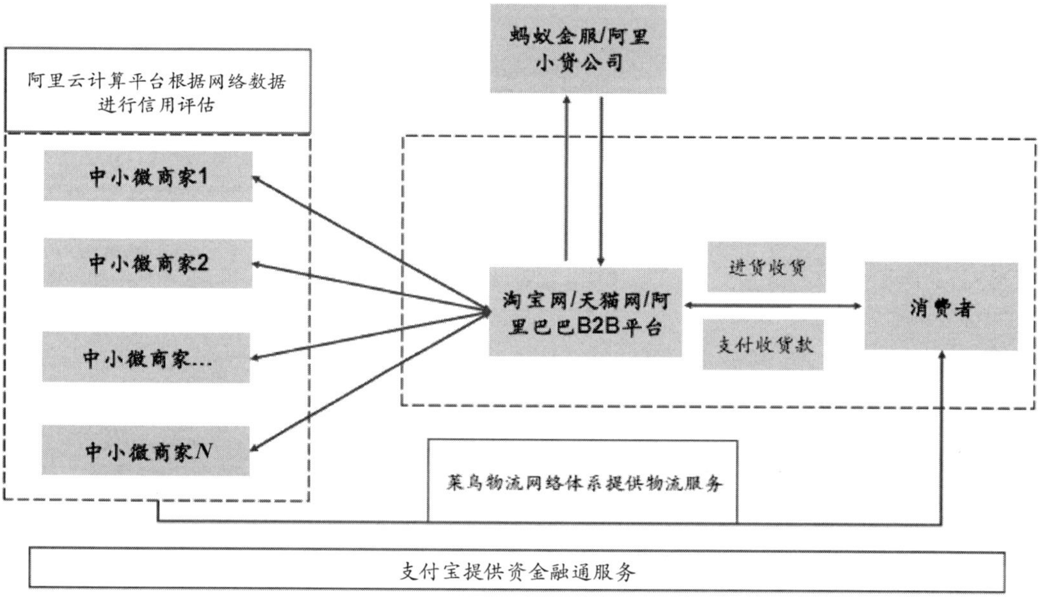

图 9.19　基于电商的供应链金融新模式

阿里巴巴有的，京东也不会屈居人下，同为电商平台，虽然与阿里巴巴相比其供应链金融业务起步较晚，但是也上线了“京保贝”等明星产品。甚至在医药领域，京东以线上自营的京东大药房开始起步，上线了自己的批发业务体系“药京采”，通过京东数科和京东物流，顺利将业务拓展到第三终端。药京采官网信息显示，京东医药可为采购商提供“白条”金融服务。“药白条”资料称，药品采购专享先下单后付款，最高额度为 50 万元，30 天内免息。

不仅阿里巴巴、京东等综合性的电商巨头在开展此项业务，在医药供应链变迁的过程中，医药垂直领域的 B2B 医药电商平台和部分医疗互联网企业也开始谋定而后动，快速入局。

2015 年，华润医药商业集团在“互联网+”的思路下，创立了 B2B 电商平台润药商城。作为连接制药企业和终端客户的平台，润药商城依托大数据和商业智能技术，为上下游客户提供产品信息展示、撮合交易、精准营销、产品追溯、三方仓储及物流等服务。华润医药商业集团曾表示，润药商城沉淀了大量数据，如何充分利用这些数据，实现精准、精细化运营，为上下游客户的交易提供支持，成为润药商城亟待突破的方向。

2018 年 10 月 19 日，华润医药商业集团分别与招商银行北京分行、深圳前海微众银行股份有限公司签署在线供应链金融合作协议，共同推动润药商城（B2B）为全国零售药店、商业公司、基层医疗机构提供相应的金融服务。图 9.20 所示为润药商城官网公布的商业采购服务内容。

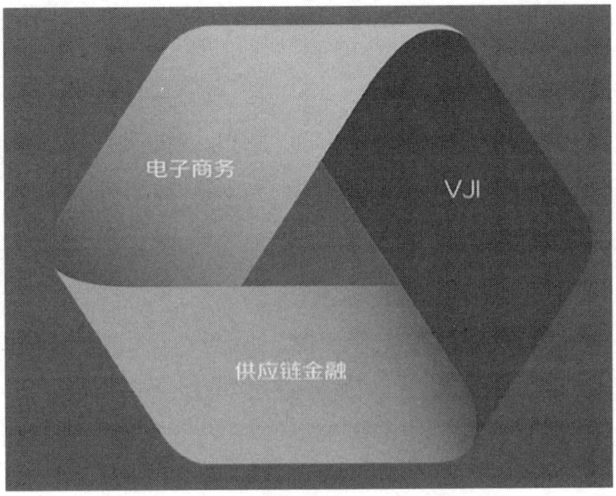

图 9.20 润药商城商业采购服务内容

首推是一家定位于医药产业的互联网平台，隶属于成都搜搜电子商务股份有限公司。自成立以来，首推以药店智慧采购为切入点，逐步构建了“SaaS 工具+交易平台+金融数据”B2B 模式。其核心工具首推 App 具有两大核心功能：一是基于 SaaS 的药店管理应用工具，如药店库存盘点工具，药店老板通过手机 App 扫码即可完成药店盘点，同时可选择经营缺货商品清单对接交易平台，自动完成补货，极其方便地提高药店采购效率；二是基于大数据的选品及运营分析，通过收集的海量信息建立数据模型，对药品数据进行分析，如价格区间、毛利率、销售量、评论数据、库存情况等，针对数据进行规划和精准化的分析，让中小型连锁药店实现智慧采购，最终为药店实现品类优化增值服务。目前，虽然首推 App 的业务进展一般，但是其开拓的这种业务创新模式值得业界学习和模仿。

在未名企鹅董事长邹晓亮看来，医药 B2B 平台的供应链金融授信和信用评价要比线下银行授信更高效，因为所有的交易数据都保存在线上，银行可以依据这些数据直接对所有的卖家和买家授信。目前，相关一线的医药电商 B2B 平台都在构建全产业链的整合服务平台，作为支付服务的供应链金融，未来必然是平台不可或缺的重要组成部分。

不仅医药电商平台型企业瞄准了供应链金融的机会，部分互联网医疗企业也在努力尝试。飞医网是一家专业的医疗物资供应链管理云平台服务商，成立于 2016 年，以“云+端”“院内+院外”的方式搭建“N+1+N”模式的供应链管理云平台，为医院、供应商及第三方机构提供云端高效协同、管控合规的采供存用一体化服务。公司的供应链金融解决方案基于交易流程闭环和交易真实数据，通过与医院、银行的合作，以平台真实交易数据做背书，为医疗物资供应商提供基于信用的应收账款融资服务，实现“互联网+产业链+金融”的充分融合，具体解决方案模式如图 9.21 所示。

目前，飞医网首发了业内第一款“纯数据风控+全流程线上审批放款”的供应链金融产品，可为其平台用户提供 3 个月期限最高额度达 100 万元的借款。

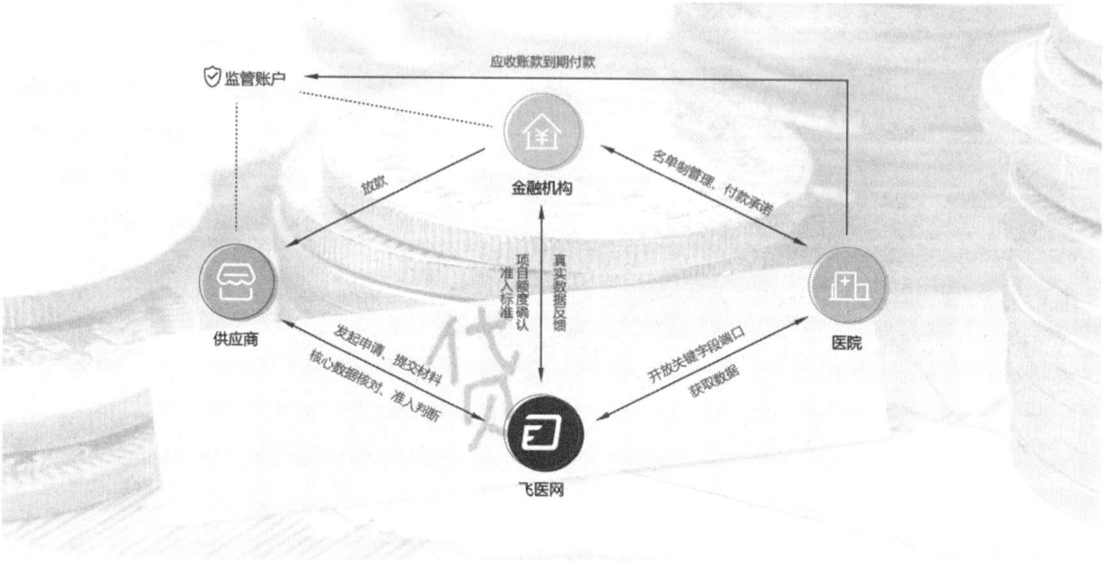

图 9.21　飞医网的供应链金融解决方案模式

总体来讲，供应链金融是围绕着核心企业服务上下游的中小型企业和个人，在此过程中既需要商业银行、保理公司、证券公司等金融机构的配合，也需要物流、仓储运输等公司的支持，还需要金融科技、“互联网+”等技术的衔接。在这个多主体参与的环节中，相互合作的基础是信任和利益分配。

作为一种分布式账本，区块链技术为多主体的各参与方提供了彼此协作的平台，降低了机构间协作的信用风险和沟通成本。由于链上信息的可追踪性与不可更改性，可在各个机构间实现数据同步，实时对账。以区块链技术架构供应链金融，能够实现常规互联网技术不能实现的多主体、多层级间的信任问题。

IBM 中国研究院院长、IBM 大中华区首席技术官沈晓卫博士表示：“区块链为节省商业交易所需的时间和成本带来新的可能，同时正在带来商业模式的变革。IBM 基于开源的企业级区块链平台提供了可靠的企业级区块链解决方案，推动区块链在更多领域的应用，助力更多企业构建区块链生态体系，打造更为高效的商业环境。”图 9.22 所示为区块链供应链金融业务的典型模式。

2017 年 4 月 14 日，禾嘉股份（后改名为易见股份）宣布与 IBM 推出基于超级账本 Fabric 的许可区块链的医药采购供应链金融服务平台。禾嘉股份表示，基于禾嘉区块链平台，通过对药品的供应链全流程进行追踪和交易记录的安全加密，保证了业务数据的真实性和可靠性，有效地降低了融资机构贷款风险，可以建立医药供应链之间的信任机制，医药经销商将获得更多融资机会。

禾嘉区块链平台刚一落地，就与云南省内 60 余家医药企业初步确定了合作意向。禾嘉股份通过区块链技术实现了供应链金融业务模式创新，大幅减少了医药供应链上下游的资金周转时间，缓解了中小型药商的融资困难。

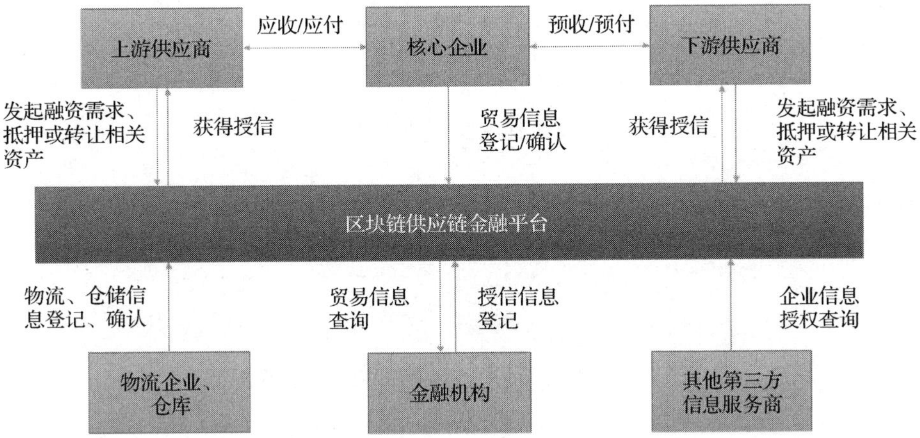

图 9.22　区块链供应链金融业务的典型模式

2017 年 5 月 18 日，中国医药商业协会在苏州举行的中国医药供应链高峰论坛暨医药生态圈创新大会上宣布，由华润医药商业集团、上药控股、九州通、国药集团物流有限公司、湖南建设银行常德分行、紫云股份等 16 家单位发起的全国医药流通行业区块链联盟正式成立，联盟的七大任务之一就是共同构建基于区块链平台的医药供应链金融服务体系，一年之后，腾讯区块链将加入联盟。

星贝云链（Globel Cloud Chain）是广东有贝信息科技有限公司在母公司“益邦控股集团”供应链及大健康产业资源的基础上，使用腾讯区块链底层技术倾力打造的供应链金融平台。2017 年 12 月 19 日，在广东有贝、腾讯、华夏银行的战略合作发布会上，星贝云链平台首次公开亮相，这也是国内首家与银行战略合作共建的基于区块链的供应链金融平台。

在发布会上，星贝云链总经理刘黄锋指出，深度结合腾讯区块链技术的星贝云链平台将打通大健康产业链中的商流、信息流、物流、资金流，消除供应链信息不对称，真正实现四流信息真实有效、操作模式闭环、风险自动评估、系统智能贷后等。在业务上，星贝云链平台将围绕大健康产业行业龙头及其上游一、二级至 N 级供应商，下游代理商、经销商及终端用户的采购、物流、销售、资金流等数据给予授信支持，运用链上的整体信用以降低风险，提供低成本、高效率的供应链金融服务，具体包含应收账款融资、仓单质押融资、预付款融资、信用授信等。

以上游应收账款融资为例，供应商通过星贝云链平台将向核心企业提供货物/服务贸易所产生的应收账款转让给资金方，资金方则需要对其贸易真实性进行穿透检查。平台通过区块链技术抓取了核心企业 ERP 直接生成的数据、第三方物流仓储数据，结合区块链时间戳及不可篡改的特性，资金方在需要时可快速追溯、核验链上相关的资料、数据，加快融资款项的审批。未来，星贝云链平台有望基于区块链技术，实现对包括核心企业在内的多个参与方进行数字化管理。图 9.23 所示为星贝云链平台公开的上游应收账款融资模式。

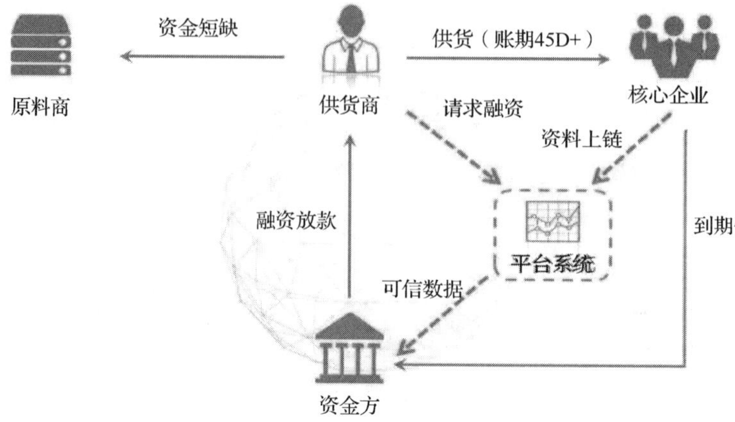

图 9.23　星贝云链平台上游应收账款融资模式

在发布会上，天津天士力医药营销集团股份有限公司成为首家与星贝云链平台签订战略合作协议的企业，星贝云链能为天士力提供从中药材的种植、加工、生产直至将成药销售到药店和医院终端的整个产业链条的医药供应链金融服务，进而形成整个数据的闭环。天津天士力医药营销集团股份有限公司办公室副总经理肖作红表示：“有了星贝云链平台的支持，天士力在医药商业流通领域的发展便有更多可能，更能保障整个产业供应链上下游生态圈的有机协同。”

作为国内医药流通领军企业之一，瑞康医药集团股份有限公司（以下简称“瑞康医药”）一直以来都在谋求医药行业供应链生态的转变，希望搭建一个服务行业上下游的金融信息服务科技平台，借助金融工具和科技力量，解决行业中小微企业融资难、融资贵的问题。2019 年 11 月，瑞康医药与浙商银行宣布携手打造吉祥天区块链医药健康服务平台（以下简称“吉祥天平台”）并落户杭州市西湖区。

2020 年 3 月 24 日，吉祥天平台正式上线，开始对外提供服务。在吉祥天平台上，企业账面的应收账款可以转化为新型的支付结算工具，并实现高效便捷的对外支付或转让，产业链上下游企业都可以更为便利地获得资金，小微企业融资环境明显改善，产业链整体的资金使用效率将大为提高。医药行业上下游企业的应收账款得到有效盘活，将创造更好的供应链协同效应。相关负责人介绍，以大数据和区块链提供底层支持，吉祥天平台确立了线上凭证多级流转模式，为产业链上的企业提供涵盖了应收账款的签发、签收、承兑、保兑、支付、转让、质押、兑付的综合服务。由于区块链技术具备分布式、防篡改、高透明和可追溯的特性，能有效解决产业场景下交易过程中的信任和安全问题。

事实上，无论是传统的商业银行抵押贷款还是基于券商、保理公司的 ABS，抑或是基于“互联网+”平台模式崛起的电商信用借款与担保，甚至是更加前沿的区块链技术，在医药购销由线下交易到网上议价购销，平台付款甚至是平台信用借款到线下交付，以及由院内购销向院外购销转移，甚至是线上线下一体化的新零售模式变迁中，作为最重要的支付环节，随着大智云物移等技术进步，以及人、货、场等商业场景的不断演绎，金融创新的模式将更加多元化。图 9.24 所示为国药物流提出的未来智能化供应链系统。

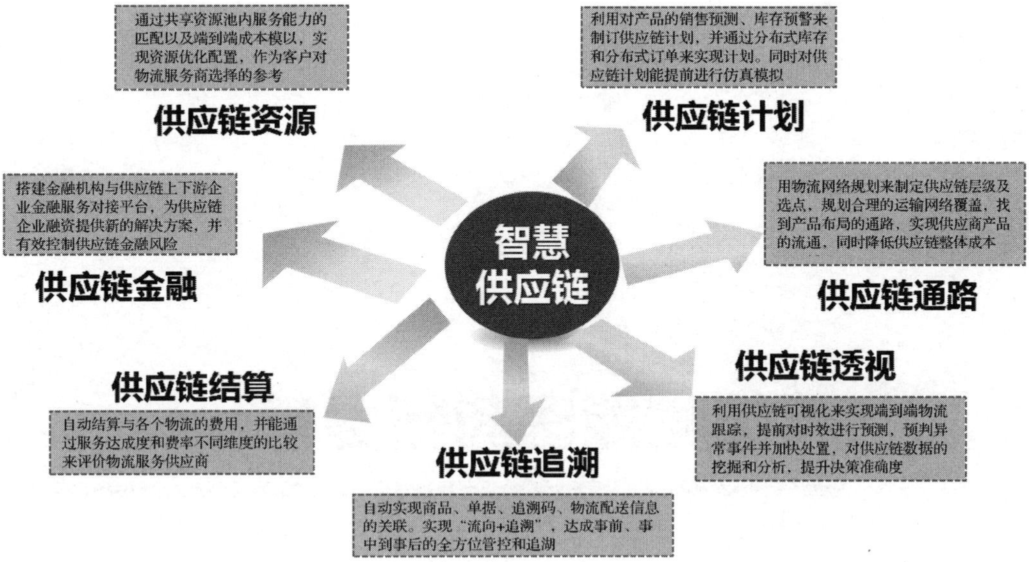

图 9.24　未来智能化供应链系统

总之，和其他行业一样，无论是政策推动还是技术变迁，通过对供应链各个环节进行优化协调，减少摩擦、降低供应链总成本，提高客户的满意度并实现最佳业务绩效的终极目标不会改变。在此过程中，同自然界所有的生态系统一样，供应链也将处于不断演化迭代更新的过程中。

第 10 章

科技赋能医药新零售

新零售时代以一种新动能推动了整个行业的升级与重塑，这个升级的过程带动了一批健康科技公司的兴起。通过新技术与商业的结合，健康科技公司“赋能”连锁药店并帮助药店解决获客与留客、提升用户体验、提升运营管理效率、降低运营成本等一系列经营挑战。

10.1 SaaS 如何赋能新零售

SaaS 是计算机行业的术语，全称是 Software as a Service，也就是软件即服务。在 2010 年以前，行业信息化的主流趋势是定制开发软件，如果一家中等规模的企业需要财务管理软件、人事管理软件、生产管理软件等，就要支付费用向软件开发商付费开发符合企业需求的定制化软件，定制化软件的版权属于付费企业所有，后续如果有进一步的功能升级或定制化要求需要向软件开发商另行支付费用。除此以外，企业还需要购买软件运行的服务器、数据库许可权等。

10.1.1 SaaS 重塑软件行业

定制化软件模式有许多问题，不过核心的问题是定制化模式使企业陷入过多的技术实施中，无法专注业务目标，同时好的经验与实践也很难在同行业的不同企业之间分享。

SaaS 采用了完全不同的模式来解决企业的 IT 需求问题，SaaS 模式认为企业需要的不是软件，而是与企业发展、管理相关的信息化服务，也就是即插即用的服务。这种理念下的 SaaS 在服务企业时将所有的软件功能都在云端实现，企业用到某项功能时直接访问即可。SaaS 在服务企业时基于行业来提供解决方案，通过走访客户与市场调研，SaaS 公司不断推出新功能并以免费或收费的方式提供给购买了其服务的企业。企业内部信息化实施的流程被大大简化，系统的上线时间也被缩短。

美国的 Salesforce 公司是世界知名的 SaaS 公司，这是一家创立于 1999 年的客户关系管理（CRM）软件服务提供公司。Salesforce 帮助用户避免了购买硬件、开发软件等前期投资及复杂的后台管理问题。此外，用户还可以与独立软件供应商合作基于 Salesforce 的服务来实现定制化需求，这样既简化了用户的管理，又保持了需求实现的灵活性。

Salesforce 公司以月租费的方式来收取费用，以医药行业为例，不少公司的医药代表拜访管理软件使用的都是基于 Salesforce 平台开发的 Veeva 软件。该软件按照每个代表每月的方式收取医药公司的软件使用费。Salesforce 平台的不少新功能都会免费提供给既有的用户，当有重大产品改进推出时也会以额外收费的方式销售给用户。

2019 年，Salesforce 公司以 157 亿美元收购了大数据工具软件提供公司 Tableau，一举成为一家市值超过 2000 亿美元的巨头软件公司。而曾经的以提供定制化 IT 解决方案为主的巨头公司 IBM 的市值只有 1100 多亿美元，可见 SaaS 服务公司的前景广阔。

10.1.2 管窥医药零售行业信息化

对于医药零售行业来说，作为支撑业务发展的主要元素需要的软件排行第一的是 ERP 系统。ERP（Enterprise Resource Planning）就是企业资源规划，其主要作用是全面管理企业的人流、物流、资金流及信息流。从管理的对象就可以知道 ERP 系统的重要性，可以想象，对于管理上万名员工、数万个 SKU、数千家门店及数十亿元资金往来的大型连锁企业，如果没有 ERP 系统那么其管理必将陷入混乱。

在我国，略有规模的医药连锁企业都使用 ERP 系统，尤其是大型连锁企业普遍重视 ERP 系统的应用。例如，国大药房早些年就以数千万元费用请 IBM 公司帮助其定制开发了 ERP 系统，一心堂使用的则是国际著名 ERP 厂商 SAP 公司的产品，其投入也是数千万元级别的。新近上市的健之佳尽管体量不大，但仍然在其成立的早期选择了 SAP 公司的产品。

对于中型连锁企业来说，它们往往很难用如此多的资金投入在 ERP 系统上，这些公司往往从国内的医药 ERP 厂商（如金蝶、用友、海典、英克、雨人等公司）定制或购买其标准化软件。对于小规模连锁企业乃至单体门店来说，它们也有相应的 ERP 软件可以使用，以单体门店为例，收银机公司就提供集成了简单 ERP 功能的软件。此外，近年来也有一些 SaaS ERP 服务提供公司（如复方云等）通过为中小型连锁企业提供免费的 ERP 服务，进一步切入供应链以打造创新商业模式。

此外，CRM 会员管理系统对连锁企业的重要性也与日俱增，CRM 是 Customer Relationship Management 的缩写，也就是客户关系管理或者在零售行业里通常称会员管理。前面提到的 Salesforce 公司就是知名的 CRM 软件提供商。

对于零售企业来说，会员是零售企业赖以生存之本，会员是零售企业赖以生存的重要核心资源，稳定的会员带来的是稳定的销售业绩，为零售企业持续拓展提供坚实的基础。

连锁上市公司普遍将会员管理作为连锁企业的核心战略。例如，一心堂强调其顾客导向精细化管理能力是其核心竞争力之一；老百姓认为其一切围绕消费者角度打造公司专业化服务能力是其核心竞争力之一；益丰则直接指出不断完善的 CRM 会员管理系统是其核心竞争力之一；大参林认为其核心发展战略之一是围绕着现有的、庞大的忠诚会员群体完成消费升级，扩大客流量和会员数量。在具体的经营计划中，大参林还提出要自主构建大数据平台，挖掘引导现有会员的消费需求，充分发挥会员数量与顾客黏度优势，进一步开展会员精准营销，同时充分运用智能信息工具，实施“会员分级分类管理”“会员画像营销”等项目，提升顾客的满意度和美誉度，达到加强顾客忠诚度及提升销售额的目的。另外，大参林还将致力打通线上线下会员服务，实现线上线下客流量双向引流、充分互通，进一步扩大公司品牌影响力。

在我国并没有专门针对零售企业的 CRM 厂商，更多的是 ERP 厂商在既有软件中集成了 CRM 功能，典型的功能如客户标签管理、生日/节气祝福、用药提醒、积分管理、微信办卡等。虽然会员管理的重要性不容置疑，但除积分管理、呼叫中心之外，如何进一步挖掘大数据价值实现更为精准有效的会员服务与营销是连锁企业普遍面临的难题。围绕这些需求，近年来不少健康科技公司开始切入这个领域尝试为连锁企业解决问题。

除了 CRM 系统，近年来颇为火热的还有各类视频监控软件公司。对于大型连锁企业来说，旗下门店众多，如何确认店员是否在岗、是否按照公司要求为客户提供服务、如何了解店内布局是否合理、哪个区域是消费者最爱去的区域、商品的偷盗问题如何解决等成为常见问题。

在有效的技术手段出现之前，连锁药店通常通过加强人员巡店、检查、管控等手段来提升管理质量，获取有用的客户信息。随着视频监控技术与人工智能技术的成熟，利用视频软件远程巡店、智能分析客流、偷盗预警等成为可能。通过技术手段降低人员投入成本、提升管理效率，已成为不少连锁药店的选择，率先在这个领域尝试的老百姓就投入了数以千万元建立门店视频管理体系。在这个领域提供技术服务的有万店掌、云盯、悠络客等公司，其中云盯和悠络客是为泛零售企业提供服务的科技公司，后续进入医药零售行业，为医药连锁企业提供服务。

此外，近年来随着人工智能的火热，药事服务机器人、远程智能审方、无人售药机等领域也变得非常活跃。笔者在 2020 年西普会上见到了不少服务机器人，大概有 10 家药厂或新零售公司的展台门口摆了机器人，机器人的理解力明显比往年提升，来往的顾客和机器人互动交流，机器人的反馈基本是对的。有些机器人还配备了柔软的腰身和灵巧的手指，不仅和顾客握手，还随着顾客的位置扭动身躯，因此吸引了不少人。总体来讲，如今的机器人还没有达到能提供药学服务的程度，作为获客工具是可以的，但距离真正能为顾客提供有价值的与疾病、用药等相关的服务还需要时日。

10.1.3　医药零售企业会员管理现状

与相对成熟的 ERP 软件相比，医药零售 CRM 系统市场还远未成熟，因而不少科技企业选择了这个领域作为突破点。在介绍 SaaS CRM 公司如何赋能医药连锁企业之前，先介绍一下我国医药连锁企业会员管理的现状。

一般情况下，获取一个新客户的成本是留住一个老客户成本的 10 倍，拥有更多稳定的会员对于连锁企业的销量向来关键。当然，对于快速扩张期的连锁企业来说，新客户的获取可以通过扩张来解决；对于扩张趋于稳定的连锁企业来说，如何运营好会员的意义更为重大。表 10.1 展示了 2019 年老百姓、益丰、大参林、一心堂、国大药房、健之佳几家连锁企业的会员数据及会员销售占比。

表 10.1　2019 年各家连锁企业的会员数据及会员销售占比

连 锁 名 称	会员数（万名）	会员销售占比（%）
老百姓	4148	74.90
益丰	3693	84.03
大参林	2700	81.80
一心堂	2200	81.41
国大药房	2193	67
健之佳	1100	69

会员数最多的是老百姓，2019 年老百姓的会员总人数达到了 4148 万名。会员销售占比最高的则是益丰，益丰 3693 万名会员创造了益丰 2019 年营业收入的 84.03%。比较意外的是销售额最高的国大药房（2019 年销售额 127.54 亿元）会员数却排在倒数第二。2016 年，国大药房高管曾分享国大药房的会员数已经接近 2000 万名，没想到几年过去了，国大药房的会员数量一直停滞不前，而其他企业的会员数量每年都以数百万名的规模在增长。这可能与国大药房内部各分公司、子公司并没有形成整合进而运营分散有关。另外，国大药房属于职业经理人运作模式，而其他几家连锁企业都是创始人亲自运作，至少在经营效率上国大药房略输一筹。

较为有意思的是，一心堂的 2019 年年报中还公布了其会员管理系统的一些细节，一心堂的会员管理系统共设计了 711 个标签，其中静态标签 223 个、动态标签 488 个。标签就是用户画像，面向有购买力的某类特定疾病的会员的营销与服务手段显然要和具有一般购买力的普通会员有所区隔，而用户画像是其区隔不同会员的关键。大数据时代，用户画像越细，会员区隔得越细，越有可能深挖潜在会员价值。

一心堂还建成了能够容纳 5000 个席位的呼叫中心，其主要职责就是通过外呼的方式向会员提供各种提醒及药事服务，这个呼叫中心的设立说明了一心堂对会员管理投入的重视。

与此同时，连锁企业纷纷与阿里巴巴、腾讯等企业合作探索如何更好地做好会员管理，围绕连锁企业的诉求阿里巴巴推出了未来药店解决方案，腾讯推出了智慧药店解决方案。这些解决方案将巨头的生态体系与连锁企业的会员需求对接，把连锁企业的会员体系与支付宝、微信的会员体系打通，典型如本书开始提到的支付宝信用分免押金租赁医疗器械，还有腾讯发布的小程序商城、社群、超级导购等智慧零售工具。

与互联网巨头能直接提供的技术赋能相比，阿里系与腾讯系背后的大数据生态更令人遐想，如果能将互联网巨头的会员大数据与连锁企业的会员大数据打通，真正洞察会员背后的诉求，是否能创造更多的交叉销售可能？是否能创造更多的重复购买可能？这些想象空间连锁企业与互联网巨头都在探索之中。

10.1.4 SaaS 赋能会员管理

对于医药连锁企业来说，信息化建设是非常重要的工作，其中最基础的 ERP 建设已基本走上正轨，而 CRM 建设中的痛点与机会颇多，吸引了健康科技企业纷纷涉入并尝试破解零售难题。

较早进入这个市场的是一家叫作上海科瓴的公司，这家公司的 SaaS CRM 品牌名称“蓝信康”更为业内所熟知。蓝信康创始人拥有科学家背景，主要从事数字技术与健康交叉领域的工作，2014 年进入当时尚为蓝海的药店 CRM 系统领域。

当时市场情况是这样的：大多数药店的 CRM 系统使用的都是 ERP 厂商提供的与集成会员管理相关的功能。这些功能的核心是会员积分的核销，其他部分非常薄弱，只有简单的通讯录管理、会员生日提醒等功能。蓝信康看到了对会员数据进行分层，并针对不同类型的会员，特别是特定疾病的慢性病会员采取针对性的干预措施的机会，推出了 SaaS 化的 CRM 系统。

早期蓝信康的会员管理功能其实相对薄弱，其主打的是在店内放置测血压、测血糖的便携式设备，与当时联网功能普遍比较薄弱的血压计、血糖仪相比，蓝信康定制的设备能够将检测结果数据自动同步到云端。药店的顾客在检测结束后只需扫描二维码关注公众号，输入个人手机号等基本信息后就能获得检测结果及相关分析建议，后续还能够获得相应的疾病知识推送。

这些在如今看来较为普遍的服务在 2014 年还很少见。对于药店来说，在药店里为顾客提供健康检测服务能够帮助药店吸引客流；同时整个操作过程自动地帮助新顾客注册成为连锁药店的会员，还留下了顾客的手机号等关键信息；此外，检测出来结果异常的顾客会被后台自动标签化，通过蓝信康的后台进行健康提醒干预等吸引顾客回到门店产生重复购买。这项服务对连锁客户的吸引力是巨大的。

与此同时，这种模式对工业企业的吸引力也相当大。工业企业的零售团队也在不断探索如何有效管理目标患者的依从性。特别是对于慢性病患者来说，如果患者能够按照相应学科指南的要求坚持用药，那么对于工业企业生意的帮助是明显的。而蓝信康的这套解决方案也正契合了工业企业的诉求。

随着业务形态的不断升级，蓝信康将自己的硬件设备和软件系统整合在一起推出“慢病关爱中心”套餐（见图 10.1），以或卖或租的形式提供给连锁企业，而背后的买单方要么是零售药店要么是工业企业。

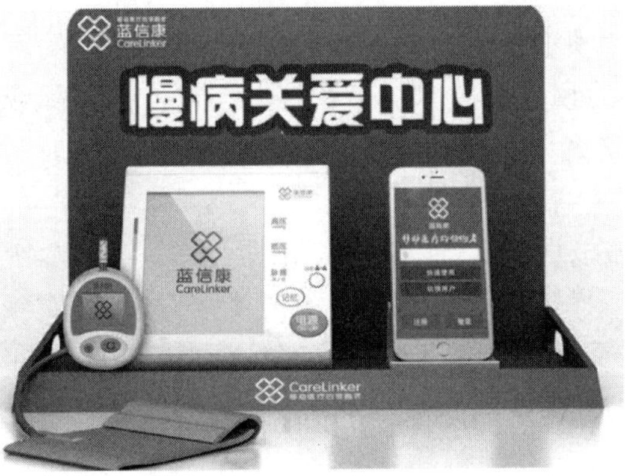

图 10.1　蓝信康慢病关爱中心

与此同时，蓝信康的软件系统也在不断升级。蓝信康成立之初正处于互联网医疗创业火热的时候，对于定位互联网医疗创业的蓝信康显然不会考虑像传统 ERP 厂商那样以定制化软件的方式来为连锁企业提供服务，那样的运作方式过于笨重，很难形成指数级的发展。而在 SaaS 的模式下，连锁企业很容易能够使用，对于有数据隐私担心的连锁企业不需要做任何系统对接就能够直接使用蓝信康的软硬件体系来为消费者提供服务；如果连锁企业希望能够更充分地发挥数据的价值还可以选择对接 ERP 数据，将 ERP 数据库的会员购买历史数据与蓝信康的会员数据打通。

这里面存在着会员管理系统的一个核心模型——RFM。RFM 是客户关系管理诸多分析模型中运用最广泛的一种，无论是沃尔玛、家乐福等线下零售巨头，还是亚马逊、阿里巴巴等线上零售巨头，都广泛采用了 RFM 作为其会员管理系统的关键模型。这个模型基于一个客户的近期购买行为、购买的总体频率及消费金额 3 个指标来对客户进行分层，以便后续针对不同层级用户采取不同的干预措施。

RFM 里的 R 代表最近一次消费时间（Recency），最近到店购买过的顾客显然回头重复购买的可能性要高很多，这样的顾客对于及时提供的商品或促销最有可能产生反应。如果最近一次消费时间在一年多以前，那么顾客很可能已经搬家了，这类顾客的潜力价值要低很多。这也是为什么在零售行业中最近一次消费时间在 0～3 个月的顾客收到营销人员的沟通信息多于最近一次消费时间在 3～6 个月的顾客。

最近一次消费时间也常被用来对会员活跃度进行分级，如最近 3 个月有消费的顾客是活跃用户，最近 3 个月内开通会员的顾客被定义为新会员，最近 6 个月有消费的非新会员被定义为活跃会员，最近 6～12 个月有消费的会员被定义为休眠会员，最近 12～24 个月有消费的会员被定义为沉睡会员。一旦定义清楚会员的级别，就可以通过针对性的干预措施来开展与会员的互动，典型活动如沉睡会员唤醒、通过推送优惠券奖励活动等吸引沉睡会员回到门店。

RFM 中的 F 代表消费频率（Frequency），显然购买频次越高的顾客其再次购买的可能性要比购买频次低的顾客高很多。经常购买的顾客通常是满意度较高的顾客，也是忠诚度较高的顾客。

RFM 中的 M 代表消费金额（Monetary），消费金额越高的顾客越具备购买能力，根据帕累托法则，公司 80%的收入来自 20%的顾客。不过，在实际应用中金额对于客户细分的作用相对较弱，对于平均客单价在 80 元左右的零售药店来说，购买金额的差异并不存在显著的客户区隔。

最典型的 RFM 会将最近一次消费时间、消费频率、消费金额按照一定时间框定后把每个维度分成 5 份。例如，界定对一年内的会员消费数据进行 RFM 分析后，针对最近消费维度按照时间均等地将一年分成 5 份——最近 2 个多月有消费的顾客、最近 2～4 个月有消费的顾客、最近 4～7 个月有消费的顾客、最近 7～9 个月有消费的顾客、最近 9～12 月有消费的顾客。

不过，如果 3 个维度都细分到这个粒度总共要分出 5×5×5=125 类用户，再针对每类用户进行精准营销，那么在实际操作中已超出普通人脑的计算范畴，更不用说针对 125 类用户定制不同的营销策略。因此，在实际运用中我们只需要把每个维度一分为二即可，这样总共有 8 组会员，其中前 4 组会员对于连锁企业的价值更大。

（1）重要价值客户：最近消费时间近、消费频次和消费金额都很高的用户，是 VIP 客户。

（2）重要保持客户：最近消费时间较远，但消费频次和金额都很高，说明这是一个一段时间没来的忠诚客户，需要主动和他保持联系。

（3）重要发展客户：最近消费时间较近、消费金额高，但频次不高、忠诚度不高，属于很有潜力的客户，必须重点发展。

（4）重要挽留客户：最近消费时间较远、消费频次不高，但消费金额高的用户，可能是将要流失或已经流失的用户，应当给予挽留措施。

根据这个模型对用户进行分层，图 10.2 显示了某家连锁企业的会员中拥有 18824 名重要价值会员，占所有会员总数的 36.54%；有 2729 名重要保持会员，占所有会员总数的 5.3%；有 5945 名重要发展会员，占所有会员总数的 11.54%；有 9512 名重要挽留会员，占所有会员总数的 18.46%；其他会员都被划分到一般会员的行列中。

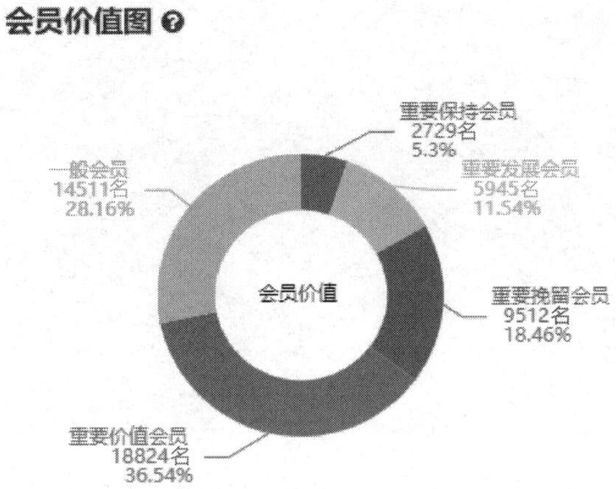

图 10.2　会员价值图示例

RFM 成为蓝信康 SaaS CRM 软件升级的核心，结合大健康的独特属性蓝信康推出了 H-RFM 的概念，其中 H 代表健康（Health）。根据用户的健康检测数据或用户的用药历史可以反向推算出用户是否有高血压、高血脂、高血糖等。与单纯的 RFM 相比，结合针对不同疾病的用户采取精准干预措施显然更为有效。

与蓝信康系统完成了 ERP 对接打通的连锁企业将能够充分运用蓝信康 H-RFM 模型细分用户，后台自动统计出患有不同慢性病类型的用户会员，并按照 RFM 对会员进一步分类。其后台采取了短信营销、电话营销及智慧服务等模式来针对会员的精准营销提供工具。以短信营销为例，后台内置了单品营销、关联营销等模板，连锁企业可以选择指定的模板，后台帮助连锁企业自动选定需要发送的受众（如购买某类特定药品的用户），并自动填充药学专业人士撰写的药事服务文本。

典型提醒文本如"【***大药房】尊敬的***先生/女士，感谢您在***药房购买***抑制尿酸的抗痛风药品非布司他。温馨提醒您：服药期间多吃低嘌呤食物、少吃中嘌呤食物、不吃高嘌呤食物，注意切莫饮酒。了解嘌呤知识，点击 dpurl.cn/***了解更多信息"。

连锁企业的操作人员只需点击"立即发送"或"预约发送"按钮即可以将信息迅速传达到目标受众，总共发送到了多少会员、有多少会员点击了相应链接、有多少会员真正产生了复购，全程所有的数据都能被追踪到。针对短信发送后没有进行复购的会员还可以进行二次营销，可以通过店员或呼叫中心人员按照拟定的话术与会员进一步互动吸引转化到线下门店。

随着零售领域互联网医疗创业的逐步火热，除了蓝信康公司，不少新的健康科技企业也开始进入这个领域。位于北京的智麦科技公司创始人是药师背景创业，在药品的分析上更具独特优势。图 10.3 显示了基于该公司产品智麦引擎分析出来的潜在客户信息，该引擎根据用户的详细消费记录分析出了用户慢性病药品购药量不足、用户活跃但慢性病药品销售流失、用户对价格不太敏感、疑似不合理换药等有用信息。

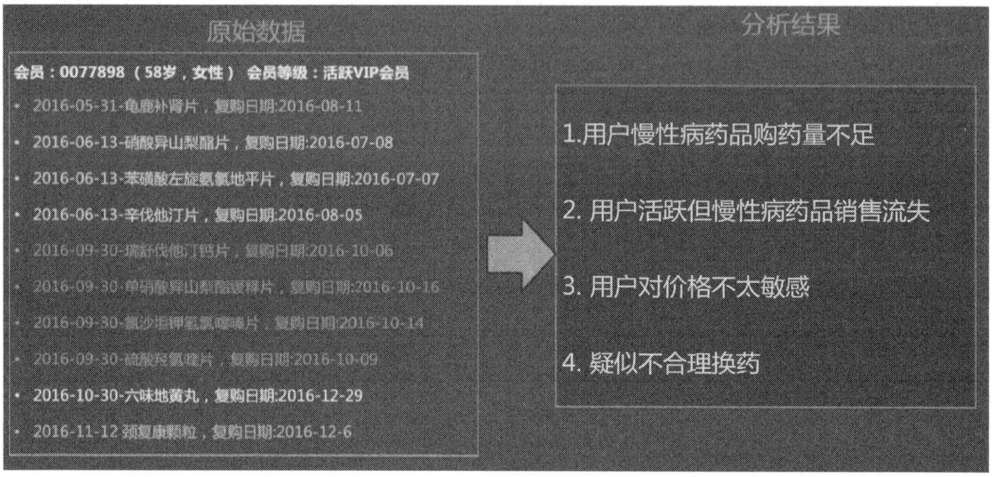

图 10.3　基于智麦引擎分析潜在客户信息

智麦引擎的核心之一是计算需要回访与提醒复购的用户并将相应的任务按照一定的规则自动分发给门店店员，通过电话或短信执行后将结果反馈回系统。这也正是针对药店会员精准营销的核心之一，将线上的数据分析与线下的执行紧密结合起来，线上线下都将数据不断地传到系统中，帮助系统不断升级演化。

为了能够构建更为有效的精准营销体系，连锁企业需要不断地完善会员数据，除基本信息、用药信息、交易信息之外，CRM 系统还需要帮助连锁企业捕获药店通过不同渠道为会员提供服务的数据、会员积分积累及使用的数据、会员调研的数据、会员关爱活动的数据、会员反馈的数据等。同时，连锁企业还可以通过与体检机构、医院等组织的合作获取更多的交叉数据来完善会员数据。

大数据至少有潜力帮助连锁企业回答许多与会员有关的问题。例如，新会员的有效率是多少？新会员有多少会成为忠诚会员？会员来几次门店，其中第几次最关键？药店在什么时间触达新会员才能将其有效激活？消费慢性病药品的新会员怎样一个都不流失？

除蓝信康与智麦科技之外，中康资讯公司也将注意力放在了 SaaS CRM 上，其推出的心康云与蓝信康的模式类似，通过 OEM 的智能血压计等硬件设备结合 CRM 系统来帮助药店管理会员。

中康资讯公司深耕医药零售行业多年，拥有丰富的行业相关数据及行业人脉，中康认识到互联网赋能及随之累积的大数据价值，很早就开始为连锁药店提供各种解决方案。中康将其所有提供的相关系统整合为 SIC（Strategic Information Center，战略信息中心）。这套体系围绕连锁发展的战略、战术及专业执行 3 个层面来提供各种系统支持。

在决策层，中康提供管理决策系统，帮助连锁企业做销售预测、行业趋势预测、人群画像及新店选址等；在战术层，中康提供会员管理系统和员工管理系统，帮助连锁企业利用微信联系会员、精准营销、自动复购、任务管理及绩效奖励等；在专业执行层，中康提供专业服务系统，帮助连锁做好药事服务、风险评估、健康干预及中药审方等服务。

此外，还有不少工商企业看到 CRM 系统对于零售客户的价值，也开始投入开发产品，并将产品作为增值服务提供给连锁企业。例如，复星医药、正大天晴、青岛百洋等公司都开发出了自己的 SaaS CRM 产品。

尽管非常成功的 SaaS 会员管理系统尚未出现，但随着众多有识之士加入这个行业，以及 SaaS CRM 产品的不断迭代升级，还有连锁企业不断提供的会员运营智慧，未来医药零售行业的 CRM 赋能一定会越来越好。

10.2 人工智能嫁接新零售

随着人工智能的火热，不少人工智能企业开始在各个行业寻找落地场景，当能够落地的医院场景开发得差不多时，不少企业开始将视线转移到医药零售行业。与此同时，拥抱新技术、新模式日益紧密的零售行业也在紧跟时代步伐，寻找其中可以帮助零售提升效率、吸引客户的手段，人工智能与医药零售的汇合成为必然。

典型的就有前面提到过的智能审方、无人售药机、智能机器人等场景，以智能机器人为例，小乔机器人公司开发的药师小乔就是行业内大家颇为熟知的产品。该机器人熟悉不少药品的使用方法，不仅能够做常见病病因分析、用药方案推荐，还能够检查药品的相互作用及配伍禁忌。2018 年，小乔机器人还亮相第十三届中国成长型医药企业发展论坛，与真人药师进行 PK。

除药事服务之外，人工智能还能够在药店场景下为顾客提供医疗服务，其中最典型的便是人工智能辅助糖尿病性视网膜病变筛查。

10.2.1 人工智能辅助眼病筛查：从谷歌论文说起

2016 年 12 月，谷歌在知名医学杂志 JAMA 上发表了一篇名为 *Development and Validation of a Deep Learning Algorithm for Detection of Diabetic Retinopathy in Retinal Fundus Photographs* 的论文，译为《一种用于检测视网膜眼底的糖尿病性视网膜病变的深度学习算法的开发和验证》，论文的核心证明了通过深度学习算法识别糖尿病性视网膜病变（以下简称“糖网病”或“DR”）显示出的高灵敏度和高特异性，针对不同数据集的测试，其灵敏度最高达到 96.1%、特异性最高达到 98.5%。

糖网病是糖尿病病人的 4 种主要并发症之一，其临床表现主要有动脉瘤、出血斑点、硬性渗出、黄斑水肿等，是主要致盲眼病之一。糖网病通过眼科医生观察眼底照相机拍出来的照片识别其中的异常区域来进行诊断，如图 10.4 所示。

谷歌的实验方法相当严谨，这项实验开始于 2015 年年初，一共搜集了 128175 张眼底照片，并邀请 54 位美国有医师执照的眼科医生和资深眼科专家对眼底照片进行了 3～7 次评估，评估糖尿病视网膜病变、糖尿病黄斑水肿及图像的可分级性。此外，通过卷积神经网络学习建立的识别模型对眼底照片进行评估后，又将人工智能评估的结果集分成两个数据集，由至少 7 位高级眼科认证专家进行再确认。

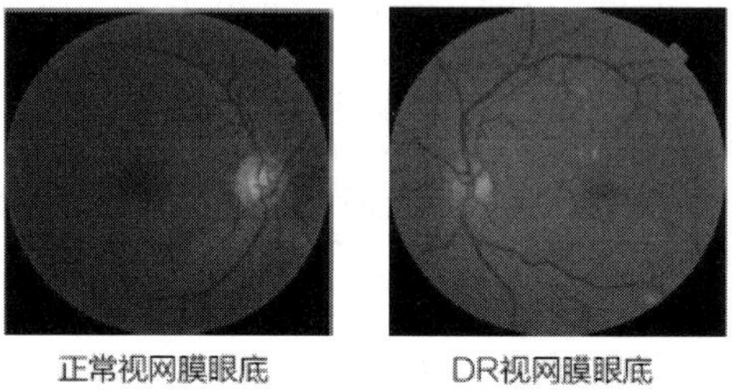

图 10.4　正常视网膜眼底与糖网病（DR）视网膜眼底

谷歌为什么选择从糖网病着手？这是因为在所有的影像诊断中糖网病识别是相对比较简单的一种，这种疾病覆盖的患者人群又相对较大（在美国糖尿病人群中 28.5%的患者会并发糖网病，在中国是 27.3%，在印度是 18%），从糖网病着手既具备可操作性，又具备足够的商业价值。谷歌并没有止步于研究，其收购的英国 DeepMind 公司（AlphaGo 的开发公司）已经开始与英国 NHS（英国国家卫生服务体系）合作，将机器学习技术应用于早期的眼部疾病。在印度，谷歌也与当地的 Aravind 眼科护理系统合作，将人工智能技术应用于糖网病的筛查。

人工智能不仅能用在糖网病的辅助诊断上，对其他眼科疾病的诊断也能发挥作用。2017 年 5 月，中山大学中山眼科中心推出了眼科的人工智能辅助诊断系统，这套系统目前主要针对白内障这种疾病，医生只需将眼部照片上传至云平台，几分钟内就可以出具诊断、风险评估和治疗方案。这套名为 CC-Cruiser 的系统已经投入临床使用，在人工智能门诊就诊的患者，除接受常规诊疗之外，其检查数据即时同步到 CC-Cruiser 云平台，同时享受由人工智能机器人提供的“专家级”诊疗。如果机器人和眼科医生出具的结果不一样，那么 3 个专家组成的团队再对患者会诊，综合各方意见评估后出具治疗方案。

10.2.2　我国人工智能辅助眼病筛查

人工智能辅助筛查或诊断的需求是巨大的，随着技术的发展与普及，我国医疗影像数据保持着年均 30%的高速增长，而作为影像解读的主力——放射科医生其数量年均增速只有 4.1%，基层放射科医生更是严重缺乏，人手不足往往导致医生工作时间过长，医生的疲劳或经验不足还会引发误诊、漏诊。据统计，我国普通疾病的误诊率高达 27%左右，重大疾病的误诊率更是高达 40%左右。

回到糖网病的诊断，2010 年年底的数据显示，我国只有 800 名能够诊断糖网病的医生，而我国有 1.1 亿名糖尿病患者，按照 27.3%的并发率测算，我国有 3000 万名左右的确诊或待确诊的糖网病患者，这些患者每年至少要复查一次，而糖网病的确诊与复查主要在眼科，其中需求与供给的巨大缺口可想而知。

眼健康也是“健康中国 2030”的重要内容，有研究发现，2 型糖尿病患者每年一次眼底检查，可使失明风险降低 94.4%。对早期糖尿病性视网膜病变患者采取有效的干预措施，也可以显著降低糖尿病性视网膜病变的致盲率。

人工智能从供给端为上述问题提供了解决的可能性，通过人工智能辅助诊断先行判断，并最终由医生人工确认或由人工智能进行危险筛查，再者人工智能还可以判断出风险比较高的患者提醒其到医院进一步诊断，这都将有效地帮助糖网病患者早发现、早治疗，避免疾病进展后生活质量受到严重影响。

意识到这个痛点，我国不少公司开始进入糖网病筛查领域，不少新创公司早在 2012 年就进入这个领域，并已延展出可行的商业模式。

10.2.3　Airdoc 公司打造智能眼底筛查服务

Airdoc 公司是眼底疾病筛查领域的佼佼者，其创始人原本在互联网医疗时代就开始了创业之路，后来转型人工智能，致力于通过人工智能技术解决眼底疾病筛查的问题。利用该公司的技术，只需通过传统的眼底照相机拍摄好双眼的照片，由系统自动上传到云端通过人工智能算法进行检测便能够返回筛查，进而报告提示正常或有风险。基于眼底照相机拍摄的照片，人工智能能够检查眼底玻璃体、视网膜、脉络膜、视神经等部位的病变，筛查出病患或可疑病患，同时基于眼底疾病特征还能够辅助判断糖尿病、高血压等慢性疾病。

图 10.5（a）所示为 Airdoc 智能筛查返回的报告单的基本内容，报告单的上半部分显示了筛查者的个人基本信息、眼底照相机拍出来的左、右眼照片及整体的风险提示，下半部分则具体显示了左、右眼在不同疾病方面的筛查结果。图 10.5（b）所示的评估结果详情显示筛查的目标疾病有糖尿病性视网膜病变、年龄相关性黄斑变性、黄斑部异常、病理性近视及视网膜动脉硬化/高血压眼底病变。其中，高血压眼底病变正是借助眼底疾病筛查技术来反向推测受检者是否罹患高血压，其背后的主要依据是高血压患者中 70%左右有眼底改变。

看好 Airdoc 的眼底疾病筛查技术，平安健康开启了与 Airdoc 的合作，将 Airdoc 的眼部疾病筛查技术引入平安大厦，为平安旗下公司近万名员工进行了免费眼底筛查，并进一步促成了平安全球领航基金联合中信联合体领投了 Airdoc 的 B+轮融资。

Airdoc 公司还与国内知名连锁体检机构爱康国宾达成了战略性合作，在爱康国宾体检机构中提供眼底疾病人工智能辅助筛查服务。对于爱康国宾这样的体检机构来说，需要开发更多的体检项目来吸引客户并增加购买，但民营体检机构没有足够的医疗专业人才进行疾病的进一步诊断与建议，而人工智能技术正好弥补了这个空缺，这也正是 Airdoc 与爱康国宾合作的基础。

2019 年 8 月，两家公司还联合国家科技信息资源综合利用与公共服务中心眼科大数据联合实验室发布了基于人工智能的《中国体检人群眼底健康蓝皮书》。蓝皮书显示，2018 年 9 月至 2019 年 6 月，爱康国宾共为 215289 位客户进行了有人工智能辅助的眼底疾病筛查，其中眼底异常检出 159767 人，异常检出率高达 74.2%。这 215289 位客户共占同一时期爱康国宾体检总人数的 4.85%。

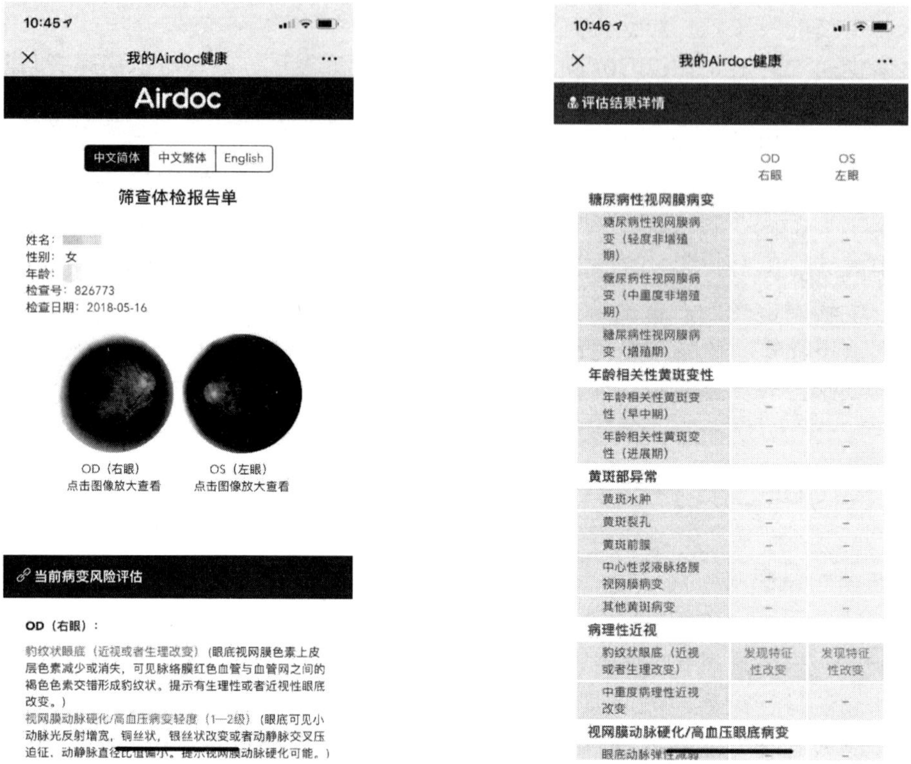

（a）　　　　　　　　（b）

图 10.5　Airdoc 智能筛查返回的报告单样式

其中，这些眼底异常检出人群中豹纹状眼底检出率为 72.3%，视网膜动脉硬化检出率为 39.3%、黄斑部异常检出率为 39.2%，杯盘比偏大检出率为 8.5%。

基于类似的逻辑，Airdoc 公司还与宝岛眼镜展开了战略合作。宝岛眼镜是知名的眼镜连锁，其主营业务是为顾客提供“验光+配镜”服务。不过，眼镜连锁与医药连锁一样面临门店租金上升、人力成本上升及客流下降的挑战。为此，宝岛眼镜提出了从 Eyewear 到 Eyecare 的转型，而拥有智能眼底疾病筛查技术的 Airdoc 能够为宝岛眼镜顾客提供增值的 Eyecare 服务，两家公司自然“一拍即合”。

随着 Airdoc 技术的不断提升，2020 年 8 月，Airdoc 拿到了国家药品监督管理局的医疗器械三类注册证，成为眼底疾病人工智能领域我国首个三类注册证获得者。

10.2.4　智能眼底筛查赋能医药零售

智能眼底筛查如何赋能医药零售？医疗服务是线下医药零售获取客流、留住客流的有效方法。但医疗资源特别是优质医疗资源在医院体系内都是稀缺的，更不用谈在零售药店内，这也是“药店+诊所”这种模式很难在全国规模化铺开的原因，找不到好的医生药诊所就很难发展起来。

而这正是人工智能医疗正在尝试解决的问题，“人工智能是否能够部分取代医生来给患者看病”，Airdoc 的成功至少说明了在眼底疾病辅助诊断这个领域是可行的。将集成有人工智能的眼底照相机放置在门店内，略经过培训的店员就可以正确操作照相机来为患者拍摄眼底照片，并借助人工智能出具报告，告知患者眼睛的状况及潜在的风险。

从患者角度来看，不用去医院排队等候就能够在身边的药店进行疾病筛查，早筛查早诊断，避免疾病进一步发展对生活质量产生影响，且这种检查由于医疗资源的不足目前在医疗机构并没有得到充分满足。

再换一个角度，这也是医药零售企业升级服务及趋势发展的必然。早在 2014 年，血压、血糖等快速检测手段尚未普及时，药店通过提供免费测血压、测血糖、建立健康档案的服务就能吸引用户的注意力，和竞争对手形成差异化优势。而现在这些营销手法已经相当普及，用户去任何一家线下门店都可以获得类似服务，这也倒逼连锁药店寻求更创新、更具有差异化的服务，人工智能眼底筛查服务的出现正逢其时。

2019 年 5 月，老百姓在武汉启动了眼底筛查公益活动，图 10.6 是当时的活动海报。老百姓此次筛查活动的重点在于借助智能眼底筛查将以往在医院也未必能够享受到的检查服务以免费的形式送到患者身边。对于老百姓来说，这是在武汉当地树立老百姓品牌形象、吸引当地用户到店的创新营销活动；对于活动的主要赞助方赛诺菲来说，其目标是在全国 20 多个城市共筛查 15000 名患者，作为知名的糖尿病用药企业，筛查出更多的患者也意味着有更多潜在使用赛诺菲药品的患者。

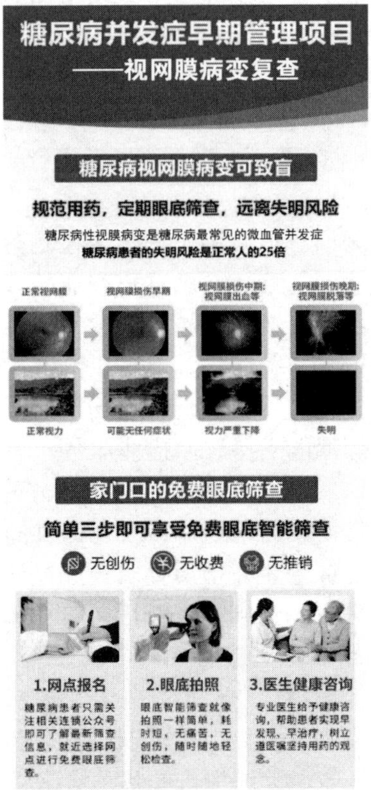

图 10.6　老百姓眼底筛查活动海报

不仅赛诺菲联手各大连锁药店在行动，另一家国内知名药厂三生制药也在与连锁药店联动推进眼底筛查场景在药店的落地。2019 年，三生制药与宝岛眼镜的母公司星创世界达成战略合作，在第一医药、海王星辰、益丰、老百姓等连锁药店开展免费糖网病筛查活动。同时，三生制药还投资了 Airdoc 公司。

10.3 思考：还有哪些服务能够延展至零售药店场景

从血糖筛查到人工智能辅助眼底筛查，我们看到了一种可行的零售药店服务升级路径，那就是借助快速发展的科技将以往无法在药店提供的医疗服务逐步实现在药店场景下的落地。随之而来的问题是智能眼底筛查后还有哪些可以展望的方向？

如果沿着人工智能医疗的方向思考，我们可以看到人工智能在其他疾病，如皮肤病诊断、乳腺癌诊断、宫颈癌诊断、肺癌诊断等领域已经发展出较为成熟的可落地方案。相对癌症等疾病来说，其需要的器械较大，较难在药店中展开，那么皮肤病的人工智能辅助诊断是否可以在药店尝试？耳部疾病的辅助诊断是否可以在药店尝试？

抛开人工智能的范畴，回想血糖筛查，这种以前只能在医院进行检测的疾病随着及时诊断技术的发展可以在家、在药店展开。沿着这个思路，除了血压、血糖还有什么样的检测技术能够在药店开展？仅人们可以看到的高尿酸检测（基于血液）、高血脂检测（基于血液）、慢性肾病检测（基于尿液）等在科技企业、医药公司及连锁药店的共同推动下开始逐步普及。

一家名为尿大夫的公司通过手机应用拍摄尿液试纸颜色上传后能够对肌酐、尿钙、微量白蛋白、潜血、胆红素、白蛋白、酮体等 14 项指标进行检测，检测结果有异常可以线上或线下和医生联系进一步确诊。

如今，不仅传统的生化检测项目可以逐步在药店检测落地，基因检测类项目也有了在药店落地的可能性。说到基因检测，略微熟悉这个产业的读者可能想到的是唐氏筛查、地中海贫血筛查等孕产期检查项目，其实越来越多的项目已经可以通过基因检测来进行。随便打开天猫或京东输入“基因检测”关键字，就可以浏览到各式各样的基因检测服务包，如肠癌风险检测（基于粪便）、“三高”基因检测（基于血液）、宫颈癌检测（基于私处取样）等都能支持居家检测服务。

图 10.7　卡尤迪快速基因检测仪

一家名为卡尤迪的公司正在尝试推进基因检测服务在药店场景的落地，该公司提供的 Mini8 Plus 检测仪对操作人员没有专业与学历要求，经过简单培训即可操作。操作人员只需帮助到店顾客取样后将样本放在检测试剂中，再放到仪器上开机检测即可，整个过程不到 10 分钟。图 10.7 所示为适用于药店的仪器——卡尤迪快速基因检测仪，它与迷你投影仪差不多大小，可以放置在药店的任意位置。

卡尤迪提供的基因检测项目特别适合在药店场景中开展。以酒精耐受基因检测为例，这个项目通过取口腔内的刮层就可以进行检测，能够用于判断酒精的耐受能力，这项检测通过分析一种叫乙醛脱氢酶的基因类型来判断个体对于酒精的耐受性。简单来说，饮酒后酒精在人体内会先转化为乙醛，再分解为乙酸从而解酒。而这个过程需要酶的参与，其中影响最大的就是乙醛脱氢酶。

通过检测这种酶的基因类型能够帮助受检测的顾客了解自己的酒精耐受能力，从而在社交场合更好地判断自己适宜饮酒的量。这比民间的“喝酒脸红的能喝或者喝酒脸白的能喝”之类的说法要更加科学。我们可以想象这类检测对于顾客的吸引力。

表 10.2 所示为部分适宜在药店场景开展的基因检测类项目，感兴趣的读者仔细查看也许能找到新的商业机会。

表 10.2　部分适宜在药店场景开展的基因检测类项目

项　目	样　本	意　义	临床建议
硝酸甘油用药指导	口腔拭子/外周血	硝酸甘油为主要成分的药物，如速效救心丸等用药指导，合理调整药量达到最佳治疗效果	基因突变人群提示：对硝酸甘油（速效救心丸等）的代谢能力弱，在心梗等急性心血管疾病发作时，此类药物用药效果不佳
酒精耐受基因检测	口腔拭子/外周血	通过本基因检测项目，能够有效评价自身对酒精的耐受能力，指导合理饮酒，减少酒精对身体的隐形伤害	基因突变人群提示：对酒精的代谢能力弱，建议避免饮酒或少量饮酒
叶酸代谢基因检测	口腔拭子/外周血	用于备孕期或孕期女性叶酸补充服用剂量参考，可有效提高补充效率，降低不良妊娠等问题发生	基因突变人群提示：叶酸代谢能力较差，为保证服用效果，建议备孕期及孕早期叶酸服用量由 400 微克/天增加到 800 微克/天
H 型高血压易感基因检测	口腔拭子/外周血	叶酸利用能力，H 型高血压筛查及预警、指导 H 型高血压人群用药安全	基因突变人群提示：叶酸代谢能力降低，脑卒中风险高，建议适当补充叶酸降低脑卒中风险，并监测同型半胱氨酸水平
氯吡格雷用药指导	口腔拭子/外周血	指导心血管病人服用氯吡格雷，合理调整药量达到最佳治疗效果	基因突变人群提示：使用常规剂量氯吡格雷疗效可能不佳。根据其他检测指标，必要时增加药物剂量（PCI 术后 2 周到 1 个月内使用双倍剂量）或调整药物（如新药替格瑞洛）
华法林用药指导	口腔拭子/外周血	指导心血管病人服用华法林，合理调整药量达到最佳治疗效果	基因突变患者提示：对华法林代谢很慢，极易引起华法林血药浓度升高，因此可考虑进一步降低华法林初始剂量，并定期进行 INR 检测
他汀类用药基因检测	口腔拭子/外周血	指导高危人群服用他汀类药物预防血症升高，减少血脂升高引起的相关疾病发生	基因突变人群提示：他汀类药物降脂疗效较差；视网膜色素变性、老年痴呆、脑梗死、心肌梗死、冠心病患病风险较高；不宜服用鱼油降脂；宜低脂、低盐、低糖饮食
手足口病原体检测	粪便	检测患儿粪便中病原体携带，用于鉴别诊断手足口病患者	通过检测结果鉴别患儿是否感染手足口病
儿童肠道菌群定量检测	粪便	7 种核心功能菌定量检测，评估肠道菌群对健康的影响	通过检测结果评估患儿肠道的微生态状况，根据不同的情况合理补充益生菌等，从而达到改善肠道微生态的目的

续表

项　　目	样　　本	意　　义	临 床 建 议
儿童个体化用药检测	口腔拭子/血斑/外周血	提高儿童药物治疗的安全性，防止严重药物不良反应的发生	基因突变人群提示对药品的代谢能力弱，在疾病发作时，此类药物用药效果不佳，建议增加药量或调整药物
钙质吸收能力检测	口腔拭子	检测钙质吸收能力，指导钙质和维生素 D 的补充	基因突变人群提示：对钙质吸收能力低于正常人，对钙质的需求高，所以需要补充更多的钙质，包括钙片等
美容基因检测	口腔拭子/外周血	了解个体的皮肤状态（弹性、锁水能力、抗氧化能力），以便选择合适的化妆品及饮食调节	基因突变人群提示：人体胶原蛋白代谢能力、皮肤含水量、粉刺易感性、抗氧化能力的状况差，需要针对不同基因型的个体进行生活指导，延缓皮肤衰老的速度
镇痛类药物相关基因检测	口腔拭子/外周血	指导芬太尼/舒芬太尼等镇痛类药物的使用	基因突变人群提示：人体对芬太尼/舒芬太尼的代谢能力弱，发生呼吸抑制的风险增高，建议减少药物用量

回顾阿里健康 2018 年“双 11”披露的战报，其在体检、医美、口腔、基因检测、植发、试管婴儿等广泛领域都开始了探索。2018 年“双 11”开场仅 30 分钟，天猫医美平台成交额即超 2017 年“双 11”全天。1 时 4 分，医疗服务成交额超过 2017 年全年。首战“双 11”的新品类基因检测、植发、试管婴儿等医疗服务增速迅猛，基因检测开卖 1 小时销售额超 500 万元，“包不秃”植发套餐 1 小时成交额超 200 万元。被誉为玻尿酸中“爱马仕”的乔雅登及种植牙领先品牌诺保科当日成交额突破千万元。

阿里健康“双 11”战报还显示了包括医美、口腔、植发、基因检测等在内的医疗服务板块，整体成交额达到了 2017 年同期的 3.3 倍，其中口腔行业成交额达到 2017 年同期的 3.9 倍。此外，疫苗在线预约服务当日成交额达到了 2017 年同期的 9.7 倍。

阿里健康的发展不仅在于实体商品电商，更有医疗服务及广泛的大健康类产品。在线上电商平台能够实现的服务与场景，借助医药连锁企业的平台是否可以实现？对于医疗场景来说，线下有其独特的优势，如何将这种优势放大，打造区隔与线上平台的差异化服务？线下连锁是否能制定出足以与线上生态 PK 的战略布局？这可能是医药新零售终局的真正胜负手。

第 11 章

CVS：迅速崛起的并购之王

↘ 11.1　CVS 成长史

↘ 11.2　CVS 转型的“三驾马车”

↘ 11.3　CVS 的药店生态圈

↘ 11.4　对国内企业的启示

CVS 全称 CVS Health Corporation（即西维斯健康，以下简称“CVS”），是由 CVS Caremark Corporation 2014 年 9 月变更而来，旨在表明公司专注医疗健康领域，帮助人们更好地管理健康的郑重承诺。CVS 代表着“重视消费者的商店（Consumer Value Stores）”及其“方便、价值和服务（Convenience，Value and Service）”的经营理念。CVS 的使命、愿景和价值观如表 11.1 所示。

表 11.1　CVS 的使命、愿景和价值观

使命、愿景和价值观
使命：CVS 将成为最方便客户的零售药房。
愿景：CVS 帮助人们更长寿、更健康、更愉悦地生活。
价值观：尊重每一位民众、每一个家庭、每一个团体，不断创新、完美地执行每一个承诺，充满激情地完成每一个客户服务工作。
资料来源：CVS 公司官网

CVS 是美国老牌药品零售企业，总部位于罗得岛州普罗维登斯县文索基特市，目前其门店遍布全美。CVS 是美国最大的药品零售服务商，其以杰出的服务满足客户需求及高价值的客户体验为核心，以创新为驱动满足用户的健康保健需求。同时，CVS 以自身独特的整合型商业模式为患者、供应商及员工提供创新型的渠道式解决方案，从而以更低的消费获得更高的医疗服务质量及更好的客户体验。虽然是药品零售商，但是 CVS 不仅销售药品，还销售生活用品、健康食品、美容化妆品和医疗器械等产品。

截至 2018 年年底，CVS 在全球约有 29.5 万名员工，旗下拥有 9900 多家零售店铺，约 1100 家非预约医疗诊所；旗下的 PBM 业务拥有约 9200 万名成员，每年为超 100 万名患者提供专业医学服务；此外，公司还为 3800 多万人提供健康险产品及相关服务。

2018 年，CVS 的营业收入达 1946 亿美元，同比增长 5.3%。根据《财富》杂志发布的 2019 年美国及世界 500 强排行榜，2019 年 CVS 位列美国 500 强第 8 位，世界 500 强第 19 位；均领先竞争对手沃博联（WBA），是名副其实的“药店之王”。表 11.2 所示为 CVS 和 WBA 在美国 500 强和世界 500 强的排名。

表 11.2　CVS 和 WBA 在美国 500 强和世界 500 强的排名

公　司	美国 500 强排名	世界 500 强排名
CVS	8	19
WBA	17	40

目前，CVS 旗下有四大业务板块，分别是药房服务（Pharmacy Services）、零售/长期护理（Retail/LTC）、健康保健福利（Health Care Benefits）及其他业务（Corporate/ Other）。

1）药房服务（Pharmacy Services）

药房服务部门主要提供全方位的药房福利管理（PBM）解决方案，包括计划设计和管理、处方管理、医疗保健 D（Medicare Part D）服务、药品邮购、专业药房和输液服务、零售药房网络管理服务、处方管理系统、临床服务、疾病管理计划和医疗药房管理服务。该部门的主要客户是雇主、保险公司、工会、政府雇员团体、健康计划组织，以及医疗保险

D 部分计划、医疗补助计划、公共和私人交易所提供的计划、他健康福利计划赞助者和个人服务等。

此外，CVS 是美国药品福利提供者合格单位医疗保险 D 部分处方药计划的受益人。药房服务部门经营零售专卖药房、专业邮购药房、邮购配药药房、配药药房，同时开展分支机构输液和肠内营养服务。2018 年，该公司的 PBM 业务大约每 30 天要处理约 190 亿张处方。

2）零售/长期护理（Retail/LTC）

零售业务主要销售处方药、非处方药、美容产品、化妆品和个人护理产品、便利食品、季节性商品和贺卡，以及提供照相服务；此外，CVS 还通过旗下的分钟诊所（Minute Clinic）为客户提供长期护理服务（LTC），为慢性病护理机构和其他护理机构提供药学咨询和其他辅助服务等，甚至还负责运营公司在线零售药店网站。

截至 2018 年年底，零售/长期护理部门经营的零售业务网店包括 9900 多家药房、1100 多家分钟诊所，以及在线零售药房网站、LTC 药房、现场药房。处方量大约占美国处方药市场份额的 26%。

3）健康保健福利（Health Care Benefits）

2018 年以前，CVS 的医疗保险业务规模可以忽略不计。2018 年，公司收购完安泰保险后，安泰保险除不再增加新客户的业务，如大额养老金和长期护理保险产品等之外，医疗保健部门转为公司的健康保健福利部门。

在业务上，健康保健福利部门借助其拥有的信息和资源，提供一系列的医疗保险产品和相关服务，包括医疗、制药、行为健康服务、医疗管理能力、医疗保险优势和补充医疗保险计划，以及医疗保健 D（Medicare Part D）服务、医疗卫生保健管理服务、工伤管理服务、卫生信息技术产品和服务，以帮助客户在咨询其卫生保健专业人员的情况下，就其卫生保健做出更科学合理的决定。该部门的服务对象包括雇主团体、个人、卫生计划、卫生保健提供者、政府单位、政府赞助计划、劳工团体等。

目前，CVS 的健康保健福利部门是美国领先的多元化医疗福利提供者之一， 2018 年年底其服务人数约为 3800 万人。

4）其他业务（Corporate/Other）

除了上述核心业务的领域，包括支持公司整体运营的管理和行政费用开支，与此相关的法律、合规、人力资源、信息技术和财务部门，以及不再招揽或接受新客户的产品，如大额养老金和长期护理保险产品等，都划归其他业务。

2018 年，CVS 销售额达到了 1946 亿美元，同比上升 5.3%。其中，第四季度收入 540 亿美元，同比增长 12.5%。受处方药零售业务增长影响，CVS 虽然在第四季度达到了预期盈利，但全年盈利水平下滑严重，加上商誉摊销等因素，公司 2018 年亏损 5.94 亿美元。图 11.1 所示为 CVS 2013—2018 年的营业收入情况。

2019 年 8 月 7 日，CVS 发布了 2019 年第二季度业绩报告。报告期内，公司实现总营业收入 634 亿美元，同比大增 35.2%；归母净利润为 19.36 亿美元，超出市场预期，去年同期亏损 25.63 亿美元。在报告中，公司认为药房服务、零售/长期护理领域的药量、品牌药物价格上涨是业绩增长的重要推动力。

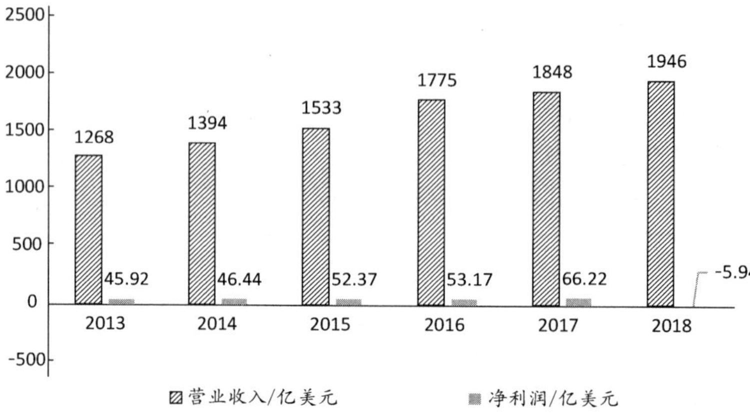

图 11.1　CVS 2013—2018 年的营业收入情况

从严格意义上讲，CVS 早已不再是一个单纯的药店零售巨头，而是已经发展成为一家以患者为中心、提供健康医疗产品和服务的综合性公司。在美国，CVS 凭借着一流的 IT 解决方案、良好的市场声誉、庞大的零售网络终端、大量的专业技术和服务人员、互补协同业务（药品零售、医药福利管理和医疗保险）赢得了美国消费者的最终信赖，逐步让美国人形成了买药就到 CVS 的消费习惯。

目前，CVS 拥有各类门店 11000 多家，包括单独药店 8041 家、Target 内药房 1667 家、长期护理药房 139 家、专业药房 39 家、综合输液服务中心 83 家、邮购药房 17 家、分钟诊所 1187 家、药品配送中心 21 家，各部门由不完全相同的品牌运营。

11.1　CVS 成长史

从 1963 年 CVS 第一家便利店成立，到 2018 年年底 CVS 成为一家集药品零售、药房福利管理和医疗健康保险为一体的综合健康服务商，CVS 半个多世纪的发展历程堪称商业史上的传奇之一。纵观 CVS 半个多世纪的发展，大致分为以下 4 个阶段。

11.1.1　创业发展阶段（1963—1995 年）

1963 年，Stanley Goldstein、Sidney Goldstein 及 Ralph Hoagland 在马萨诸塞州洛厄尔市成立了 CVS 商店，主要销售健康和美容产品。不得不说，创立伊始的 CVS 并未涉足药店领域。1964 年，即成立的第 2 年，CVS 连锁门店就达到 17 家，同时公司的新标志第一次出现在店牌上。

1967 年，CVS 开始涉足药店领域，此时距离 CVS 成立已经 4 年。1969 年，CVS 意外地被出售给梅尔维尔公司（Melville Corporation），成为其子公司。梅尔维尔公司是美国的一家零售巨头，成立于 1922 年，最高峰时期拥有 7282 家零售门店，提供了包括服装、鞋子、食品、药品、玩具、美容、健康等一系列零售商品。成为梅尔维尔的子公司后，CVS

获得了充足的资金支持，开始迅速走上规模扩张之路。

1970 年，CVS 在新英格兰州开店的数量达到 100 家。1972 年，CVS 通过收购克林顿药品折扣店（Clinton Drug and Discount Store），规模扩大了两倍左右，同时进入了中西部的密歇根州和印第安纳州。1974 年，CVS 药店的年销售额首次达到 1 亿美元。

1977 年，CVS 收购了拥有 36 家门店的新泽西州兄弟连锁药店（Mack Drug Chain）。同时，为了寻求差异化的竞争策略，公司 1978 年首次创建了店中店的经营模式，即在大型购物中心开设小型的健康和美容护理用品店。到 1980 年，CVS 已成为全美第十五大连锁药店，门店数量达到 408 家，年销售额 4.14 亿美元。

1981 年，CVS 在罗得岛州温莎基市设立了药店客服中心。1985 年，CVS 的年销售额突破 10 亿美元。1987 年，CVS 的创始人之一 Stanley Goldstein 接任梅尔维尔公司董事长和 CEO。

1988 年，CVS 成立 25 周年，公司门店数量达到 750 家，年销售额 16 亿美元。1990 年，CVS 战略性地收购拥有 500 家门店的人民药店（People's Drug），一举攻下包括华盛顿州、宾夕法尼亚州、马里兰州、弗吉尼亚州在内的中大西洋新市场。此举标志着 CVS 正式成为全国性的连锁药店。

到 1995 年，CVS 的营业收入占据了母公司梅尔维尔的一半，拥有 1366 家零售药店，营业收入达到 48.7 亿美元。其中，处方药销售约 20 亿美元，占比 42%；其他收入来自美容健康产品、便利食物等。图 11.2 所示为 CVS 早期的门店扩张情况。

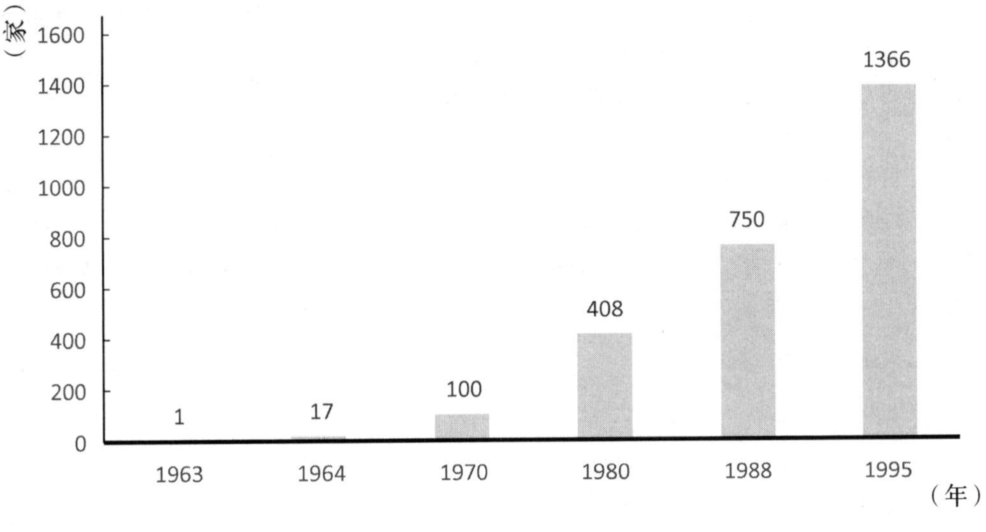

图 11.2　CVS 早期的门店扩张情况

从 20 世纪 60 年代初第一家 CVS 门店成立到 20 世纪 90 年代中期这三十年间，CVS 通过自建门店和外部并购双轮驱动的模式迅速发展成为一家颇具规模的药店连锁企业。此时，公司市场份额已经接近零售药店市场的 20%，CVS 成为美国零售药店市场的新锐龙头企业之一。

11.1.2 快速崛起阶段（1996—2005 年）

20 世纪 90 年代中期，梅尔维尔旗下的其他零售业务出现萎缩，而 CVS 表现一枝独秀。因此，梅尔维尔公司决定对公司实施战略重组，把包含鞋、玩具、服装等零售业务的板块剥离，只留下 CVS 的药店连锁业务，同时上市公司的名称从 Melville Corporation 改成 CVS Corporation，上市公司代码也在 1996 年 11 月 20 日正式从 MES 改成 CVS，在纽交所挂牌。此后，CVS 以全新的面貌走上历史舞台。

1997 年，CVS 完成了美国药品零售行业史上最大的一次收购行动，当时的 CVS 只有 1400 家门店，却出人意料地将拥有 2500 家门店的 Revco 连锁药店纳入麾下。这次战略性收购使得 CVS 成为美国中西部、东南部及其他部分地区最重要的药店。同时，Procare 作为特殊的药店分支机构在 CVS 系统中成立。

1998 年，CVS 收购了密歇根州拥有 200 家门店的 Arbo 药店，此时公司门店数量突破 4000 家，成为特大型连锁药店。

1999 年，CVS 大举进军佛罗里达州，同时公司开办的 cvs.com 网站上线，成为美国第一家网上药店。

2000 年，CVS 进军竞争对手沃博联的大本营芝加哥市场。2000 年，CVS 收购了 Stadtlander 药店，使得 CVS 旗下的 Procare 成为同期美国最大的专业药店。

2001 年，CVS 引入额外健康护理卡，成为第一个开展客户忠诚计划的国家级零售药店。此外，CVS 凭借着强大的实力继续以高速发展的势头抢占佛罗里达州的中部和南部地区。

2002 年，CVS 宣布进军得克萨斯州市场。

2003 年，CVS 宣布进入明尼阿波利斯州市场。

2004 年，CVS 斥资 21.5 亿美元收购了 Eckerd 位于美国佛罗里达州和得克萨斯州的 1268 家门店、邮购业务和 3 个配送中心，一举进入由 Longs Drugs、Rite Aid 和 Walgreens（沃尔格林）控制的加利福尼亚州市场。此时，公司门店数量超过 5000 家，领先竞争对手沃尔格林 400 多家。图 11.3 展示了 1997—2005 年 CVS 的门店数量变化情况，可见 CVS 一直处于扩张状态。

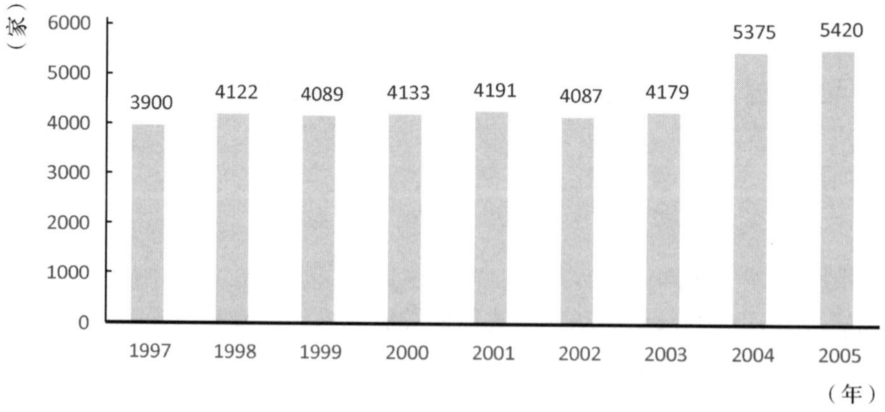

图 11.3　1997—2005 年 CVS 的门店数量变化情况

2005 年，CVS 以遍布 37 个州和华盛顿市的 5400 多家门店规模成为美国最大的连锁药店。在市场快速扩张的同时，独立上市后的 CVS 看准了处方药的市场和机会，在药店连锁业务板块中，处方药的比重不断增加。2005 年，公司营业收入达到 370.06 亿美元，1997—2005 年年均复合增长率达到 13.17%；2005 年公司净利润达到 20.20 亿美元，复合增长率达到 13.81%。图 11.4 展示了 1997—2005 年 CVS 公司的营业收入与净利润变化情况。

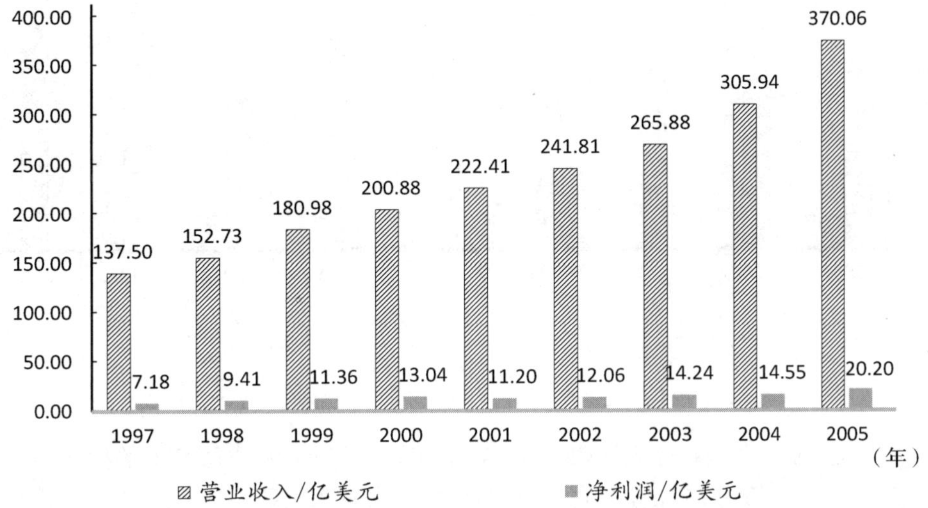

图 11.4　1997—2005 年 CVS 的营业收入与净利润变化情况

11.1.3　多元化发展阶段（2006—2014 年）

2006 年，CVS 从 Albertsons 手中收购了分布在南加州市场的 700 家药店。2006 年，通过收购分钟诊所开启了药店内快捷诊所业务。在外部并购的同时，CVS 开始打造自有品牌，2006 年公司自有品牌已经超过 2000 种商品，同时拥有一批欧洲化妆品的独家代理权，这些高毛利的产品保证了 CVS 在处方药销售占比逐渐提升的情况下，零售行业板块的毛利率保持稳定。

2007 年，CVS 并购了全美最大的 PBM 公司之一的 Caremark 公司。CVS Corporation 和 Caremark 的合并，极大地提升了 CVS 在 PBM 领域的地位。随后，公司改名为 CVS Caremark。

从此，CVS 彻底转型为一家集零售药店和药品服务为一体的健康服务公司。通过这次收购，CVS 的业务扩展到了美国医药行业的三大板块：配药服务（Pharmacy Services）、零售药店（Retail Pharmacy）和药房福利管理（PBM），一举奠定了 CVS 在美国医药行业的龙头地位。

2008 年，为了进军加利福尼亚州、内华达州、亚利桑那州和夏威夷市场，CVS Caremark 以 29 亿美元收购了 Longs Drugs Stores Corp Inc.的 541 家药店和其子公司 Rx America。在此过程中，竞争对手沃尔格林参与了竞购。

2009 年，CVS 收购了保险公司 Accendo，此外 CVS 还拥有 SilverScript 保险公司和 Pennsylvania Life 保险公司的股权。图 11.5 所示为 2006—2014 年 CVS 的营业收入情况。

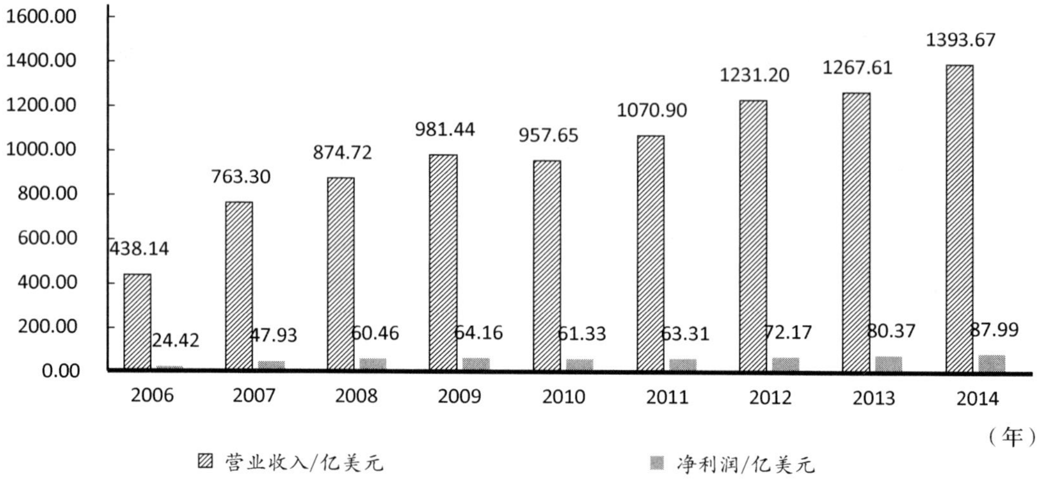

图 11.5　2006—2014 年 CVS 的营业收入情况

2013 年，CVS 出价 21 亿美元收购了 Apria 医疗保健集团公司名下的提供专业输液服务和肠内营养的业务部门 Coram 公司。除了提供专业输液服务，Coram 公司也提供特种药品、药物运送，以及针对慢性病或罕见症状患者和私人诊所的临床管理服务。

针对此次并购，CVS 药物服务业务总裁乔恩 • 罗伯茨（Jon Roberts）表示："完善的服务将使我们简化针对患者和医生的护理管理，从而获得更好的康复结果，避免不必要的费用。" 2013 年，CVS 通过收购巴西第八大连锁药店 Drogaria Onofre 的 44 家门店进入巴西市场。

2014 年，CVS 收购美国纳瓦罗折扣药房（Navarro Discount Pharmacy）旗下的 33 家门店，纳瓦罗折扣药房是西班牙裔美国商人所有的连锁药店，旗下拥有治疗疑难杂症和慢性病的专业药房——纳瓦罗医疗保健店（Navarro Health Service）。为了继续获得西班牙裔社区顾客的认同感，收购的药房仍保留纳瓦罗（Navarro）品牌。图 11.6 所示为 2006—2014 年 CVS 门店数量变化情况。

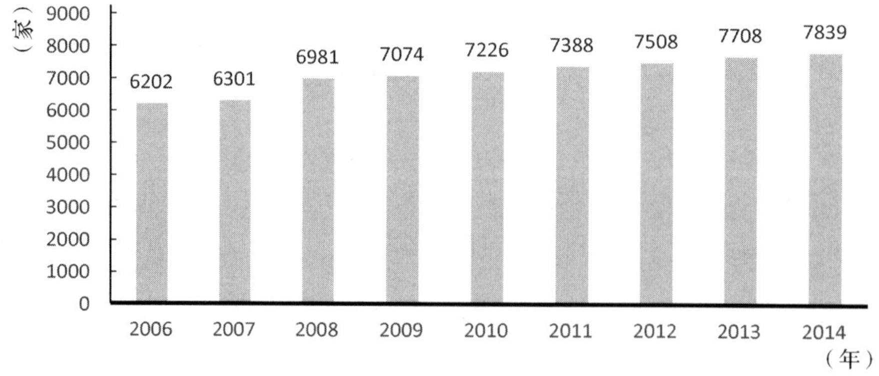

图 11.6　2006—2014 年 CVS 门店数量变化情况

2014 年，CVS 认为烟草产品与该公司的宗旨（帮助人们更好地管理健康）不符，正式宣布所有 CVS/Pharmacy 零售店不再出售香烟类产品。同时，为了品牌形象，淡化 Caremark 的影响，彰显公司重点发展健康服务业的决心，公司名称由 CVS Caremark 改为 CVS Health。

这一时期，CVS 一方面继续通过并购“攻城略地”，在药品零售领域拓展市场，扩大规模；另一方面，公司也开始通过并购布局分钟诊所，以及针对细分人群的专业化用药服务。同时，CVS 通过收购 Caremark 扩大了自己在药房福利管理领域的优势，实现了领先业界的“药店+PBM”双主业协同发展模式。在这 9 年间，CVS 的营业收入翻了 3 倍多。

11.1.4 创新发展阶段（2015 年至今）

2015 年，CVS 以 19 亿美元的价格收购了在美国仅次于沃尔玛的零售企业——塔吉特（Target）旗下的 1660 家药店和 80 家诊所，CVS 开始进军百货药店。随后，CVS 表示将对所收购的塔吉特 1660 家药店采取“店中店”的形式来经营，将 CVS 原有店铺与所收购的塔吉特药店相结合，二者经营各有特色，使消费者充分享受“一站式”购物的方便和快捷。此外，二者还约定塔吉特百货每新增一家门店就会在门店中增设一家 CVS 药店。2015 年，CVS 耗资 127 亿美元完成了对专门提供慢性病长期护理的公司 Omnicare 的收购。

与此同时，2015 年 CVS 还与 American Well、Doctor on Demand、Teladoc 三大远程医疗公司合作，探索将远程医疗服务提供商、零售药店和零售诊所提供者联系起来改善医疗服务。按照约定，CVS 现有顾客在使用 CVS Health 的网站时可以直接进入这些远程医疗公司的网站，并向其医生进行在线咨询。如果需要线下诊疗，这些远程医疗公司便会推荐患者去 CVS 的分钟诊所。在诊疗过程中，分钟诊所将帮助患者通过远程设备和医生交流。

2017 年，CVS 提出以 690 亿美元收购美国第三大医疗保险公司安泰保险，自此开始进军医疗保险行业，消息一出，震惊业界。有文章指出，这是近年来在医疗服务领域最大规模的并购，如果交易审核通过，极有可能对美国现有的行业格局形成巨大冲击。

2018 年，美国司法部有条件地批准了该项交易案。2019 年 11 月 28 日，CVS 以现金和股票约 700 亿美元完成了对安泰保险的收购。在 2019 年年报中，公司总裁兼 CEO Larry Merio 说：“2018 年对于 CVS Health 来说是具有里程碑意义的一年，这一年我们不仅财务表现强劲，实现了运营预期；还完成了与安泰保险的合并，并已经开始实施整合战略，在此基础上建立我们的综合医疗模式，这对我们的投资者来说具有重要意义。”

梳理 CVS 的发展历程，其发展史可以说是一部并购史，如图 11.7 所示。CVS 之所以能够成功，究其本源，纵然有美国医疗体系的制度性因素，但是离不开公司以产业为基础的金融并购。相比拥有百年历程、实行稳健扩张的 WBA，CVS 最终能够成为美国药店市场叱咤风云的双寡头之一，主要凭借其强大的并购整合能力以及对上下游产业链协同整合的创新运营。

一方面，CVS 以自身高效、卓越的运营管理能力为依托，通过快速、大体量的并购，迅速扩大自己在零售药店的市场占有率，形成规模经济优势。

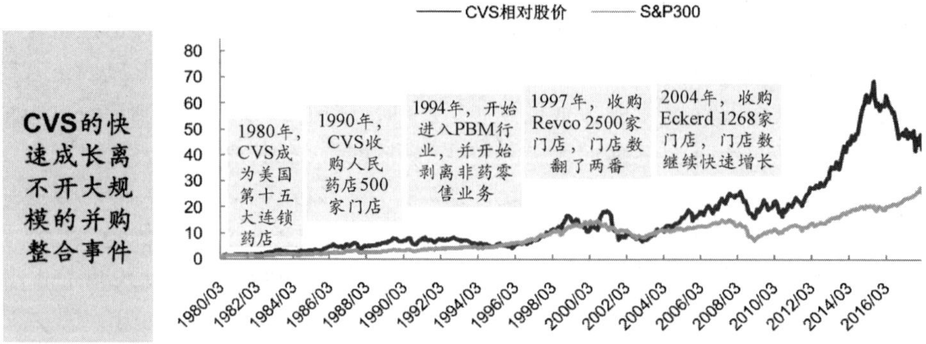

图 11.7　CVS 的发展历程

规模经济是指通过扩大规模而引起经济效益增加的现象。在发展历程中，CVS 通过并购，使得公司快速切入目标区域市场，形成区域竞争优势。其中对 Revco 的收购更是典型的以小博大式的收购，交易完成后直接让其门店数量翻了两番，这足以说明 CVS 在扩张上的决心和勇气。表 11.3 所示为 CVS 并购的部分药店标的及进入的目标市场。

表 11.3　CVS 并购的部分药店标的及进入的目标市场

年　份	收 购 标 的	目 标 市 场
1972	克林顿药品折扣店	密歇根州、印第安纳州
1977	兄弟连锁药店	新泽西州
1990	人民药店	华盛顿州、宾夕法尼亚州、马里兰州、弗吉尼亚州
1997	Revco 连锁药店	美国中西部、东南部及其他部分地区
1998	Arbo 药店	密歇根州
2004	Eckerd	佛罗里达州、得克萨斯州、加利福尼亚州

此外，复盘 CVS 1997 年和 2004 年分别对 Revco 和 Eckerd 的收购就会发现，CVS 收购案有两个典型特点。一是收购门店店面位置与现有门店具有很强的互补性。CVS 自有门店与被收购方门店的重合度很低，利用收购，CVS 很快进入新的市场，在当地形成一定的占有率。二是 CVS 无论是在收入端还是在成本端都比被收购企业有较大优势。以 2004 年收购的 Eckerd 为例，CVS 门店销售及管理均优于 Eckerd。2004 年，CVS 的单店销售额为 630 万美元，Eckerd 的单店销售额为 470 万美元；CVS 的息税折旧摊销前利润率为 6.7%，Eckerd 的息税折旧摊销前利润率为 3.5%。交易完成后，CVS 对 Eckerd 的门店通过精细化管理手段提高利润水平。因此，每次收购之后，与同期标普 500 指数相比，CVS 股价均大幅跑赢指数。

另一方面，CVS 借助资本之力通过战略并购，进入分钟诊所、特殊人群用药、药房福利管理及医疗保险领域等健康服务领域。

在扩大规模的同时，CVS 先后通过并购的方式进入与药品零售和药店服务相关的健康服务领域。特别是 2007 年 CVS 收购了美国第二大药房福利管理公司 Caremark，实现了“药店+PBM”双主业协同发展模式。2018 年，CVS 以现金加股份的方式收购美国第三大医疗保险公司安泰保险，形成了以“药店+PBM+健康险”三足鼎立的综合型医药健康产业集团。

纵观 CVS 半个多世纪的发展历程，其成功经验可以总结为以下 3 条。

（1）通过并购和自建双轮驱动的发展模式，快速扩大门店数量，形成规模优势。据统计，CVS 每年自建门店 100 家左右，2018 年公司开设了 148 家新零售网店，搬迁了 34 家店铺，关闭了 27 家店铺。

（2）树立 CVS 自有品牌，在处方药价格下降的压力下，通过自有品牌和代理的化妆品等高毛利产品，维持零售板块的毛利率水平，2018 年公司有 7000 多个健康和自有品牌产品。2007 年以前，公司一直是沿着这两条路径在快速成长。

（3）及时切入 PBM、专业药房、快捷诊所、医疗保险等健康服务领域，打造药店服务圈，努力转型为以患者为核心的健康服务公司。2007 年以后，公司并购业内领先的 Caremark 公司，转型为“药店+PBM”双驱动的业务模式。2018 年，公司与美国第三大医疗保险公司安泰保险合并，形成了“药店+PBM+健康险”相结合的“三驾马车”共同驱动的综合型医药健康产业集团。

11.2 CVS 转型的“三驾马车”

从 1967 年进入药店领域开始，在此后的 38 年间，CVS 以自建和并购双轮驱动的模式快速扩张，到 2005 年 CVS 以遍布 37 个州和华盛顿市的 5400 家门店规模成为美国最大的连锁药店。此时，CVS 的业务仍然是相对单一的药品零售业务。

进入 21 世纪以后，美国医疗卫生费用开始了新一轮的快速增长，占 GDP 的比重不断提高。为了顺应产业趋势，CVS 开始将业务的拓展方向聚焦于两个方面——如何使患者获得更多（How to give patients more），以及如何使付费方花费更少（While payors spend less）。

在此发展过程中，CVS 管理层认为 PBM 是未来的发展优势之一。随着电子商务的兴起，网购等新型购物方式在未来的发展中会对传统的实体药店产生强大的冲击，而 PBM 是大众省钱的最好途径之一。图 11.8 所示为美国 PBM 的业务服务模式。

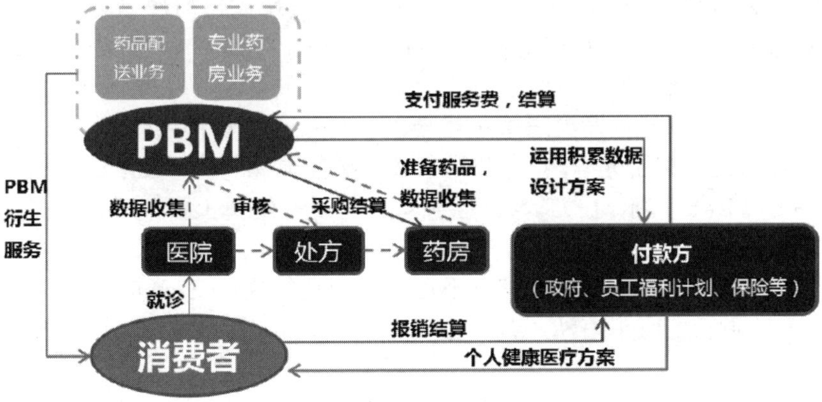

图 11.8　美国 PBM 的业务服务模式

作为专业化的第三方服务机构，PBM 的管理人利用市场手段对购买相关保险的患者的药品支出进行调控管理，其主要职能如下所述。

（1）管理药品流通：管理保险公司、药房、生产商与患者之间的关系。

（2）谈判最优价格：通过与药企及保险公司的谈判，帮助患者获得最优价格。

（3）管理药品目录：使患者了解最新覆盖于医疗计划中的药品。

（4）完成邮购订单：使患者订购药品直接配送到其家中。

（5）确保用药依从：确保患者准时按医嘱服药。

从患者的购药流程来看，PBM 的管理人作为连接商业保险公司、各大零售药房及药品生产商的独立第三方机构，其保证药品能够正确递送至患者家中，并为购买商业保险的患者承担医药费用的报销，患者不必同保险公司交涉医药费用报销等相关事宜。

看中了 PBM 这种第三方业务的优势后，1994 年 CVS 公司启动了名为 PharmaCare 的计划，开始探索 PBM 领域。经过十多年的发展，2006 年公司 PBM 业务收入约 36.83 亿美元，占公司当年营业收入的 8.4%，收效甚微，远不及公司预期。

2006 年 11 月 1 日，CVS 表示正在以 210 亿美元左右的价格收购美国 PBM 公司之一的 Caremark 公司。2007 年，双方达成合并协议，同时新公司改名为 CVS Caremark，此举正式标志着 CVS 大举切入 PBM 领域。

针对此次合并，时任 Caremark 董事会主席兼首席执行官的埃德温 •克劳福德表示：“将 Caremark 服务雇主和提供健康计划的专业技能同 CVS 服务消费者的专业技能结合起来，将对现有药品业的变革产生重大影响。”

通过此次收购，CVS 构建了药店零售、配药服务与 PBM 双轮驱动的业务发展模式。此后，随着 Caremark 的业务纳入公司体系，PBM 快速成为 CVS 的两大支柱业务之一，在公司的营业收入占比中一路上升。2018 年，公司以 PBM 为核心的药房服务板块营业收入 1341 亿美元，同比增长 2.7%，占 2018 年公司总营业收入的 68.9%，以 2007 年为基准，年复合增长率达到 13%。

PBM 业务在直接产生收入和利润贡献的同时，对 CVS 的连锁药店业务也产生了巨大的拉动作用。例如，2013 年 CVS 的 PBM 收入约 760 亿美元，其中约 154 亿美元的药品是通过 CVS 的自有药店完成销售的，另外还有 248 亿美元的药品通过邮购服务来销售。

目前，根据 2018 年 CVS 年报，公司旗下的 PBM 板块在包括波多黎各、哥伦比亚特区、关岛和美属维尔京群岛的全美管理着约 68000 家零售药店，其中包括 41000 家连锁药店（包括 CVS 自有的药店）及 27000 家独立药店。

由于在 PBM 的处方药分发渠道中很重要的一环就是零售药店，而 CVS 零售药店分发了 CVS 的 PBM 超过 1/3 的处方药，同时 CVS 零售店常常有对 PBM 计划内人群的优惠活动（参与 CVS 的 PBM 计划，在 CVS 药店买东西可以享受折上折，所以很多顾客都宁愿跑远一些去 CVS 的药店，或者等快递寄药），这进一步巩固了客户群忠诚度。

目前，CVS 的 PBM 业务市场占有率不可小觑。根据 Drug Channels Institute 统计，2017 年美国 PBM 市场由三大巨头垄断，共占据 72%的市场份额，CVS 以约 30%的市场占有率排名行业第一。

事实上，PBM 业务不仅为 CVS 带来了新的盈利增长点，该项业务还为公司的零售业务抵御了部分来自行业的利润下行压力。受药品价格持续降低的影响，药品零售行业的毛利率持续走低。但是，因为 CVS 自身的 PBM 属性，不仅可以通过与药厂协商价格，还可以为患者指定自家药店，帮助其零售部门在一定程度上抵御来自行业的价格压力。

据统计，2013—2018 年，CVS 的零售板块毛利率从 2013 年的 30.7%降至 2018 年的 28.7%，降幅为 2%。而同期竞争对手沃尔格林（沃博联的前身）零售的毛利率从 2013 年的 29.2%降至 2018 年的 24.1%，降幅为 5.1%，可以说 CVS 通过超前的战略布局筑宽了公司的“护城河”。

与欧洲国家、日本等发达经济体普遍建立覆盖全民的社会医保制度不同，美国的医疗保险主要以私立商业保险为主。美国的医疗保险总体由 3 部分组成：政府主导的保障老年群体的 Medicare 和保障妇女、儿童等弱势群体的 Medicaid，以及针对工作人群的各种各样的商业保险，如表 11.4 所示。这其中，Medicare 包括住院保险（Part A）、门诊保险（Part B）、商业医保公司提供的医保优势项目 Medicare Advantage（Part C）及处方药计划（Part D）。

表 11.4　美国的医疗保险类型

类型	名　称	特　点
公立医疗保险	联邦医疗照顾保险（Medicare）	美国联邦政府为 65 岁及以上老年人、不足 65 岁但有长期残障的人士提供的政府医疗保险，共分为 A、B、C、D 4 类保险计划，其收取的保费各不相同
	美国贫困者医疗补助保险（Medicaid）	由联邦政府和州政府合作，为低收入者提供医疗服务的保险
	儿童医疗保险计划（Children's Health Insurance Program）	联邦政府为收入超过美国贫困者医疗补助保险但是不足以覆盖儿童健康保险的家庭提供的医疗保险
	军人健康险（Military Health Benefits）	由国防军事健康部门为现役及退役的军人及其家属提供的特有的保险计划
私立医疗保险	雇主赞助的医保（Employer Sponsored）	由企业雇主提供的作为员工福利的一项服务，通常雇主为员工支付 85%的保费。这也是美国覆盖范围最广、受众最多的私人医疗保险形式
	便携性团体保险（Portability Group Coverage）	员工从旧雇主处离职至新雇主处，新雇主需要在 63 天内为该员工提供与旧雇主相同或更好的医疗保险计划
	联合保险计划（Association Health Plan）	联合小微企业为员工购买保险，共同出资，共济风险
	私人购买保险（Individually Purchased）	由个人出资为自己购买的保险，通常情况下保费更高，但保险覆盖面更广泛、免除的费用也更高

在美国市场，私立医疗保险在美国卫生健康体系中有着举足轻重的地位。对于大部分美国人来说，私立医疗保险是他们主要的保险提供源。美国实行严格的医药分业制度，即医生负责诊疗、医疗机构提供场地和设施、药店负责配药和卖药、保险负责审核报销，各部门分别计算费用。

在医疗体系运营中，负责保险的公司可以制定药品和医疗设备清单，并监管医生按约定执行。于是，保险公司将新开发的昂贵原研药列入其中，药厂和保险公司的利润实现增长，最后买单的却是美国政府、企业雇主和个人。即便如此，由于投保资格及费用等因素，始终有一部分人员没有医疗保险，美国也是发达国家中唯一未能实现全民医保的国家。

鉴于美国高昂的医疗费用，医改计划是美国前总统奥巴马提出的三大议题之一。2010 年 3 月，美国国会批准了平价医疗法案（ACA），目的在于减少医疗支出，为没有医疗保险的美国公民提供医疗保障。奥巴马的医改政策强推全民医保，计划使医保覆盖率从 85%提高到 96%，但是强行扩容对于负责报销的商业医疗保险公司来讲，就是被迫覆盖支付能力弱的客户，除保费上涨之外，从某种角度上还加快了医疗保险公司之间的竞争和合并。

2015 年 7 月，美国第二大医疗保险公司 Anthem 宣布分别计划以 480 亿美元、370 亿美元收购第四大保险公司 Cigna 和第五大保险公司 Humana。虽然这两项交易最终都被美国联邦法官以违反反垄断法为由叫停了，但也折射出美国医疗保险公司的巨大经营压力。

随着支付方集中度的逐渐提高，奥巴马的医改政策同样令药店零售商吃尽了苦头。在过去的几年中，CVS 和 WBA 的毛利率水平不断降低。再加上电商巨头亚马逊一直对医药分销领域虎视眈眈，更加大了零售巨头转型突围的压力。

2009 年，CVS 收购了处方药保险公司 Accendo，同时 CVS 还拥有 SilverScript 保险公司和 Pennsylvania Life 保险公司的股权，但是收益甚微，三者在 CVS 的销售占比几乎可以忽略不计。

随着老年（65 岁及以上）人口占比的持续上升，越来越多的人愿意选择 Medicare Advantage 计划，使得 Medicare Advantage 占 Medicare 的比重逐年提升。为了抓住人口老龄化的契机，寻求新的业务增长点，进入医疗保险领域就成了 CVS 的战略选择之一。

2017 年 12 月 3 日，CVS 宣布以 690 亿美元收购美国第三大医疗保险公司安泰保险。2018 年第四季度，CVS 完成了对安泰保险的并购。根据双方达成的协议，并购完成后安泰保险现任董事长兼首席执行官贝托里尼（Bertolini）将加入 CVS 董事会。安泰保险也将作为 CVS 的独立业务部门运营，并继续接受现任管理团队的领导。

至此，美国第一大药品零售公司、第一大 PBM 公司和第三大医疗保险公司组成的行业巨无霸正式横空出世，图 11.9 展示了 CVS 三足鼎立的公司发展战略。

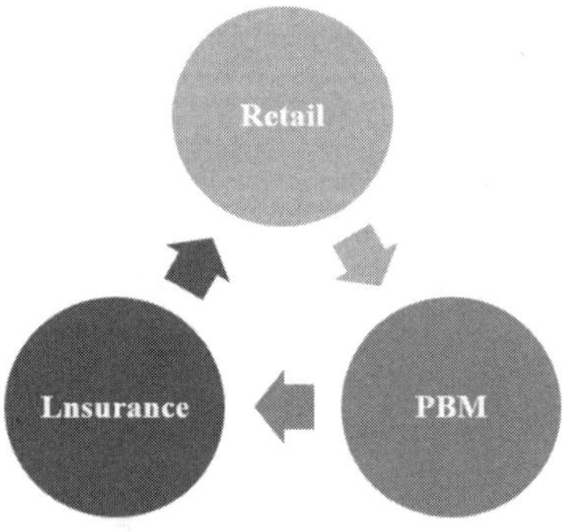

图 11.9 CVS 三足鼎立的公司发展战略

在 2018 年年报中，CVS 总裁兼 CEO Larry Merio 指出："2019 年将是我们整合安泰保险并专注于增长战略关键支柱的过渡之年。我们充分认识到，有必要应对增长压力持续增加的影响，虽然这些压力在 2019 年的影响与往年相比不成比例，但是我们还是十分慎重地采取全面行动克服这些影响。我们深知平衡短期执行与长期愿景的重要性。相信我们的举措将在 2020 年及以后取得良好的地位。"

针对这一并购，摩根士丹利指出这起跨行业合并案对两家公司都有利。这是因为：第一，合并能有效地管理医疗资源，如安泰保险能利用 CVS 的连锁诊所，帮助糖尿病人追踪其血糖和胆固醇的相关数据，避免并发心脏病等病症，降低医疗保险的成本；第二，可以对抗电商巨头亚马逊的挑战，一旦亚马逊进军处方药批发市场，CVS 可借此在药品给付管理市场确保一席之地；第三，CVS 和安泰保险业务较少重叠，垄断市场争议较低。

至此，新的 CVS 旗下拥有 9900 多家药房和约 1100 家诊所，在 3 英里（1 英里=1609.344

米）范围内覆盖全美 70%的人口，快捷诊所在 10 英里范围内覆盖全美 50%的人口，提供的业务可以实现客户从购买保险到就医服务的一条龙。此外，公司的盈利来源也将更加多元化。

毋庸置疑的是，合并之后 CVS 广泛的线下客户及 PBM 的邮寄客户，可以帮助安泰保险深入地了解患者的需求，全产业链的整合能设计出更有竞争优势的保险产品。安泰保险也可以将旗下 4000 多万名用户的流量导入 CVS 旗下的零售药店、便捷诊所、药物输液等业态中，提高整体效益。重要的是，合并后的规模和产业信息整合能力，将提高公司对于上下游合作方特别是上游药企的议价能力，有效地控制成本。

基于这种良好的整合预期，CVS 在 2018 年年报中指出，2019 年将继续产生强劲的现金流，预计在 98 亿美元至 103 亿美元之间。

2019 年 8 月 7 日，CVS 发布了 2019 年第二季度业绩报告。报告显示，第二季度公司实现总营业收入 634 亿美元，同比大增 35.2%；归母净利润为 19.36 亿美元，去年同期亏损 25.63 亿美元；摊薄每股收益 1.49 美元，调整后每股收益 1.89 美元，超出华尔街预期。随后，公司上调全年调整后每股收益指引区间为 6.89～7.00 美元。

11.3　CVS 的药店生态圈

在发展过程中，CVS 以药品零售为基础，逐步打造了以支付方、患者、供应商及医生为根本，追求高质量、高可及性及低成本的业务体系。在此业务体系的基础上，CVS 以零售部门下辖的药房药品零售业务为基础，以药房福利管理和医疗保险业务为依托，以整合式的业务逻辑构建了一个完整的药店生态圈。在该生态圈中，CVS 通过闭环的生态链条，以自身的集团资源为消费者提供与药店消费相关的其他服务，实现了第三次的消费属性转换。

在药店生态圈中，居于 3 个支点位置的分别是由零售部门管理的零售药房服务、药房服务部门运营的福利管理服务及健康保健福利部门经营的医疗保险业务。各部门的主要品牌分别是 CVS Pharmacy、CVS Caremark 及 2018 年新合并的安泰保险。

以居于中心位置的三大核心业务为依托，CVS 还拥有四大增值服务，即以 Minute Clinic 为品牌的分钟诊所服务、以 Coram LLC 为品牌的综合输液服务、以 Omnicare 为品牌的长期护理药房服务及以 CVS Specialty 为品牌的专业药房服务。

在此基础上，公司还拥有通过垂直或单领域业务需求所并购形成的其他细分领域的特殊服务，如提供医疗管理系统的 NovoLogix、罕见慢性病管理（风湿病管理）公司 Accordant Care、糖尿病护理企业 Transform Diabetes Care，以及提供医疗保健 D 部分的 SilverScript Insurance Company 等。

在该生态圈中，CVS 拥有的各类线下门店是基础。以分钟诊所为例，部分 Minute Clinic 是在药店进行的，类似国内近年来开始萌芽的药诊店，虽然店内诊所的服务范围和模式与传统的医生诊所有区别，但是多数美国人仍然喜欢这种模式。因为病人在当天就可以预约服务，可以边在店内购物边候诊，而且服务周到、价格实惠，与去急诊或专科门诊要花费几百美元相比，在店内诊所几十美元就可搞定。这种及时就医的模式在欧美以预约式医疗服务为主的社会环境中显得十分有吸引力。

据悉，全美 10%的儿童和 16%的成人使用过这类服务，且部分保险公司也认可这种模式，患者可以很方便地在这些诊所看病，在药店取药并由保险公司买单。

此外，部分店内诊所还提供包括戒烟和减肥在内的健康管理服务，甚至可以筛查和监测糖尿病、高血压、高胆固醇等老年性疾病。每个店内配备一名医生，但是医生甚至不用现场出诊，而主要由护士提供服务，护士有疑问可以向医生求助。患者的每次就医信息都会被一一记录，其电子病历可以与其他医疗机构共享。针对高端付费人群，CVS 还拥有 30 家左右的现场药店（Onsite Pharmacy），现场有医生出诊。

因此，分钟诊所不仅带来了诊断性的营业收入，还带来了其他方面的效益。从零售业务的角度来看，分钟诊所带来了诊断后零售药品收入的提升；从药房服务的角度来看，因为有药品报销的需求，分钟诊所带来的是普通消费者向 PBM 客户的逆向转化。

同时，PBM 业务也是该生态圈中必不可少的组成部分：一方面可以通过自身 PBM 业务（以审核业务为主）为生态圈中的其他业务提供服务；另一方面可以通过 PBM 业务的流量红利，加速生态圈中其他业务的发展。再加上新并购整合的医疗保险业务，CVS 就实现了患者就医的完美闭环。

不仅如此，CVS 还在通过各种新增业务及模式创新不断地丰富生态圈的多样性。为满足所有顾客的健康需求，CVS 在零售药店中推出多种创新运营方法，包括网上药店、电子病历、远程医疗服务等。

例如，在向药房福利管理和医疗保险领域拓展的同时，公司也在不断升级自己的零售业务，积极拥抱新的行业业态。1999 年，CVS 收购了美国第一家网上药店 Soma.com，并更名为 CVS.com，成为第一家积极拥抱互联网的传统药房。

截至目前，CVS 拥有 3 个网上零售站点：CVS.com、Navarro.com 和 Onofre.com.br。虽然 CVS 并没有单独披露其电商业绩，但提到邮购业务的总体情况，目前 CVS 拥有邮购药房 17 家。所谓邮购药房，是指患者或主治医生可以通过邮件、电话、传真、电子处方或网购等方式提交处方或续方。

此外，开展远程诊疗也是 CVS 积极拥抱互联网新业态的一个重要标志。2015 年 8 月，CVS 宣布将与 American Well、Doctor on Demand、Teladoc 三家远程医疗公司合作。根据协议，CVS 会向这些远程医疗公司推荐自己的顾客，同时三家远程医疗公司也会将 CVS 的免预约分钟诊所推荐给自己的顾客，CVS 官网用户可以直接切换到远程医疗平台进行在线咨询。

2015 年，CVS 在波士顿成立了第一家数字化创新实验室，开展包括药房护理、光谱科技等新技术和新软件的前沿研究项目，主要应用于智能手机、个人终端产品、多渠道电子商务产品等现代设备，旨在将人们的健康护理与数字化治疗模式相结合，为 CVS 的消费者提供更加便利和简洁的健康综合服务模式。2015 年 8 月，由该实验室研发的 Script Sync 在线医疗项目解决了美国老大难的“流行病”——患者不能按时服药的药物依从性问题；而 Script Sync 能为服用多种药物的患者推出用药同步提醒服务，主要在 CVS 零售药店展开。

目前，在 CVS 的 App 上通过 Script Sync 服务，会员不仅能在线查看并随时调整处方清单、直接更改取药地点和时间，还可以将药品提醒功能加载到 CVS Pharmacy App 中，允许用户指定亲朋好友接收信号警报，确保按时服药。

此外，CVS 还与 IBM 的认知计算平台“沃森”达成合作协议，双方计划研究如何彻底根除一些慢性疾病，如糖尿病、高血压、心脏病和肥胖症等。CVS 希望能够利用沃森的数据分析和预测功能提供更好的个性化综合医疗健康服务。CVS 表示，今后将利用沃森的预测分析平台，为自家药店、小型连锁诊所及 CVS 的药房福利管理业务中的客户提供服务。与沃森的认知计算能力和 CVS 的庞大医疗数据共同加入研究中的还有医疗健康记录、药店数据和医疗索赔信息等。

因此，国内有媒体指出 CVS 变身为互联网医疗大咖，这在某种程度上说也不无道理。但是，与很多美国零售商一样，CVS 是 Apple Pay 的坚决“抵制者”，这与国内传统零售巨头曾经将支付宝、微信支付拒之门外可谓是异曲同工。但是与国内零售巨头列队完毕之后，又与支付宝、微信的握手言和不同。2016 年 8 月，在抵制 Apple Pay 近 2 年之后，CVS 还推出了自有支付工具 CVS Pay。

此外，CVS 还有美国最大的会员卡项目（ExtraCard Program），患者用该卡购药优惠更多，目前，“The ExtraCare”特殊服务项目拥有 7000 万名持卡人，是全美最大的零售会员项目。2019 年，CVS 还宣布将在全国范围内推广其物流 CarePass 会员计划。该会员类似亚马逊的 Prime，消费者每月支付 5 美元或每年支付 48 美元，就可以享受药品产品和处方药免费送货、CVS 品牌商品的折扣及每月 10 美元的优惠券等服务，目前该计划已经在部分地区进行了试点。

笔者认为，CVS 积极拥抱互联网等创新业务既有丰富药店生态圈多样性等积极的一面，也有消费趋势转移、开展网上业务以努力保持自己的行业地位所进行的努力，毕竟越来越多的人开始通过网上而不是线下实体门店购买药物。尤其是 CVS 对电商的布局，更多的是对以亚马逊为代表的全品类电商的阻击。例如，亚马逊于 2018 年 6 月以 7.53 亿美元收购在线药店 PillPack，开始向处方药零售市场进军，此消息使美国三大零售药房的股价大跌就是这种情况的真实反馈。

但是，无论如何，正如时任 CVS Health 执行副总裁、CVS Pharmacy 总裁 Foulkes 所说：“CVS 是唯一有能力影响消费者、付款人和供应商的药品零售企业，能为客户提供创新且独一无二的解决方案。”

11.4　对国内企业的启示

作为医疗健康领域特别是医药零售连锁领域的国际龙头企业之一，不同于沃尔格林穿越周期的百年岁月，CVS 50 多年的快速崛起并成长为行业巨头的历程值得国内企业认真学习。

如果将中共“十四大”我国明确经济体制改革的目标是建立社会主义市场经济体制作为起点，至今已近 30 年，以 CVS 发展的历程计算，国内的医药零售连锁企业正处于发展的战略机遇期。而在此过程中，笔者认为 CVS 崛起过程中的以下 3 点，值得国内企业认真思考。

11.4.1 构建“医+药”的服务闭环

从1967年CVS进入药品零售领域，到2006年之前的39年间，CVS一直通过自主扩张和外延并购的模式不断扩大自身规模。2006年，公司通过收购Minute Clinic，开启了药店内快捷诊所的业务，初步实现了“医+药”的闭环服务。此后，CVS通过不断并购整合，先后引入药房福利管理、医疗保险、针对特殊患者的特需服务项目不断丰富自己生态圈的多样性，满足各类患者的需求，最终提升了客户的黏性、提高了客户的忠诚度，进而增加了营业收入。

反观国内，虽然近年来国内药诊店等新的业务模式和创新在快速发展和崛起，但是与CVS等巨头相比，仍然只是初步的探索与尝试。而CVS“以医带药，以药辅医”的模式值得认真思考和尝试。

在支付手段上，虽然国内以政府主导医保为主，但是大型连锁企业寻求与保险公司合作开发新的产品，通过商业健康险支付也是未来十分值得努力和尝试的方向之一。

11.4.2 从“以产品为中心”向“以患者健康为中心”转型

从CVS的成长历程中可以看出，公司始终以患者健康为中心。自成立以来，CVS一直践行着“帮助人们更长寿、更健康、更愉悦地生活”的发展愿景，以及“为每一个客户服务”的价值观，除了早期通过自有品牌对冲毛利率的下滑，公司始终坚持通过品种齐全的产品类别、优质卓越的客户服务帮助患者实现健康愉悦的生活。

目前，国内医药零售连锁企业仍然以产品为中心，重运营轻服务。在零售药店数量相对过剩、人均服务数量不断走低、同质化竞争日趋激烈、客流量出现瓶颈的情况下，企业通过改变包装变相提高客单价，成为企业实现利润增长的重要方式之一。这种通过信息不对称赚钱的做法并非长久之计！

长远来看，国内零售连锁企业要想实现向伟大企业甚至卓越企业的跨越，只有通过完整齐全的产品品类、优质卓越的服务、方便快捷的服务方式满足客户对健康生活的需求，努力从“以产品为中心”的发展模式向“以患者健康为中心”的业务模式转变才是根本之道。

11.4.3 合理利用资本的力量

正如和君咨询创始人王明夫所言：“产业为本，战略为势，创意为魂，金融为器。”而产融结合借助资本的力量，正是CVS快速成长壮大的秘诀之一。

1969年，成立仅有6年的CVS被出售给梅尔维尔公司，正是借助梅尔维尔公司的资本优势，CVS走上了快速扩张之路。进入20世纪90年代，在梅尔维尔公司主营业务不济的情况下，通过重组CVS开始独立登上资本市场的舞台。随后，正是借助资本的力量，CVS通过一系列并购整合，成就了今天的商业版图和市场地位，甚至超越了历经百年浮沉的沃博联，摘得了全球零售连锁药店的桂冠。

就此而言，借助资本的力量，快速做大做强同样是国内零售连锁企业发展过程中的选择之一。在国内医药零售市场群雄逐鹿的今天，现在有规模未来才可能有地位。与美国三大零售药店巨头都是上市公司相比，国内零售连锁药店企业资产证券化还有很大的进步空间。

笔者要说的是，CVS 的并购是建立在自身强大运营能力和整合能力基础上的顺势而为，是与企业业务规模和品类相协同的优势互补。正所谓“汝之蜜糖，彼之砒霜”，资本同样是一把双刃剑，有能力驾驭的企业可以借助资本的力量迅速做大做强，没有能力驾驭的企业盲目并购扩张必将背负沉重的财务负担，特别是行业下行期的高估值并购必将带来严重的反噬，将企业带至危险的边缘。

第 12 章

沃博联：自我驱动的连锁巨头

沃博联（Walgreens Boots Alliance，WBA）全称为沃尔格林联合博姿集团，由美国最大的连锁药店运营商沃尔格林公司（Walgreens Company）和欧洲最大的药品分销商联合博姿（Alliance Boots）于 2014 年合并而成，是美国和欧洲地区最大的医药和日用保健品零售商，同时也是首家世界级的、以药店为主导的医药保健企业，2019 年位列《财富》美国 500 强第 17 位，《财富》世界 500 强第 40 位。

根据公司 2018 年相关报告，截至 2018 年 8 月 31 日，沃博联在全世界超过 25 个国家开展业务，员工总数超过 41.5 万名。2018 财年营业收入 1315.37 亿美元，净利润 50.24 亿美元。

在医药零售领域，沃博联在全球 11 个国家参、控股约 18500 家药店，其中直营门店 14327 家（美国本土 9560 家，英国、墨西哥等 8 个国家 4767 家）。同时，沃博联也是全球规模最大的医药批发分销配送网络之一，拥有 390 多家配送中心，每年向 23 万多家药店、保健中心和医院等提供配送服务，业务覆盖超过 20 个国家。

沃博联内部将业务分为三大板块，分别如下。

1）美国药店零售业务（Retail Pharmacy USA）

该业务板块包括全美 50 个州、哥伦比亚特区、波多黎各和美属维京群岛的 9560 家零售药店，目前已有 8800 万名活跃会员；主要销售处方药和非处方药及普通商品，包括家庭用品、便利品和新鲜食品、个人护理产品、美容护理产品、照片洗印服务和糖果等。表 12.1 所示为沃博联美国零售部门 2016—2018 年的处方药和零售销售占比。

该业务板块 2018 财年营业收入 984 亿美元，其中处方药业务占销售额的 72%，零售业务占销售额的 28%。

表 12.1　沃博联美国零售部门 2016—2018 年的处方药和零售销售占比

年　份	2016 年	2017 年	2018 年
处 方 药	67%	69%	72%
零　售	33%	31%	28%
总　计	100%	100%	100%

2）国际药店零售业务（Retail Pharmacy International）

该业务板块包括除美国药店零售部门之外以药店为主导的保健美容零售业务，通过药房主导的健康和美容店、眼镜店（近视镜），以及 boots.com 和集成的 App 销售健康、美容、化妆品和其他消费产品等。表 12.2 所示为沃博联国际零售部门 2016—2018 年的处方药和零售销售占比。该部分业务 2018 财年营业收入 123 亿美元，其中处方药业务占销售额的 35%，零售业务占销售额的 65%。

表 12.2　沃博联国际零售部门 2016—2018 年的处方药和零售销售占比

年　份	2016 年	2017 年	2018 年
处 方 药	35%	35%	35%
零　售	65%	65%	65%
总　计	100%	100%	100%

3）药品批发业务（Pharmaceutical Wholesale，包括按照权益法确认的股权投资项目）

该业务板块主要从事批发和分销业务，包括专利药和仿制药、保健和美容产品、家庭保健用品和设备，并向药店和其他医疗保健提供者提供相关服务。该业务板块的运营范围在法国、英国、德国、土耳其、西班牙、荷兰、埃及、挪威、罗马尼亚、捷克和立陶宛等国家。

此外，沃博联还持有美源伯根公司（Amerisource Bergen）约 26%的股权，而美源伯根公司是全美也是全球最大的药品采购和批发配送服务公司之一，2018 财年该部分营业收入为 230 亿美元。图 12.1 所示为沃博联提出的以患者为中心的发展战略。

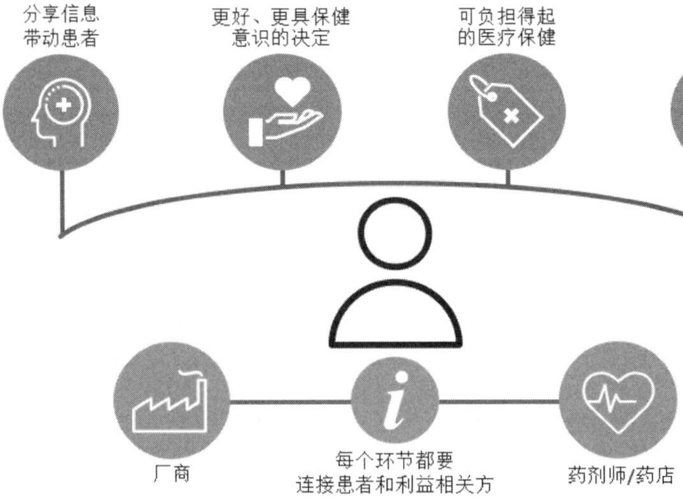

图 12.1　沃博联提出的以患者为中心的企业发展战略

12.1　沃博联成长史

沃博联公司的前身是 1901 年成立的沃尔格林药店，创始人查尔斯 • R. 沃尔格林（Charles R. Walgreen）1871 年出生于一个瑞典移民家庭。在他 18 岁时，因为机缘巧合开始应聘到药店做职员。1897 年，查尔斯通过伊利诺伊州药剂师委员会的考核而成为一名注册药剂师。1901 年，其本人通过受让前老板的门店走上了创业之路。沃尔格林自成立以来，历经百年沧桑，一步步成为全球连锁药店领域的殿堂级企业而备受尊重，公司发展壮大的百年历程主要分为以下 4 个阶段。

12.1.1　创业起步阶段（1901—1929 年）

1901 年，查尔斯以 6000 美元的价格接手其前老板布拉德位于芝加哥的科蒂格罗夫大街 4134 号的店铺，开始走上创业之路。随后，查尔斯一家起早贪黑地工作，平时也是省吃俭用压缩开支，终于在 6 年后还清了接手第一家店铺的所有借款。

1909 年，查尔斯通过接手第二家店铺走上了连锁经营之路，并将店铺名称改名为 C.R. 沃尔格林。

1916 年，沃尔格林旗下的 9 家门店被整合成沃尔格林公司。随后，公司走上了第一阶段的快速扩张之路。

20 世纪 20 年代中期，沃尔格林以每月新开一家门店的速度快速扩张。到 1929 年年底，公司已经成为一家拥有 397 家门店、营业收入 4700 万美元、利润 400 万美元的企业。图 12.2 所示为沃尔格林自成立至 1929 年间的门店扩张情况。

在此阶段，沃尔格林通过持续创新不断改善传统零售药店的经营模式，拓展深受客户喜爱的产品范围和业务领域，逐渐积累大量忠诚客户，药店规模日趋扩大。

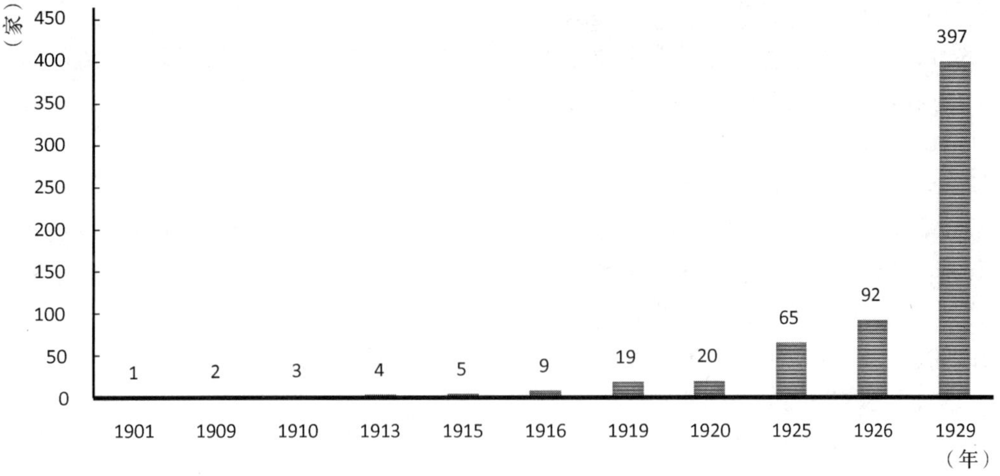

图 12.2　沃尔格林自成立至 1929 年间的门店扩张情况

在快速发展过程中，为了吸引顾客、增加客流量，药剂师出身的查尔斯对药店经营行业进行了以下三大创新。

（1）高度重视药品的质量和保质期，同时扩充了原有药店的非药品目录，且以公平合理的价格出售。

（2）创立了“两分钟冲刺（Two Minute Drill）”模式，当顾客打来电话订购商品时，沃尔格林药店可以保证两分钟左右将商品送至顾客家中。

（3）消除了食品销售的季节性限制，冬天继续在门店提供价格实惠的三明治、蛋糕、热汤等食品，甚至在 1922 年发明了奶昔，在美国风靡一时。沃尔格林对零售药店的这种创新举措获得了顾客的极度好评。

12.1.2　稳健成长阶段（1930—1969 年）

1927 年，沃尔格林公司的股票正式上市公开交易。1934 年 2 月 15 日，沃尔格林的股票开始在纽交所上市。1934 年，公司拥有 483 家门店，员工 12000 名。

此后，美国进入20世纪的经济大萧条时期。虽然大萧条的第一年公司的销售额增加了500万美元，达到了5200万美元，但是所有连锁店的总利润下降了一半多。尽管身处大萧条时期，沃尔格林的业务仍然勇往直前，公司不断扩大产品和服务领域，非药产品甚至扩展到了高尔夫球和滑石粉。此外，公司还新建了仓库和配送中心，配送中心包括糖果生产线等。同时，公司非常重视广告宣传，企业形象深入人心。

在一系列的举措下，1929—1939年，沃尔格林旗下的连锁店数量从397家增加到493家，增长率达24%。在艰难的大萧条时期，公司能够取得如此骄人的成绩，可谓令人称奇。

1939年，公司创始人查尔斯·沃尔格林病逝，其儿子查克·沃尔格林被选举为公司的董事长兼总裁。随后，第二次世界大战爆发。在战争期间，由于物资和人力不足，公司的扩展计划一直搁浅。但是公司通过多样化的广告和展览，努力提升销售业绩，通过这些政策的灵活性继而使公司具有了很强的稳定性。

与此同时，公司借鉴其他零售行业的新型业态，开始尝试零售自助服务。整个战争期间，公司的利润持续保持稳定，销售额从1941年的8370万美元增加到1945年的14140万美元，增加了69%。

战后，沃尔格林成为第一批实行“零售自助服务”的连锁药店之一，随着经济的恢复，公司开始新一轮的门店扩张。虽然在查克管理公司的30年间公司的门店数量只增加了20%，但是他把主要的资源和精力花费在老店的升级改造上，通过对现有分店的升级改造，不断地扩大业务经营范围，业务发展十分稳健。

在此阶段，公司历经美国经济大萧条和第二次世界大战的冲击仍然屹立不倒且有所发展，为日后的快速发展奠定了基础。

12.1.3 快速成长阶段（1970—2003年）

1969年，年仅33岁的沃尔格林三世（即科克·沃尔格林）从父亲手里接过权杖，先后被董事会任命为总裁兼首席执行官。科克一上任就开始整顿公司的经营活动，一方面在公司内部优化管理制度，提拔新生代的各业务线负责人；另一方面重新梳理公司的资产和业务，在剥离了一些非核心业务（包括在公司创始之初做出过重大贡献的餐饮业务）和出售了一些无关企业后，借助战后美国经济快速复苏的春风，公司重新走上了扩张之路。到1979年，沃尔格林的门店数量达到688家，其中有45%的门店是20世纪70年代后期开业的。

不仅如此，在此过程中公司还积极拥抱新技术，努力把陈旧的中世纪式的药店发展成现代化的药店。从1976年开始，公司投入数百万美元开始建设内部通信系统，在20世纪80年代，公司通过卫星系统传输的数据信息比美国政府还要多。1998年，公司投入1.5亿美元对内部通信系统进行了升级。

在此阶段，公司取得了一系列里程碑式的成就：1980年，公司开出了第5亿个处方；1981年，公司成为第一家销售额达到20亿美元的连锁药店；1983年，公司在销售额、收益率和市场渗透率上均居市场首位；1984 年，公司的门店数量达到 1000 家；1985 年，公司的销售额达到 30 亿美元。

20 世纪 90 年代，随着丹尼尔·乔特（1990 年）开始担任公司总裁，又于 1998 年起接替科克兼任公司首席执行官，沃尔格林公司进入最为辉煌的“乔特时代”。这段时期，公司每年都保持着两位数增长的高速发展态势。在此过程中，高度自制和自信的沃尔格林人抵制住诱惑，没有卷入互联网科技的泡沫。随着互联网泡沫破灭，当那些转向互联网业务的公司纷纷落马之时，沃尔格林公司的业绩却步步攀升，不断刷新着记录。

到科克退休后的 1999 年，公司的销售额达到 130 亿美元。1999 年，公司开设了第一家网上药店。2003 年，公司开设了第 4000 家连锁店。与此同时，公司也已走过了百年历程。2004 年，公司门店数量达到 4579 家，实现销售额 375 亿美元。

在这一阶段，公司主要通过直接新开药店的方式实现门店数量的持续增长，其新开门店选址一般都是街道十字路口的“黄金店铺”，以确保足够大的客流量。

12.1.4　腾飞发展阶段（2004 年至今）

2000 年以后，公司的门店数量以每两年增加 1000 家的速度飞速增长，这一势头一直持续到 2012 年，此时公司的门店数量达到 8000 家。与此同时，为了增强核心业务能力、保证服务质量，专注于发展连锁药店和邮购业务，公司开展了一系列投资并购工作。

2012 年 8 月，沃尔格林公司收购英国联合博姿 45%的股权，并承诺 3 年内收购剩余 55%的股权。2013 年 3 月，沃尔格林、联合博姿和美源伯根公布了一系列医药分销协议和合作安排。2014 年 12 月 31 日，沃尔格林与联合博姿合并，组建沃博联集团（WBA），由此开启了全球化发展道路和战略布局，成为世界第一大医药连锁药店。

2016 年，沃博联以 23.6 亿美元取得美国最大药品批发商美源伯根公司 24%的股权，进一步为大力发展药品批发业务提供支持，由此开始进入药品批发领域。2017 年 9 月 19 日，沃博联以 43.8 亿美元的价格收购美国第三大连锁药店 Rite Aid（RAD）旗下的 1932 家门店。随后，由于受到美国反垄断法的限制，沃博联对 Rite Aid 由最初的收购全部门店变为收购一半。图 12.3 所示为公司自成立以来的业务扩张及营业收入情况。

目前，沃博联是世界领先的、以药店为主导的医药保健零售商，也是世界最大的处方药和其他保健产品的采购商之一。2018 财年公司实现营业收入 1315.37 亿美元，净利润 50.24 亿美元。图 12.4 所示为沃博联 2014—2018 年的营业收入、净利润及净利率。

不得不说，沃博林之所以能够成为一个巨无霸式的药店连锁零售集团，与美国的医疗体制是分不开的。在美国医药是完全分离的，医院并没有药房，一般情况下患者从医院拿到了处方再去药房线上或线下的渠道购药。目前，美国医药市场 62%的药品是通过药店渠道销售的，其销售渠道占比如图 12.5 所示。其中，连锁药店约占 40%以上，这也是沃博林能够成长为巨无霸的重要原因之一。

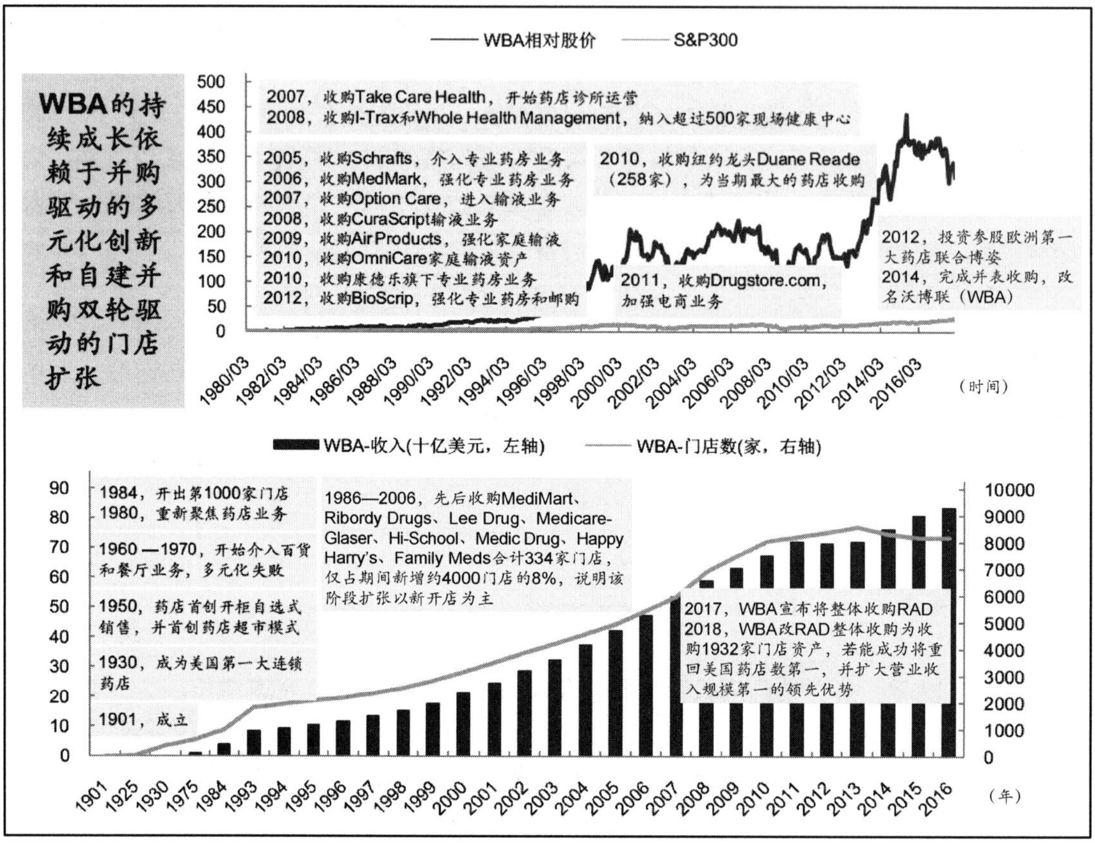

图 12.3　公司成立以来的业务扩张及营业收入情况

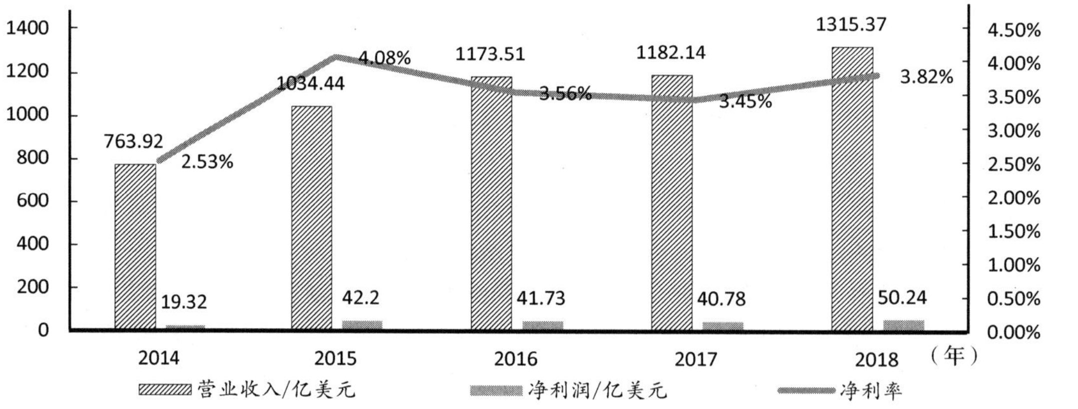

图 12.4　沃博联 2014—2018 年的营业收入、净利润及净利率

纵观沃博联的百年发展历程，在笔者看来，其之所以能够成长为行业龙头，主要是因为公司持续不断、与时俱进的经营方式，具体如下所述。

（1）通过并购和自建，持续不断地扩大公司规模和市场占有率，形成强大的规模优势以降低成本。

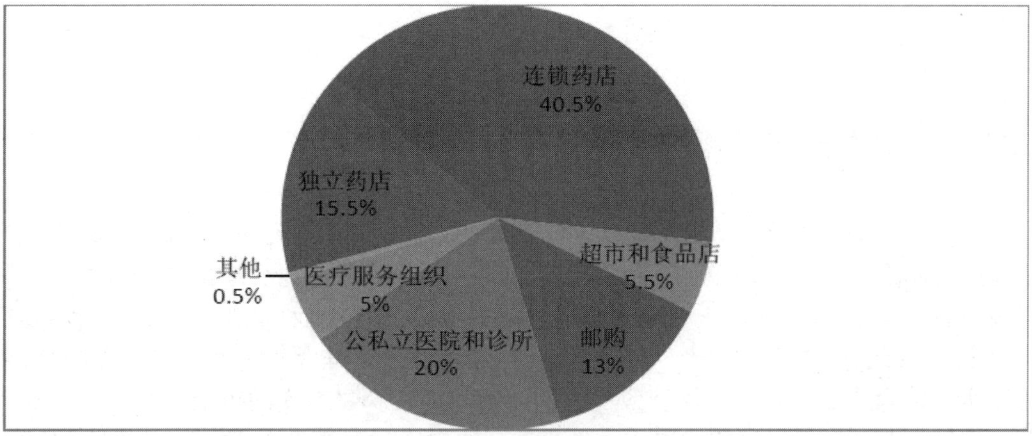

图 12.5　美国药品终端销售渠道占比

（2）以专业、优质、高性价比的药品服务为核心，与时俱进地引进非药产品和服务，这种药店与便利店一体化的方式，无形中拓展了公司的产品经营范围和品位，提高了客户流量、提升了客户黏性。

（3）极其成功的多元化的自有品牌战略，使其在开展业务的各个领域形成了独特的品牌优势，在消费者心中建立了良好的品牌知名度和美誉度。

（4）充分发挥药剂师的作用，持续创新，整合产业链，及时切入专业药房、快捷诊所、线上药店、家庭输液服务，甚至药品配送等领域，成为以客户需求为核心的医疗保健服务公司。

直到今天，沃博联也是世界上为数不多设立首席创新官的企业之一，100 多年来，公司以创新为动力，不断在业态创新、资本运作创新、营销模式创新、服务理念创新、健康管理和健康体验创新等方面持续发力，创造了全世界首个以药房为主导、秉承健康幸福理念的企业，也是全球第一家完整意义实现大健康产业整合的企业。图 12.6 所示为沃博联以客户需求为原点的创新示意图。

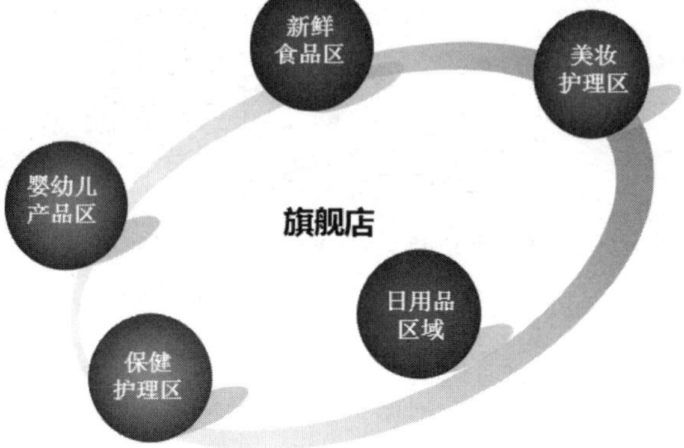

图 12.6　沃博联以客户需求为原点的创新示意图

12.2 批零一体化战略对中国的启示

12.2.1 企业发展的战略选择

“战略”一词源于战争，是指导重大军事活动的方针、政策与方法。随着近、现代生产力的不断提高和社会生产实践活动的不断丰富，战略被逐渐用于企业经营领域。1962 年，美国学者钱德勒在其《战略与结构》一书中将战略定义为：“确定企业长期目标、选择行动途径和为实现这些目标进行的资源分配。”随后，很多学者和企业管理者分别赋予战略不同的意义。

事实上，企业战略是计划性和应变性的组合。而在瞬息万变的市场环境中，企业只有不断地调整战略，保持健康的发展活力，通过有效的策略表达出来，才能转化为竞争优势。企业战略包含 3 个层次，即总体战略、业务单位战略和职能战略。这 3 个层次战略的地位和内容各不相同，它们之间的关系：总体战略可分解为业务单位战略，业务单位战略可分解为职能战略；总体战略统帅业务单元战略，业务单元战略统帅职能战略。

一般来讲，总体战略是企业最高层次的战略。企业需要根据具体经营目标，选择可以竞争的经营领域，合理配置企业经营所必需的各种资源，总体战略目标的实现是各项业务相互支持、相互协调的结果。总体来讲，企业总体战略分为发展战略、稳定战略和收缩战略三大类。业务单位战略也称竞争战略，往往涉及各业务单位的主管及辅助人员。这些人员的主要任务是将企业战略所包括的企业目标、发展方向和措施具体化，形成本业务单位具体的竞争与经营战略。职能战略又称职能层战略，主要涉及企业内各职能部门，如营销、财务、生产、研发、人力资源等，是指如何更好地配置企业内部资源，为各级战略服务，提高组织的效率。图 12.7 所示为企业战略层次结构图。

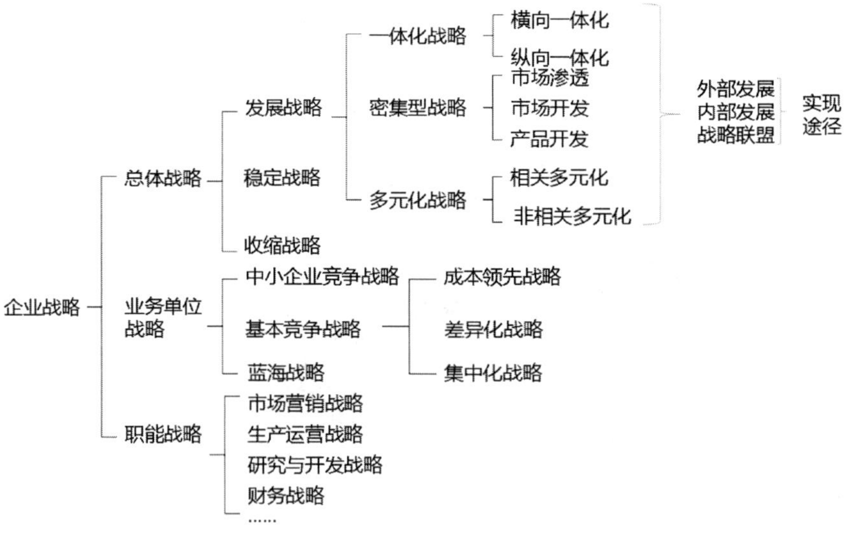

图 12.7　企业战略层次结构图

这其中，企业发展战略是指企业充分利用外部环境的机会，充分挖掘企业内部的优势资源，以求企业在现有基础上向更高一步发展的方向或机会。

一体化战略，是指企业对具有优势和增长潜力的产品或业务，沿其经营链条的纵向或横向延展业务的深度和广度，扩大经营规模，实现企业成长。按照业务拓展方向的不同，可分为横向一体化和纵向一体化，两类战略的主要内容如表 12.3 所示。

表 12.3　一体化战略的主要内容

<table>
<tr><th rowspan="2">内　容</th><th colspan="3">一体化战略的种类</th></tr>
<tr><th>横向一体化</th><th colspan="2">纵向一体化</th></tr>
<tr><td rowspan="2">定义</td><td rowspan="2">指企业向产业价值链相同阶段方向扩张的战略</td><td colspan="2">指企业沿着产品或业务链向前或向后，延伸和扩展企业现有业务的战略，分为前向一体化和后向一体化</td></tr>
<tr><td>前向一体化是指获得分销商或零售商的控制权战略</td><td>后向一体化是指获得供应商的所有权或加强其控制权</td></tr>
<tr><td>适用条件</td><td>① 所在领域竞争激烈
② 规模经济较为显著
③ 局部获得垄断优势
④ 发展前景好</td><td>① 现有销售商成本较高或者可靠性太差
② 所在产业的增长潜力较大
③ 企业具备必要的资源
④ 销售环节的利润较高</td><td>① 现有供应商成本较高或者可靠性较差
② 供应商不足或者需求方较多
③ 产业增长潜力大
④ 企业具备必要的资源
⑤ 供应环节利润高</td></tr>
<tr><td>主要优势</td><td>实现规模经济获得竞争优势</td><td colspan="2">有利于企业节约与上下游企业在市场上交易时的采购或销售成本，控制稀缺资源，保证关键投入的质量或者获得新的客户</td></tr>
<tr><td>主要风险</td><td>行业风险</td><td colspan="2">① 不熟悉上下游业务所带来的风险
② 一体化尤其是后向一体化，涉及投资金额大，资产专用属性强，退出成本较高</td></tr>
</table>

在商业活动中，批零一体化可以说是一体化战略的完美应用和体现。批零一体化，是指将原来的批发企业和零售企业合并为一个企业，或整合为一个企业联合体，以及原来的批发企业新设零售机构兼营零售业务，或者原来的零售企业新设批发机构兼营批发业务的过程。具体来说，横向一体化可以扩大组织规模形成规模优势，降低各自运行的成本；而纵向一体化更是可以让组织在产业链上下游形成竞争力，进而构建起良好的商业壁垒。正是因为这种优势，批零一体化战略是商业企业快速崛起的重要原因之一。对企业来说，要想实现经营中的批零一体化，无外乎有 3 种途径：外延并购、内部扩张及战略联盟。

在实际经营中企业要采用哪种战略实现发展目标，公司管理层则要根据实际情况审慎决定，正所谓“合适的才是最好的”。

作为医药零售领域的王者，沃博联是产业链垂直一体化战略的忠实践行者，沃博联执行副董事长、总裁斯德法诺·佩西纳指出：“将医药批发分销和它的下一个流通环节——零售药店打通，进行垂直整合，如果所做得法，产生的协同效应将是巨大的，垂直打通两个环节会使整个供应链下游呈现一种强力有效的新流通模式。”

12.2.2 沃博联批零一体化的业务实践

自1901年创立以来，沃尔格林以领先的管理经验和模式创新能力为依托，采用稳健的自建扩张策略逐步发展壮大。进入20世纪，随着市场渐趋饱和，行业竞争则日益激烈。2012财年，沃尔格林实现营业收入716.33亿美元，同比下降0.76%；营业利润34.64亿美元，同比下降11.88%；净利润21.27亿美元，同比下降21.63%。

为了应对这种颓势，2012年，沃尔格林和欧洲最大的医药保健品零售与分销商联合博姿达成合作协议，沃尔格林以67亿美元收购联合博姿45%的股权，同时沃尔格林承诺在未来3年收购其剩余股权。通过此次合作，沃尔格林开始放眼全球，希望能在不断变化的全球医药和保健品市场持续获益。

在此基础上，2013年3月沃尔格林、联合博姿与北美第二大医药分销商美源伯根签署了一系列战略合作协议。根据协议，沃尔格林将与美源伯根签订为期10年、涵盖专利药和仿制药的独家分销协议。此举使得沃尔格林获得商品一站式采齐的优势，不仅采购成本大幅降低，而且使其在与保险公司的谈判中获得其他竞争对手不可比拟的价格和规模优势，同时联合博姿的自有品牌也可以进入美国沃尔格林强大的网络中销售，实现了真正的强强联合。

通过这两次战略合作，沃尔格林不仅拓展了海外市场，在经营地域范围、产品门类及规模上大幅扩张，更是在上下游产业链的整合上占据了其他竞争对手不可比拟的优势。此后，按照各自的核心业务构成，三方形成了沃尔格林聚焦零售和电商、美源伯根负责专利药与仿制药品采购、联合博姿负责批发配送和国际物流的新模式，如图12.8所示。

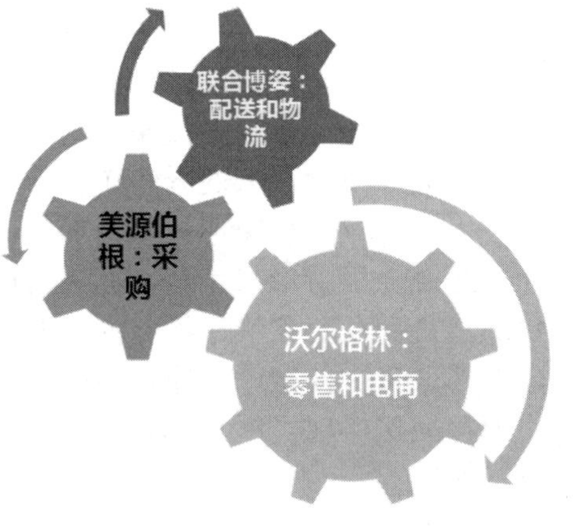

图12.8　三方内部业务协同

2014年8月6日，沃尔格林以153亿美元获得联合博姿剩余55%的股权，之后组建了新的沃尔格林联合博姿（沃博联）集团。随后，沃博联执行副总裁奥内拉·芭拉在接受采访时指出："放眼全球，没有一家医药流通公司能够像沃博联这样，囊括医药批发分销配送、药店、美容保健零售，以及自有的美容品牌产品。"

在沃博联这种创新型的批零一体化成功模式吸引之下，行业内其他企业也纷纷效仿。

2014 年，美国第一大医药批发商麦卡森和第三大药店莱爱得续签涵盖品牌和仿制药的 5 年分销协议。根据协议，麦卡森负责莱爱得仿制药的采购与分销，莱爱得的店铺享有麦卡森所有品牌与仿制药每日直达门店的服务。随后，美国第三大医药批发商卡地纳与第二大药店 CVS 宣布达成一项为期 10 年的合作协议，双方共同成立一家合资企业来采购仿制药。同时，CVS 的品牌药将由卡地纳负责采购。

沃博联总裁斯德法诺•佩西纳曾指出："垂直整合所能带来的益处很多，对批发商而言意味着一个足以确保一定销量的大平台，对零售药店来说他们可以得到更好的配送服务，同时也意味着提高进货议价的可能性。"纵观包括沃博联在内的美国医药商业公司的发展历程，进入 21 世纪以来，随着上下游产业链的日益成熟及零售市场的逐渐饱和，通过并购扩张获得规模优势，同时向产业链上下游延伸的批零一体化模式，已成为医药商业企业发展壮大的不二选择。

12.2.3　对中国医药零售企业的启示

从本质上看，对于批发企业而言，批零一体化意味着一个足以确保一定销量的行业性的大平台。对零售业务门店来说，批零一体化意味着自己可以更集中地管理批发商并获得更好的配送服务，更重要的是能够提高议价能力，从而拿到更优惠的进货价格。

目前，尽管许多国内企业一直沿用批零兼营的经营模式，但是目前尚无真正意义上采用批零一体化经营模式的企业。

事实上，真正意义上的批零一体化是实现批发业务和零售业务两个业态之间的优势互补，在资金和盈利两个维度形成集中优势。具体来说，批发业务资金占用情况严重，而与此相反的是零售业务可以产生良好的现金流，二者之间恰能形成良性的补充；批发业务具有良好的市场宽度，而零售业务具有良好的产品宽度，二者之间的合理匹配，可以有效地实现建立在各自优势基础之上的双向拓展。

就此而言，对于国内的医药商业企业而言，一方面要格外重视零售渠道，借助新技术、新模式积极拥抱批零一体化的发展趋势；另一方面，与大型连锁药店结成战略联盟甚至彼此交叉持股，不仅能实现业务上的优势互补，还能享受合作伙伴成长带来的发展红利。最重要的是，虽然药店的核心也是销售药品，或者说是为消费者提供健康服务和信息，但是拓展商品门类、销售保健食品和化妆品、配方乳品等，不仅可以增加客流量，还是增加营业收入和利润的不二法门。

12.3　极其成功的自有品牌战略

在商业活动中，品牌是目标消费者和社会公众对某一特定事物综合性的感知和评价。而品牌战略是企业战略在商业品牌领域的应用和实践，包括品牌决策、模式选择、识别界定、延伸规划、管理与愿景设立 6 个方面。在商业实践活动中，品牌战略主要有单一品牌战略和多品牌战略两大类型，各自的优缺点如表 12.4 所示。

表 12.4 单一品牌战略和多品牌战略的优缺点

内容	类　别	
	单一品牌战略	多品牌战略
定义	又称统一品牌，是指企业生产的所有产品都同时使用一个品牌的情形	一个企业同时经营两个以上相互独立、彼此没有联系的品牌的情形
优点	公司可以集中力量塑造一个品牌形象，让一个成功的品牌附带若干产品，使每个产品都能够共享品牌的优势	可以根据功能或价格的差异进行产品划分，这样有利于企业占领更多的市场份额
缺点	一荣共荣、一损俱损	成本高、可能存在彼此竞争风险
案例	家电企业海尔、格力	快消品企业宝洁

事实上，虽然两种品牌战略各有所长，但是二者并无高下之分，都是以企业商业价值最大化为目的的策略和方法。

目前，沃博联的主营业务是以药品为核心的商品零售，其旗下的零售和业务品牌组合包括 1901 年成立伊始时的沃尔格林（Walgreens）、2010 年并购获得的杜安雷德（Duane Reade）、2014 年合并取得的博姿（Boots）和联合医药（Alliance Healthcare），以及联合博姿旗下的 No7、Soap&Glory、Liz Earle、Sleek MakeUP 及 Botanics 等一系列全球化的健康美容产品品牌。

通过这种多元化的自有品牌策略，沃博联构建了在自己业务领域的全面优势，并且在相应的细分领域或地区保持着较高的市场知名度和美誉度。例如，沃尔格林和杜安雷德的品牌主要用于美国本土的药品零售业务。具体来说，沃尔格林是美国最大的连锁药店品牌，而杜安雷德在纽约地区有着十分重要的影响力和知名度。联合医药主要用于欧洲地区的医药分销业务，市场占有率居行业第一。博姿主要是美容及护肤品牌，旗下包含多个自有品牌的系列产品，以拥有英国“国民护肤品牌”之称的 No7 为例（见表 12.5），其产品种类繁多，系列门类覆盖各个年龄段的人群。参股的美源伯根是美国第二大医药流通企业等。

表 12.5 No7 四大系列产品及品牌定位

内　容	四大系列产品			
	Early Defence 系列	Protect & Perfect 焕采修复系列	Lift & Luminate 拉伸紧致系列	Restore & Renew 系列
年龄段	适合 20～35 岁	适合 30～45 岁	适合 45～60 岁	适合 60 岁以上
类别	日霜、晚霜和眼霜	日霜、晚霜、精华、眼霜	日霜、晚霜、眼霜、修复精华、淡斑精华	日霜、晚霜、精华、眼霜等
功效	平衡水油，长效保湿	修复肌肤，抚平纹路，延缓皱纹形成	减少皱纹，均匀肤色，提拉紧致	焕活细胞功能，对抗外界压力

事实上，沃博联不仅品牌种类繁多，在品牌传播上也是不遗余力。自成立伊始，沃尔格林药店在自身品牌的传播方面就独树一帜。虽然公司拥有众多终端门店，在部分地区已经能够吸引足够的眼球，但是在创始人查尔斯看来，终端门店的包装传播仍然是不够的，将公司的品牌植入消费者的心里是沃尔格林药店的不懈追求。从创业初期，沃尔格林旗下的连锁药店就已经是当地广告商的超级大客户了，在 20 世纪二三十年代，查尔斯坚持将公

司收入的 2%～3%用于广告支出。

查尔斯曾表示："一个企业如果不能让公众了解它的存在和所能提供的价值，就不可能兴旺起来。" 1924 年沃尔格林的广告支出约 25 万美元，在当时这是一笔不菲的支出，相当于好几家店铺一年的收入。虽然公司近年来在削减广告支出，但是 2018 财年，沃博联用于广告的支出仍然高达 6.65 亿美元，占当期总销售收入的 0.5%。

从创业早期宣传自己，到后期逐步传播公司的商品品类、价格、服务等，公司宣传推广的方式日益丰富。通过这种多样化的品牌建设，公司客户的忠诚度越来越高、客流量越来越大，销售的机会越来越多，通过合理的销售推广客单价也随之越来越高。

根据欧洲独立品牌和专利评估专业组织欧洲品牌研究所（EBI）发布的 2018 全球企业品牌价值百强榜（GLOBAL TOP 100 BRAND CORPORATIONS 2018），沃博联以 173.80 亿欧元品牌价值位列第 69 位。

12.4　业内首创的多元化经营方式

从创业伊始，沃尔格林（沃博联）就秉持着多元化的经营策略，虽然中间公司曾剥离和出售过相关商超类业务，但是沃尔格林首创的药店多元化的经营策略已经成为行业的标准且持续至今。

创始人查尔斯曾说："我们的商店是用来提供服务和便利的，我们的店是世界上最现代、最完备的药店。" 目前，通常一家标准的沃尔格林药店销售面积有 1023 平方米，除了销售药品，还有保健食品、日用品、饮料、化妆品、诊疗服务甚至是照相业务，今天该公司的门店早已渗透美国人的生活中。据统计，75%的美国人在 5 英里的范围内就可以找到一家沃尔格林的实体店，沃尔格林的门店更像是便捷的生活服务中心。

事实上，除了美国独特的相对宽松的法律环境，这一切都源于公司创业时期的成长基因。1909 年第二家店开业时，为了吸引顾客，沃尔格林就购买了隔壁房间并安装了当时十分流行的汽水柜台，这不仅给其带来了巨大的商业利润，还使查尔斯本人在芝加哥声名大噪。随后，沃尔格林又在汽水柜台中增加了当时美国人十分爱吃的圆筒冰激凌、三德冰激凌、香蕉冰激凌条、混合有各种果汁的碳酸饮料及风靡全国的可口可乐等产品。冰激凌虽然在夏天十分流行，但是进入冬天后就无法吸引顾客了，为了应对这种季节的业务变化，第 2 年夏天过后，沃尔格林开始在原先的冰激凌柜台出售三明治、热汤及点心等产品。甚至在 1922 年发明了奶昔，轰动美国，后来公司甚至专门成立了食品部门。半个世纪以来，沃尔格林的食品部门为公司创造了三分之一的利润。

在 20 世纪 30 年代的大萧条期间，沃尔格林不断扩大产品和服务领域，非药产品甚至扩展到了高尔夫球和滑石粉。与刚成立时相比，公司的系列产品增加到一千多种，从哥伦比亚咖啡到鳕鱼肝油、从针织品到扑克牌、从雪茄烟到小苏打、从梳子到贝兰香水等，应有尽有。甚至在此期间，公司还生产糖果及化妆品。不得不提的是，1933 年美国国会解除《禁酒令》之后的几周内，沃尔格林 60%的门店甚至在卖酒，个别门店甚至占到总业务的 10%以上。

第二次世界大战期间，为了表示对国家的支持，沃尔格林中标了为五角大楼招标的药店并愿意上交全部利润，该店面积达到6000平方米，比当时公司面积最大的商店还大50%，这家分店的建设对公司产生了深远的影响。在总结经验时，时任董事长的查克·沃尔格林指出了几个原因："我们非常幸运，拥有大量的多种类库存货品，其中大多数都能使用或出售，并且通过多样化的广告和展览，提升了我们的销售效果。这些原因综合起来，使得我们公司具有了很大的灵活性，继而转化为很强的稳定性。"

战争结束后，由于醒目的标志、优越的地理位置及友好的自然环境，沃尔格林药店甚至一度成为年轻人聚会的地方。甚至有人指出，第二次世界大战胜利那天在纽约百老汇大街上那个水手亲吻护士的照片背景正是沃尔格林在时代广场的分店。不仅如此，经营范围扩大了，各种零售业务（如杂货店、百货商店和药店等）之间的壁垒和界限也被打破了，"多样化经营"成了所有美国公司中最流行的行话。沃尔格林和其他公司一样，勇敢地进行并购拓展业务。公司先后并购了进行折扣贸易的环球百货公司和出售地毯、家具、银质首饰等艺术品的桑伯恩斯公司等。

20世纪60年代末，沃尔格林公司甚至用沃尔格林三世的名字建立了一家快餐连锁店"科克斯"和一家中世纪风格的餐馆"罗宾汉斯"，重新快速进入了餐饮业。此后，公司通过自助购物改造等方式还打赢了与传统综合商店的价格战。

20世纪70年代，购物中心开始崛起。沃尔格林同样积极拥抱新生事物，其运营的购物中心所售商品从小鹦鹉到晚会所需物品，从汽车零件到玻璃门后冷冻保鲜的大量冰激凌，应有尽有。

20世纪80年代，沃尔格林在向多元化经营的转变过程中重新梳理了业务门类，忍痛割爱出售或者关闭了20世纪六七十年代并购的大部分业务，包括曾经为公司做出过重要贡献的冰激凌生产厂。此后，公司一直聚焦医药服务领域。

进入21世纪以来，为了发展业务、提高竞争地位，沃尔格林通过一系列收购、自建、资产剥离等战略性措施，整合产业链，及时切入专业药房、快捷诊所、线上药店、家庭输液服务等领域，成为以客户需求为核心的、专注于为消费者提供增值服务的健康管理公司。

公司的高端旗舰店如同一个小型的超市，店内设有高档咖啡吧，提供定制的果汁、冰沙、奶昔、咖啡等，新鲜的手卷寿司、生鱼片，各式高质量的餐食选择，多种精酿啤酒、葡萄酒，等等。在旗舰店的中心则是药房，药剂师在那里随时为顾客提供专业的指导和咨询。

以药店为核心，2007年沃尔格林收购Take Care Health，经过重组后推出品牌诊所服务Health Care Clinic（健康诊所）。目前，其在约400家门店设有健康诊所，或者由其直接运营，或者由第三方运营，业务主要涵盖预防与健康、治疗、健康监控与管理三大板块。

事实上，沃尔格林药店内的医护人员，专注常见病、多发病的诊疗服务及慢性病复诊等，基于社区与家庭，与患者建立长期稳定的关系。通过关注慢性病患者健康管理需求，化身慢性病保健康复中心，给出生活方式及用药指导建议，提升客户黏性。针对有需要特殊用药的患者，如癌症、移植手术的患者，则会安排专门的药师到医院，和医院的医生、患者及其家属确认最佳的药物疗法，回答家属的问题，最后指导患者在公司购药并提供后续服务。

总体来讲，公司通过不断扩大业务范围和改进顾客体验，充分利用“长尾理论”使顾客在选购药品的同时可以采购多种大众商品，在提升客户黏性的同时提升了品牌价值、实现了利润最大化。目前，多元化业务已经占到公司整体收入的四分之一左右。

虽然我国由于相关法律法规的原因对零售药店的经营品类已经予以严格的管理规范，但是沃尔格林以“强调病人和药剂师之间的关系”为公司理念，新型体验模式的药房、蓬勃发展的免疫项目、协同合作的战略理念无疑是药店发展的新型标杆，值得我们认真学习和借鉴。

近年来，面对这种多元化的经营模式，我国的企业也在探索前行，武汉普安药房就是其中的典型代表。除了药品，普安药房还提供国内外众多一线品牌的化妆品、个护用品、医疗器械等。不仅药店在尝试经营多样化的产品，部分便利店也开始试点出售药品。2018 年 12 月，北京市发布了《关于进一步促进便利店发展的若干措施》，为便利店卖药提供了政策支持。这种药店与便利店之间的相向运动，可能也会“因为走的人多了也便成了路”。

从行业发展的角度看，“政府的归政府、市场的归市场”的趋势不会改变，而更符合市场化特征的“药店+便利店”混合业态已经接近药店分级分类下的一类门店的业态，未来可期。

除了经营品类多样化，传统药店为了解决处方的来源问题，聘请坐堂医生开设药诊店也是行业发展的趋势之一。这是因为有诊所服务的药店，其医疗手段远强于药店，它吸引客流的能力和提升客户的黏性绝对是单一药店不能比的；而配备药店的诊所能够为顾客提供的便捷性也是单一诊所远远不及的。事实上，“药店+诊所”的模式，可使双方的盈利能力均更强，能够产生“1+1＞2”的效果。2018 年 8 月，大参林医药集团股份有限公司宣布以 9987.6 万元收购江西会好康药房旗下的 7 家门店及库存商品，包括 3 家门店内所设的中医馆，作为上市连锁药店，大参林的战略部署和眼光是毋庸置疑的。

12.5　线上线下一体化的全渠道业务布局

在现实中，有些人把沃尔格林（沃博联）看作一家传统的零售连锁药店，有些人则称其为美国最大的医药电商，实际上这两种说法都不太准确。沃尔格林从来没有提出过 B2C 或 O2O 之类的战略，其称自己的战略为“Omni Channel”，意思是全方位渠道、泛渠道。总体来讲，其运用所有我们能想到的渠道为消费者提供服务，消费者可以通过其线下网点、PC 网站、移动应用、邮件、电话、传真等方式获取其提供的产品和服务，而渠道的核心是遍布全美的线下药店组成的庞大零售网络。实际上，沃尔格林的战略核心是利用数字渠道吸引顾客进店，更好地服务顾客。如今，在线下，沃尔格林的 9000 多家门店已成为美国人生活的一部分；在线上，每天都有海量的用户访问其网站和移动应用，而这一切都源于沃尔格林对技术的重视和支持。

早在 20 世纪 80 年代初，沃尔格林药店就在网络技术方面投入数亿美元，它也是当时唯一的一家投资互联网的医药企业。1981 年，沃尔格林药店通过人造卫星将旗下所有药店进行联网，达到信息共享。正是将技术上的领先运用到实际运营管理中，沃尔格林不仅可以获得更丰厚的利润，同时还可以加速自身的发展。在此期间，沃尔格林是美国最大的民用人造卫星客户。正是凭借这种强大联网能力的积累，直到今天沃尔格林的客户仍可以通过网络在沃尔格林的手机应用中上传图片，并于一个小时后就近在线下门店领取。

初步尝到了信息化的甜头之后，沃尔格林开始全面拥抱新技术。1997 年，公司上线了新的内部通信系统 Intercom Plus，将所有门店关联在一起，自此公司的线下门店成为一个有机的整体，药师可以更快地为用户提供具有针对性的服务。1999 年，电子商务平台 Walgreens.com 上线运营，为用户提供丰富的药品和健康护理产品。2007 年，公司开始在配送中心安装 RFID 系统，更有效地进行货物的管理，提高配送中心的运转效率。2009 年，公司进一步对全美 5000 多家药店（少数药店除外）的促销展架安装了 RFID 追踪系统，该系统可实时地监控产品的销售状况，更好地管理促销商品。2010 年，公司实现了手机软件处方扫描功能，受益于这一新的便捷式应用，2011 年其应用软件的使用量获得了将近 5 倍的增长。2011 年，公司收购了在线零售商 Drugstore，全面接管其直接拥有和经营的所有网站。2013 年，公司对其 IT 基础设施进行重构，以统一原有独立的应用技术和平台，实现所有渠道后台的打通和数据的共享，进而适应新时期零售的发展变化。2014 年，公司率先使用 AR 购物，不断给客户带来购物新体验。

在收购 Drugstore 时，沃尔格林时任总裁格雷格·沃森表示："这次收购将使我们能够连接超过 300 万名线上忠实用户，并可以通过新的供应商、新的合作伙伴来与我们的既有用户建立关系……更重要的是，……这将补充和扩展我们的众多既有渠道，并驱动业务的增长。"虽然公司在 2016 年为了降低运营成本关闭了 drugstore.com，但这还是使其获得了更多的线上渠道和优质的用户群体，也大大提升了其产品和服务的丰富度。

此后，随着移动互联网时代的到来，智能手机在零售中的作用日益突出，针对这一变化，沃尔格林为消费者量身打造了多款移动应用，使消费者可以随时扫描处方、管理个人健康信息、获得用药提醒、搜索附近药店位置，查看促销信息、向医生或药师在线咨询、获得店内引导，以及冲洗照片等，享受立体化的购买和服务体验。此外，沃尔格林还是很早布局 C 端业务的美国公司之一，通过健康管理类"硬件+App"为消费者提供全方位服务。App 内置地理位置定位、药店筛选、会员积分、优惠券管理、直接下单、扫描商品查价格等系列功能，帮助顾客管理健康和疾病监测，建立激励机制。沃尔格林也以自有可穿戴设备为数据入口，联合各个终端建设大信息平台，通过专业数据挖掘对患者数据提供建议。

沃尔格林与时俱进、坚持不懈地应用最新高科技改善并提高购物体验是其成功的关键因素之一。互联网、移动互联网、AR，每一次科技变革，沃尔格林都能及时将先进技术应用到传统药店零售中。

自 2014 年之后，沃尔格林将自己的业务驱动由以"开店扩张"为中心转变为以"网络驱动"为中心。从此之后，公司在 IT 方面的布局和创新络绎不绝，开始组建新的数字和市场营销部，并将亚马逊作为自己的竞争对手，为了方便与其竞争，消除客户在购买商品时的阻碍，公司还先后升级了自己的 App。

在高峰时期，公司有 5 个电商网站和 10 多个手机应用。目前，公司除了 9000 多家零售药店外，其电商业务主要集中在医药电商业务平台（www.walgreens.com）和皮肤护理产品（www.skinstore.com）上，特别是 www.walgreens.com 网站，集处方药、家用食品、宠物用品、个人护理用品、美容用品、隐形眼镜网络销售及健康服务等于一体。除此之外，Walgreens App 和 Walgreens Connect App 也是热门应用之一。

总体来讲，沃尔格林全渠道零售的实践告诉我们：药品作为一种特殊商品，其与互联网的结合绝对不是谁颠覆谁那么简单，而是线上和线下经过充分融合之后，实现的产业价值链的双向重构。在此过程中，不断地降低成本、提高效率、改进服务和体验始终是行业提供者的不懈追求。

12.6　沃博联与中国

与其他在 20 世纪八九十年代进入中国的外企不同，沃博联布局中国市场较晚，但是自 2007 年首次进入中国市场以来，沃博联不断地深化在我国医药市场的投资和布局，意义深远。

作为从一家小商店发展起来的跨区域零售连锁巨头，在新市场扩张上沃博联始终遵循着“三步走”的发展战略：第一步，首先分析市场，找到好的合作伙伴；第二步，在站稳脚跟后先做批发业务，以熟悉市场、了解当地市场的运作模式、找到合适的工作方法；第三步，扩展到其他业务，如零售、产品销售等。事实上，沃博联不仅是这么规划的，也是这么执行的。沃博联执行副总裁、全球批发和国际零售总裁及首席执行官奥内拉・芭拉曾表示，通过与广州医药、南京医药这两家涉及不同地区、不同消费模式、不同医药流通市场的企业合作，了解和熟悉了中国市场需求，进而才考虑开展零售业务。

12.6.1　入股广州医药

2007 年年初，英国联合博姿的控股子公司联合美华投资 5.45 亿元和广州医药集团有限公司（以下简称“广药集团”）建立了合资公司广州医药有限责任公司（以下简称“广州医药”），双方各持股 50%，沃博联正式开始进入中国市场，两家的股权结构如图 12.9 所示。

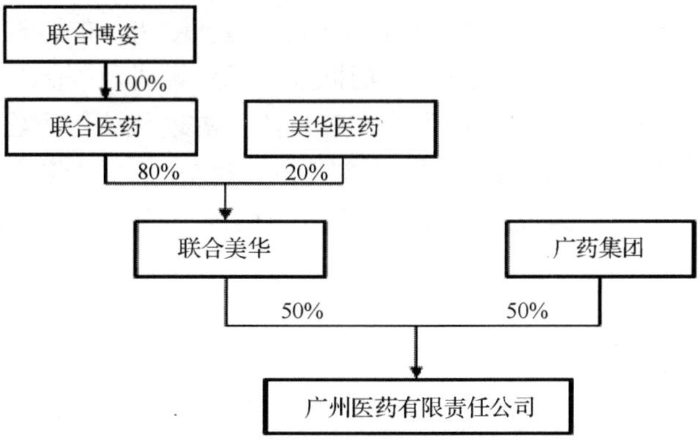

图 12.9　广州医药合资情况

广药集团为华南地区最大的医药批发商，也是国内最大的医药批发商之一，主要从事药品批发和配送业务。当时，联合博姿董事长表示："西方市场的发展日趋缓慢，虽然这几年集团跑赢了大势，但未来在新兴市场（如中国市场）的布局，可以弥补西方市场未来的增长减缓。"

在近 10 年的合资经营中，得益于广药集团旗下广州白云山医药集团股份有限公司（以下简称"广药白云山"）丰富的行业经验、市场地位、专业知识和本土化支持，结合联合博姿引进的先进业务模式、员工培训及运营流程等方面的国际先进经验，广州医药实现了快速发展，营业收入由合作前 2006 年的 73.84 亿元增至 2016 年的 330.05 亿元，增速超过 346.98%。广药集团与联合博姿的合作是中国医药流通行业引进国际战略投资的经典成功案例。

近年来，随着国家大力推进医药卫生体制改革，国内医药流通行业面临着新的挑战。2017 年，为了更好地满足合资公司的业务需求，经双方决定同意更改合资公司的股权架构。2018 年 10 月 31 日，广药集团旗下的上市公司广药白云山发布公告称公司将进行重大资产重组申请停牌，随后广药白云山发布公告称广药集团将以 10.94 亿元购买广州医药 30%的股权，完成交割后，广药白云山将持有广州医药 80%的股权并纳入并表，沃博联仍持有其 20%的股权。

随后，双方表示广药集团和沃博联还将继续合作，促使广州医药更好发展。这次广州医药的股权调整，对广药集团和沃博联来说并不是合作的终点，而是合作的新起点。

12.6.2 投资南京医药

2011 年 7 月 11 日，南京医药股份有限公司（以下简称"南京医药"）与联合博姿签署了合作意向书，指出双方合作的愿景是致力于将南京医药打造成为提供最优质产品与服务的市场创新者之一及零售药店领先企业。2012 年 9 月，联合博姿宣布投资南京医药的意向，不过一直进展缓慢。直到 2014 年 12 月 4 日，联合博姿称以 5600 万英镑（约合 5.6 亿元人民币）战略投资南京医药，获得公司 12%的股权，并成为南京医药的第二大股东，且有权提名南京医药董事会成员及一名高级管理人员。

2016 年，南京医药在非公开定增中，沃博联通过设在香港的 Alliance Healthcare 追加投资 2.4 亿元。截至 2018 年年底，沃博联共持有南京医药 13.88%的股权，位列第二大股东。投资完成后，联合博姿为南京医药带来了医药批发、医药零售及国际公司的管理等方面的专业管理经验与知识，同时也在信息管理系统和分析流程的现代化等方面给予南京医药帮助。

在投资期间，南京医药的营业收入由 2014 年的 220.76 亿元增加到 2018 年的 313.03 亿元，利润总额由 2014 年的 2.04 亿元增加到 2018 年的 4.76 亿元。

12.6.3 入局国大药房

2017 年，沃博联在华业务发生重要变动，与康德乐[①]离华选择不同的是，沃博联持续加码在中国的投资和业务布局。2018 年 11 月 30 日，国药集团一致药业股份有限公司（以

① 美国第二大医药保健产品批发商。

下简称“国药一致”）发布公告称，其子公司国药控股国大药房有限公司（以下简称“国大药房”）增资扩股引入战略投资者的事宜已落实，沃博联将通过其控股的香港子公司 Walgreens Boots Alliance（Hong Kong）Investments Limited（以下简称“沃博联香港”）作为战略投资方，投资 27.667 亿元收购国大药房 40%的股权。

本次合作可谓是强强联合。国药一致 2018 年半年财报显示，截至 2018 年 6 月 30 日，国大药房零售药店门店 4004 家，网络遍布 19 个省、自治区、直辖市，覆盖近 70 个大中城市，形成覆盖华东、华北、华南沿海城市群的药店网络，并逐步扩散进入西北等地区，销售额超过 100 亿元，位列全行业第一。在医药分销业务上，国大药房的母公司国药一致是两广区域龙头。在传统业务方面，国药一致依托分销的网络布局加速优化终端网络建设，在 31 个地级以上城市的医院直销市场竞争排名前 3；在物流网络建设方面，从传统的商业贸易服务向专业的供应链服务转型，建立两广首家第三方物流资质，批零一体化优势十分明显。图 12.10 所示为 2016 年沃博联与国大药房的零售盈利能力情况。

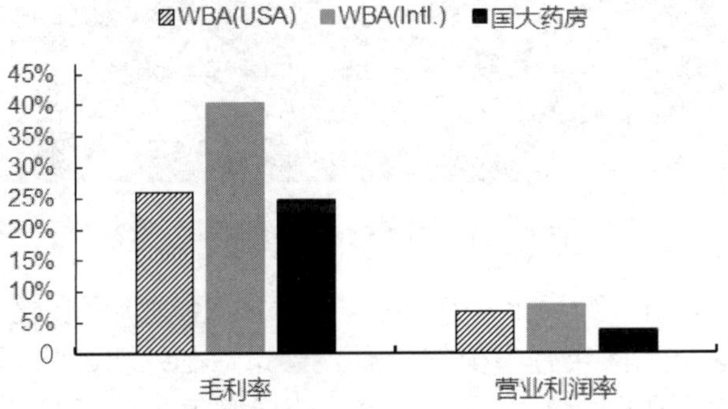

图 12.10　沃博联与国大药房零售盈利能力情况（2016 年）

针对沃博联与国大药房的这次合作，国药控股股份有限公司总裁刘勇表示：“目前中国的药品连锁还是小、散、乱，国药控股希望在提升自己专业化水平的基础上，能够和沃博联携手，共同快速拓展中国的医药连锁市场，提升整个行业的专业化水平，作为医改的医药分开、处方外流试点，提升行业的专业化水平。”

事实上，业内普遍认为双方之所以能够合作，首先是因为沃博联作为跨国连锁药店巨头，具有丰富的进口药资源，国大药房引进这样一位战略投资者相当于拍电影时演员“带资进组”，能够使它具备其连锁药店所不具备的进口药优势；其次是沃博联在连锁药店运营方面有着丰富的经验，对于国大药房的模式创新非常有帮助。

随后，在 2018 年半年财报中，国药一致表示经过多次的沟通并结合对市场的研究，合资后的国大药房新一届董事会对未来 3～5 年的战略规划达成了共识，并形成具体战略举措。国大药房表示要保存量、做增量，精细运营新特色，具体表现在 4 个方面：一是根据战略部署，加快布点速度；二是挖潜存量门店效益，打造以慢性病为核心的专业化药房；三是落实批零一体战略，加强商采精细管理；四是加快探索电商业务新模式。

根据国药一致 2018 年年报，国大药房 2018 年全年收入 108.9 亿元，同比增长 8.6%。随着股权交割的完成和沃博联的入驻，新国大药房有望在既定工作目标的导向下，零售业务对外并购扩张有望取得实质性进展。

2019 年 1 月 20 日，由国大药房与沃博联携手打造的上海首家“新概念”试点药店——国大药房上南店，在上海浦东新区上南路 3092 号开业迎客，店头风格如图 12.11 所示。据媒体报道，该店汲取美国沃尔格林药店和英国博姿药店先进的设计运营管理理念，整合实施了一套全新的商业运营模式，包括门店硬装、运营设计、后台系统、人员培训、品类管理、促销和展示等，并考虑到本地化需求，不仅在店铺陈列、店面装修、门店设计上焕然一新，营造出社区药店温暖、亲和、舒适的体验环境，而且在区域规划、色彩搭配、商标陈列等细节上都旨在实现“以顾客为中心”的宗旨，方便顾客最快、最有效地找到所需的商品和服务。

图 12.11　国大药房上海上南店

国大药房副总经理、国大药房上海连锁有限公司总经理姚军在接受采访时表示：“相较于国内的传统药店，这个上南店有不少创新点。首先是在外观、陈列、动线设计等方面，充分体现便利性；其次是在专业上，灵活借鉴了沃博联关于药师服务的 SOP（标准流程），注重执业药师的培训提升，鼓励执业药师同顾客做专业沟通及人文专业关怀；另外，通过新技术的应用最大化地方便顾客购药。”在试营业期间，国大药房给上南店团队 3～6 个月的考察期，期望能够总结出一套更适合本地化的操作经验，以便将来在国大药房其他门店中展开推广。

事实上，沃博联入股国大药房，除了巨额的出资，其进入的时机也备受关注。这是因为：第一，2015 年后我国相关部门发布多个政策与规定，支持和扶持药品零售业发展，可谓是政策和环境暖风频吹；第二，目前，有关部门正在大力推动国企混合所有制改革，甚至部分国有企业的优质资产被拿出来作为试点，这为包括外资在内的社会资本入股提供了契机。

而沃博联与国大药房的合作，带来的改变不只是欧美零售药店经营模式和自有品牌的引进，还包括批发与零售业务的有机结合产生的新型流通模式，这在中国医药批发市场分化严重、零售药店市场加速整合的环境下，必将为行业带来新的看点。

12.6.4　与阿里巴巴的合作

2018 年 9 月 20 日，沃博联与阿里巴巴达成战略合作协议，当天联合博姿在天猫国际开设的官方旗舰店正式开业（见图 12.12），这是沃博联首次直接试水中国市场。在天猫国际官方旗舰店，联合博姿共上线了 4 个品牌，包括 Boots 小黄瓜系列全线产品、No7 的护肤系列、Soap&Glory 个人护理产品及 AA 香薰精油等，其中不少产品已经通过代购和出境游被中国消费者所熟知。针对这次合作，沃博联集团负责全球品牌业务的执行副总裁 Ken Murphy 表示："未来联合博姿有计划在中国市场同步上市全球新品，以及将亚洲消费者定制的产品引入中国市场。"

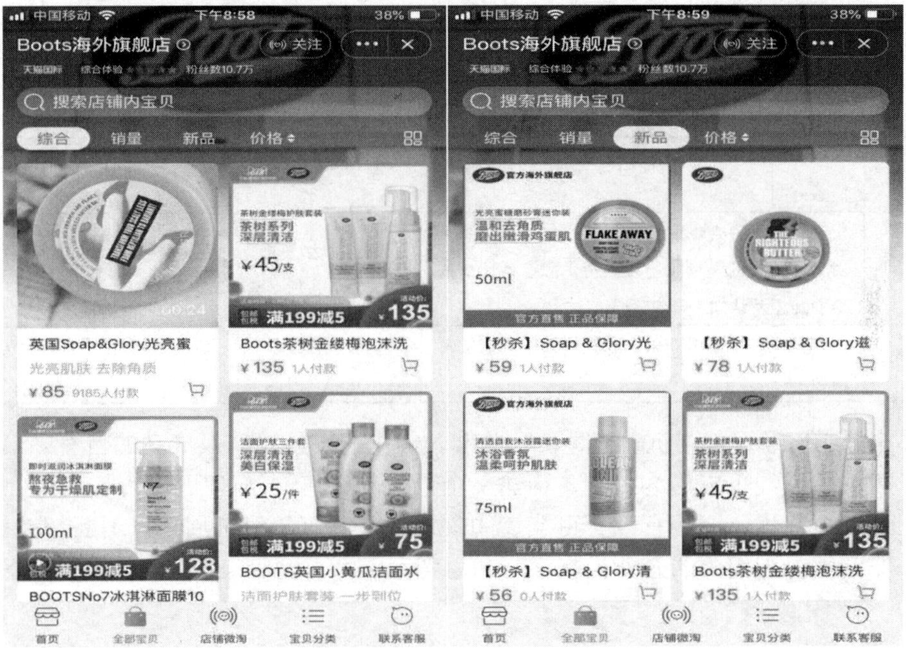

图 12.12　联合博姿天猫国际官方旗舰店

继天猫国际旗舰店后，2019 年 2 月 13 日，阿里巴巴旗下的蚂蚁金服和美国零售药店集团沃尔格林在纽约宣布了一项新的合作，沃尔格林旗下的药店可使用支付宝进行付款。目前，支付宝可在沃尔格林旗下的 3000 家药店使用，包括中国游客最多的纽约市、旧金山和拉斯维加斯 3 个城市。到 2019 年 4 月份，支付宝的可用性将扩展到全美 7000 多家沃尔格林药店。

针对这一合作，沃尔格林营运总裁 Richard Ashworth 说："顾客不仅可以像在国内一样通过支付宝在美国的零售店内购买我们的产品，也可以通过阿里巴巴的天猫旗舰店进行购买。我们也期待着与阿里巴巴的合作关系可以不断地发展和深化，更好地为中国消费者提供服务。"

事实上，早在 2018 年第一次合作时，沃博联集团负责全球品牌业务的执行副总裁 Ken Murphy 就指出："中国对于沃博联的全球化发展非常重要，我们也在根据市场的变化，逐步深入在中国市场的发展战略。"

近年来，针对行业创新趋缓、制药商专利过期后重磅品种销量下滑产生的业绩压力，以及全社会针对药品价格的质疑，上游的生产企业开始通过减员增效、外包及策略多元化等方式寻求出路，沃博联也开始向产业链前后端延伸，不断升级自己的业务模式。表 12.6 所示为沃博联近年来针对医药行业变化的业务模式转变。

表 12.6　沃博联近年来针对医药行业变化的业务模式转变

项　目	模式种类	
	旧　模　式	新　模　式
顾客	制药商被视为供应商，而我们则将药品转卖给药店	制药商被视为客户，我们负责推销、供应服务，同时向药店供应及销售药品
物流	直线型关系：制药商—批发前企业—批发商—药房	制药商正寻求更有效的创新方法，以向患者提供各种产品及服务
管理重点	业务重点集中在提高效率及为药房顾客提供服务方面	向制药商销售及推广一系列新服务
所需的能力/资产	高效率的整合供应链，良好的供应商关系，对各个市场的医疗状况及医药供应链各环节的专业知识及认知	现有能力/资产，加上高科技技术、灵活的销售团队、临床服务、服务管理、协同系统、药房知识及经验
经济效益	规模经济效益提高采购和整体效率制造贸易机会	凭借规模经济效益及广大服务范围打造优势，与制药商建立非一般的关系

总体来看，历经百年浮沉，沃博联以批零一体化的发展策略及成功的自有多品牌战略，通过技术驱动，以线下门店为核心，构建了全渠道的销售网络和服务能力，同时凭借资本的助力不断发展壮大，成为行业无可非议的佼佼者；其穿越经济周期，不断超越自我的发展历程，非常值得国内外的企业认真学习和思考。